PBOS 模式推进园区
市场化高质量发展

吴金明　李文金　编著

中国商业出版社

图书在版编目（CIP）数据

PBOS 模式推进园区市场化高质量发展／吴金明，李文金编著．—北京：中国商业出版社，2020.12

ISBN 978-7-5208-1430-0

Ⅰ.①P… Ⅱ.①吴… ②李… Ⅲ.①工业园区-经济发展-研究-中国 Ⅳ.①F424

中国版本图书馆 CIP 数据核字（2020）第 250174 号

责任编辑：孔祥莉

中国商业出版社出版发行

010-63180647　www.c-cbook.com

（100053　北京广安门内报国寺 1 号）

新 华 书 店 经 销

三河市天润建兴印务有限公司印刷

* * *

710 毫米×1000 毫米　16 开　20.5 印张　300 千字

2021 年 3 月第 1 版　2021 年 3 月第 1 次印刷

定价：88.00 元

* * * *

（如有印装质量问题可更换）

序　言

党的十九届五中全会提出，要加快构建以国内大循环为主体、国内国际双循环相互促进的新发展格局。这是着眼中华民族伟大复兴战略全局、应对百年未遇之大变局，作出的重大战略部署。构建新发展格局不是一个短期措施，是今后长时期我国经济发展的大方向、大战略，是大国经济发展的必然要求。

当今世界，和平与发展仍然是时代主题。同时国际环境日趋复杂，不稳定性、不确定性也明显增大。当前和今后一个时期，我国发展仍然处于战略机遇期，但机遇和挑战都有新的发展变化。我国已进入高质量发展阶段，发展具有多方面优势与条件，同时发展不平衡不充分问题仍然突出。2020年，是极不平凡的一年，新冠肺炎疫情等一系列"黑天鹅""灰犀牛"事件频发，给人类发展带来前所未有的挑战，对全球经济带来巨大冲击。

在以习近平同志为核心的党中央领导下，面对严峻复杂的国际形势和突如其来的新冠肺炎疫情，我们保持战略定力，准确判断形势，精心谋划部署，果断采取行动，无论是应对疫情，还是促进经济复苏，都交出了一份人民满意、世界瞩目、可以载入史册的答卷。与此同时，我国经济发展面临的压力和挑战也在不断加大。受新冠肺炎疫情影响，全球经济运行紊乱，国际需求萎缩，"逆全球化"甚嚣尘上。在此背景下，为积极保障我国经济安全，主动谋划新增长空间，构建以国内大循环为主体、国际国内双循环相互促进的新发展格局，开启了我国新的发展阶段。在外部环境高度不确定的情况下，利用我们产业基础实力雄厚、产业链条完整，战略回旋空间大，超大市场规模的特点，畅通生产、分配、流通、消费等经济运行的各个环节，推动实现国内大循环，包括供需循环、产业循环、区域循环、城乡循环与要素循环等。同时，中国作为世界工厂继续为世界提供"中国制造""中国创造"，实现国内国际大循环相互促进。坚定不移地建设制造强国、质量强国。加快发展现代产业体系，推进经济体系优化升级。

湖南承东启西、连接南北，在我国经济发展全局中具有重要地位，发挥着重要作用。湖南是全国重要的粮食生产基地；工业门类齐全，形成了工程机械、轨道交通、航空航天3大世界级产业集群；培育了先进装备制造、农副产品与加工和材料及其制备3个超万亿的产业和11个千亿产业。湖南创造了"自主创新长株潭现象"；高技术产业增幅多年保持在14%以上；高新技术企业增加至近8000家，科技进步贡献率接近60%。承接产业转移势头良好，在湘投资世界500强企业达178家；进出口增幅连续3年居中部第一。广播影视、动漫卡通、文化创意、出版、旅游等产业迅速崛起。特别是广电、出版等优势产业在全国保持领先地位，"广电湘军""出版湘军""动漫湘军"全国驰名。

在决胜全面建成小康社会、开启全面建设社会主义现代化国家新征程的关键节点，2020年9月16日至18日，习近平总书记亲临湖南考察。他勉励湖南着力打造国家重要先进制造业、具有核心竞争力的科技创新、内陆地区改革开放的高地。要求在推动高质量发展上闯出新路子，在构建新发展格局中展现新作为，在推动中部地区崛起和长江经济带发展中彰显新担当。同时对推动经济高质量发展、推进农业农村现代化、加强生态文明建设、改善民生和维护社会稳定、从党的辉煌历史中汲取砥砺奋进的精神力量等五个方面工作提出了明确要求。习近平总书记的重要讲话及批示精神，明确了"十四五"以至今后一个时期湖南发展在党和国家全局中承担的使命、肩负的任务。精辟论述了关乎湖南发展的一系列方向性、根本性问题，为新时代湖南发展确立了新坐标、锚定了新方位、赋予了新使命。2020年9月，湖南自贸试验区获批。《中国（湖南）自由贸易试验区总体方案》明确了"一产业、一园区、一走廊"的三大战略定位。

"一产业"：打造世界先进制造业集群，将立足于工程机械、轨道交通装备、电力装备、航空航天装备等优势产业基础，在创新平台建设、数字经济发展、工业互联网建设、高端装备维修再制造、知识产权保护和运用等多个方面重点开展探索试验，加快形成全球产业分工竞争合作的新优势。

"一园区"：打造中非深度合作示范区。将着眼构建更加紧密的中非命运共同体。通过建设非洲在华非资源性产品集散和交易中心、中非经贸合作公共服务中心，提升对非洲金融服务能力等系列改革试验，进一步完善对非洲经贸合作机制，开辟中非合作新增长点。探索形成中国地方对非洲经贸合作"湖南模式"。

"一走廊"：打造联通长江经济带和粤港澳大湾区的国际投资贸易走廊。立足湖南地处东部沿海地区和中西部地区过渡带、长江开放经济带和沿海开放经济带接合部的"一带一部"区位优势，积极对接长江经济带和粤港澳大湾区两大战略，积极探索以国内大循环为主体、国内国际双循环相互促进的新发展格局。通过健全区域合作分享机制，完善立体化交通枢纽功能。加快湘粤港澳服务业扩大开放合作，推动沿海与内陆地区市场一体、标准互认、产业协同、创新资源共享、要素自由流动，着力改善营商环境，促进投资贸易便利化。

产业园区作为市场经济发展的产物，是区域经济发展的龙头，是对外开放、招商引资的主要载体，是发展高新技术产业、促进产业集聚的重要平台，在国家经济发展中发挥着至关重要的作用。湖南省第一家产业园区始建于1988年。经过30多年的发展壮大，湖南园区经历了从无到有、从小到大、由弱变强的历史性蜕变，在稳增长、强创新、促转型等方面发挥了重要作用。特别是近年来，省委、省政府高度重视园区发展，始终把园区作为振兴实体经济、推进供给侧结构性改革的主战场，以园区的转型升级促进全省加快高质量发展。到目前，全省拥有各类省级及以上产业园区144家，基本实现了县市区发展平台的全覆盖。各类园区以占全省约0.51%的国土面积，产出了35.97%的GDP，69.7%的规模工业增加值，70.4%的高新技术产值，50.1%的实际利用外资，成为全省落实"创新引领开放崛起"战略的有力支撑和稳定区域经济增长的"顶梁柱"。站在新的发展起点上，产业园区要实际高质量发展，必须贯彻落实习近平总书记对湖南提出的新目标新任务新要求，更好地把握发展规律、挖掘湖南特色、加快转型升级，不断做大做强做优，为加快建设富饶美丽幸福新湖南，奋力谱写新时代中国特色社会主义湖南新篇章彰显新作为，作出新贡献。

以新发展理念引领产业园区高质量发展。我国正处在转变发展方式、优化经济结构、转换增长动力的攻关期，结构性、体制性、周期性问题相互交织。在此背景下，产业园区在发展中也面临诸多共性问题和个性问题，特别是发展不平衡不充分不协调的问题日趋凸显。我们要破解这些难题，发挥好产业园区推动经济发展的重要作用，就必须坚定不移践行"创新、协调、绿色、开放、共享"的新发展理念。要在破解制约产业园区发展的一系列痛点难点问题上下功夫，坚定不移贯彻落实新发展理念，以新发展理念推动产业园区高质量发展。在思想方法上，要以新发展理念引领园区的发展方向。要解决好园区产业发展不充分不平衡不协调的问题，就必须紧紧扭住新发展理念破解难题、推动发展，自觉摒弃那些不符合高质量发展要求的思想观念、行为做法，继续敢闯敢干、推动先行先试，加快形成有利于落实新发展理念的体制机制，推动新发展理念在产业园区落地生根、开花结果。在产城融合上，要探索建设宜居宜业的综合空间。加强科学规划，优化园区总体发展规划与土地利用、城市建设、生态保护等规划深度融合，实行"多规合一、一规管总"。在防范债务风险的前提下，全面完善园区供水、供电、道路、燃气、公交、污水处理等基础设施，提升城市承载功能和群众生活品质。提升园区城市管理和社区治理水平，探索建设园区"邻里中心"，营造生态良好、社区文明、宜业宜居的人居环境。推动智慧园区建设，促进大数据、物联网、云计算等现代信息技术与园区建设管理服务融合，加快建立开发区安全生产、市场监管等大数据平台。推进以人民为中心的产城融合、产教融合、城乡融合，促进住房保障、文化教育、医疗卫生、商贸流通等协同发展，加快建设生产空间集约高效、生活空间宜居适度、生态空间山清水秀的良好环境。

以构建良好产业生态圈支撑园区高质量发展。自2017年以来，湖南省着力培育20个新兴优势产业链，加快制造强省建设。随着"三高四新"战略的实施，湖南围绕打造"三个高地"、践行"四新使命"，开启了从构筑优势产业链向构建优势产业生态圈的转变。湖南园区的转型突破，也正在适应这一要求打造园区高质量发展的生态圈，正积极推进以产业链为抓手聚合创新链、供应链、价值链、服务链和数字化网络。而且把园区发展经济的着力点放在实体经济上，制定实施打造国家重要先进制造高地规划，着力推进先进装备制造业倍增、战略性新兴产业培育、智能制造赋能、食品医药创优、军民融合发展、品牌提升、产业链供应链提升、产业基础再造等"八大工程",推动产业向高端化、智能化、绿色化、融合化方向发展,提升园区产业发展质量效益和竞争力。推动产业链与供应链、创新链、资金链、政策链深度融合,优化区域产业链布局,提升产业链本地配套率,提高供应链协同共享能力,提高产业链供应链稳定性和竞争力。加快推进园区创意经济、平台经济、共享经济等新业态发展壮大,加快园区研发设计、基础检测、现代物流、现代金融、法律服务、咨询会展等服务业发展,促进生产性服务业向专业化和价值链高端延伸;推进园区生活性服务业向标准化、品牌化和多样化升级,加强基础性、公益性服务业供给。

以市场化改革撬动产业园区高质量发展。当前,湖南园区或多或少存在产业同质化严重、产业链集聚度不高、园区运营效率低、债务风险日益加剧等问题,传统模式下的园区运行机制与发展需求矛盾日益凸显,制约了园区发展后劲。近年来,湖南部分园区先行先试积极推进市场化改革,有效破解了发展瓶颈,为全国园区市场化改革、促进园区高质量发展积累了经验、提供了示范。从湖南的探索实践看,加快园区市场改革主要包括以下几个方面:(1)加快建立更加精简高效的管理体制、更加灵活实用的开发运营机制、更加激励干事创业的干部人事制度、更加系统集成的政策支持体系。(2)鼓励市场化运营,充分发挥市场在资源配置中的决定性作用,激发各类市场主体活力。按照政企分开、政资分开的原则,加快推进园区平台公司转型,建立现代企业管理制度。特别是要在园区推进"股份制+合伙人制"的"统""分"结合的"双层经营"制度,即招商引进的分散企业内部主要实施"股份制",以资本为纽带进行公司治理;而开展园区建设运营管理服务的平台公司和提供土地与政策支持的政府、入园企业等主要采用"合伙人制",以要素合作为纽带进行园区生态与网络的构筑。（3）优化营商环境，围绕"便利化""可预期"的目标，聚焦市场、企业和法人，推进流程再造、权益保护、承诺兑现，提升以企业为中心的全生命周期服务水平。为此，一方面必须深化"放管服"改革，全面推行"互联网+政务服务"，努力实现园区的事园区办，"一件事一次办""最多跑一次、一次就办好"，为企业家营造大胆创业、安心发展的市场化法治化营商环境；另一方面，完善政策、要素保障，激发市场主体活力，围绕降低实体经济的人力、生产要素、物流等各方面成本，积极缓解企业用地不足等难题，引导资金、技术、人才等要素向实体经济合理流动，打通制约创新发展的堵点、痛点。构建"亲""清"新型政商关系，大力弘扬劳模精神、工匠精神和优秀企业家精神，让企业家放心经营、专心创业、舒心发展。

在园区推进市场化改革、加快转型升级、实现高质量发展的过程中，湖南一些园区勇于创新、大胆探索，在园区改革发展中走在了前列，一些专业化、高效率的园区运营公司应运而生。其中，湖南金荣集团立足湖南，面向全国，以产业园区开发建设、运营、管理、服务、赋能为核心，创立了崭新的园区市场化改革的"PBOS模式"。该模式以科学的定位和规划为龙头引领园区高质量发展，以合作共建厚植园区发展的基础，以市场动作打造园区发展的整体竞争力，以共享发展为园区可持续发展注入持久动力。该模式立足与政府、企业合作，民营社会资本投资运营平台公司成为"总操盘手"，推进"有形之手"和"无形之手"的"握手"，符合市场化改革方向，顺应经济发展新趋势，在实践中不断展现出强大的生命力，得到了湖南省政府的高度认可和社会的广泛好评，深受市县政府的欢迎，并已在省内外20多个园区得以迅速推广。实践证明，PBOS模式是顺应当前市场化、"双循环"大背景大趋势，加速园区转型突破、实现高质量发展的新模式。特别希望该模式能为我国园区的转型发展与创新突破找到一条新路,也希望湖南的实践能进一步破解探索中遇到的困难与问题,为全国提供更多的可复制推广的做法与经验。

湖南人素有"敢为人先"的美誉,希望在构建"双循环"推进市场化改革方面大胆探索,创造出更多的新模式、新经验!

谨述浅见,是以为序。

著名经济学家
第十一届全国人民代表大会财政经济委员会副主任委员
九三学社第十二届中央委员会副主席

2020 年 12 月

作者简介

吴金明 湖南临湘人，1963年10月出生。经济学博士，中南大学商学院教授，湖南省政协经科委主任，九三学社湖南省委副主委。现担任亚洲开发银行低碳发展专家、湖南省省长质量奖评审专家及湖南省科学发明奖、自然科学奖和科技进步奖评审专家。在《新华文摘》等学术刊物及国际学术会议上发表学术论文近200篇；主持、参加国家级及省部级科研课题60余项；获奖成果8项；出版著作18部。

李文金 湖南醴陵人，1959年2月出生。高级工程师，金荣集团党委书记、董事长，湖南省工商联顾问委员会副主任。李文金创建的金荣集团荣列"中国民营企业500强"，连年稳居"湖南民营企业50强""湖南企业100强"；探索创新的PBOS模式能有效降低园区建设成本，缩短园区建设周期，化解地方隐性债务，提高土地利用效率，加快产业链与产业集群形成，实现园区经济高质量发展，被写入《2020年湖南省产业园区工作要点》并在全省推广，成为以市场化方式实现园区高质量发展的湖南模式。

目 录

第一章　园区市场化高质量发展的背景 ·················· 1
　第一节　全球治理秩序异动倒逼园区市场化改革 ············ 2
　第二节　新阶段要求园区实现高质量发展 ·················· 12
　第三节　核心生态位的产业竞争需要园区创新突破 ·········· 22

第二章　我国产业园区需要创新突破 ···················· 35
　第一节　我国园区的发展演变 ···························· 36
　第二节　我国产业园区运营模式 ·························· 55
　第三节　我国产业园区的主要问题 ························ 64

第三章　湖南产业园区更需要市场化突破 ················ 70
　第一节　湖南园区发展的三个阶段 ························ 71
　第二节　湖南园区结构与产业布局分析 ···················· 77
　第三节　湖南省园区产业特色显著 ························ 86
　第四节　湖南省产业园区存在的主要问题 ·················· 99

第四章　园区市场化改革与高质量发展的基本模型 ········ 104
　第一节　产业园区的"物品属性"与提供原理 ··············· 105
　第二节　产业园区的"市场属性"与非均衡发展逻辑 ········· 115
　第三节　产业园区的产业链共生 ·························· 122
　第四节　产业园区的生态网络共享 ························ 136

第五章　产业园区市场化改革与湖南的探索 …… 144
第一节　园区改革是我国改革开放的先行区 …… 145
第二节　产业园区的政府提供转向混合提供 …… 150
第三节　产业园区混合提供的湖南探索 …… 153
第四节　"双激励模式"与"双机制"探索 …… 158

第六章　PBOS 模式的探索与解构 …… 165
第一节　金荣集团 PBOS 模式的探索过程 …… 166
第二节　PBOS 模式解构 …… 174
第三节　PBOS 模式运营优势 …… 187

第七章　PBOS 模式的价值提供与推广 …… 197
第一节　PBOS 模式破解目前园区的难点、堵点 …… 198
第二节　PBOS 模式让园区"专精特新" …… 202
第三节　PBOS 模式让园区"多快好省安" …… 208
第四节　PBOS 模式的园区推广 …… 213

第八章　PBOS 模式的未来展望 …… 226
第一节　形成园区市场化运营新模式 …… 227
第二节　拓宽产业集聚新路径 …… 230
第三节　构建科技创新新格局 …… 234
第四节　打造区域发展新引擎 …… 235

附件1：湖南省省级经开区、高新区、工业集中区的
　　　　基本情况表 …… 239

附件2：2018年湖南省各产业园区发展情况表 …… 250

附件3：国家级产业园区目录 …… 254

附件4：国家产业园区最新政策 …… 262

附件5：专家学者的分析与媒体的报道 …… 300

第一章
园区市场化高质量发展的背景

进入2020年，突如其来的新冠肺炎疫情对全球经济运行产生明显影响，国际贸易严重萎缩，全球供应链受到严重冲击。无论是应对疫情，还是经济复苏，我国都可以说是"一枝独秀"。与此同时，我国经济发展面临的压力和挑战也在不断加大。在此背景下，为积极保障我国经济安全，主动谋划新增长空间，构建以国内大循环为主体、国内国际双循环相互促进的新发展格局，开启了我国新的发展阶段。双循环以国内大循环为主体，利用我国产业基础实力雄厚、产业链条完整、战略回旋空间大、超大市场规模等特点，畅通生产、交换、流通、消费、分配等经济运行的各个环节推动实现国内大循环，包括供需循环、产业循环、区域循环、城乡循环与要素循环等。同时，中国作为世界工厂继续为世界提供"中国制造""中国创造"，实现国内国际大循环相互促进。在这种背景下，我国园区发展的全球治理、经济、技术、市场环境发生了深刻改变，园区的"政府管委会+国有平台公司"的传统发展模式受到极大挑战。

第一节　全球治理秩序异动倒逼
　　　　　园区市场化改革

当今世界正经历新一轮大发展大变革大调整，大国战略博弈全面加剧，国际体系和国际秩序深度调整，人类文明发展面临的新机遇新挑战层出不穷，不确定不稳定因素明显增多，这是百年来所未有的。新一轮科技革命和产业革命的大规模快速发展，加上全球化进程深刻的传播、扩散、冲刷作用，使得世界正在形成新的政治、经济、社会、文化生态。大国在因应这些世界大势带来的机遇和挑战的过程中，顺势而进者走强、逆势而动者走弱，并依据实力地位消长和驾驭国际规制的水平而重新排列组合。世界多极格局在大国博弈中日渐显现，国际体系在各种制度、体制、机制的不断蜕变中正呈现新的面貌。

一、新一轮科技革命和产业革命加快重塑世界

第四次工业革命方兴未艾，人工智能、机器人技术、虚拟现实以及量子科技等蓬勃发展，将深度改变人类生产和生活方式，对变局发展产生重要的影响。科技是第一生产力。科学技术的发展和产业的兴起是推动人类文明持续进步和世界不断前行的不竭动力。回顾近代以来的世界历史进程，每一次科技和产业革命都深刻改变了世界的发展面貌和基本格局。16世纪以来，人类社会进入前所未有的创新活跃期，几百年里取得的科技创新成果超过过去几千年科技创新成果的总和。特别是18世纪以来，世界发生了几次重大科技革命。在科技革命的推动下，世界经济发生了多次产业革命，使社会生产力实现大解放和人们生活水平实现大

跃升，从根本上改变了人类历史的发展轨迹。进入 21 世纪以来，人类社会进入又一个前所未有的创新活跃期，新一轮科技和产业革命蓄势待发，其主要特点是：多种重大颠覆性技术不断涌现，科技成果转化速度明显加快，产业组织形式和产业链条更具垄断性。对全球创新版图重构和全球经济结构的重塑作用将变得更加突出，将给世界带来无限发展的潜力和前所未有的不确定性。

作为生产力和经济基础层面的因素，科技和产业的变迁是导致生产关系和上层建筑层面世界格局和国际秩序演进最根本的动力，大国的兴衰和不同形态文明的起落都在反复演绎这个逻辑。发端于英国的第一次产业革命，使英国走上世界霸主地位；美国抓住第二次产业革命机遇，成为科技和产业革命的领航者和最大获利者，赶超英国成为世界第一，这种态势至今没有发生重大改变。中国在古代天文历法、数学、农学、医学、地理学等众多科技领域曾经取得举世瞩目的成就，在思想文化、社会制度、经济发展、科学技术方面长期处于世界领先地位。近代以来，中国错失多次科技和产业革命带来的巨大发展机遇，逐渐由领先变为落后。新中国成立以来，特别是改革开放以来，中国科技整体水平有了明显提高，正处于从量的增长向质的提升转变的重要时期，一些重要领域跻身世界先进行列。当前，各主要国家纷纷出台新的创新战略，加大投入，加强人才、专利、标准等战略性创新资源的争夺，力求抢占科技和产业革命高地。中国既面临着历史机遇，又面临着严峻挑战。中国要建设世界科技强国，就一定要解决好科技领域存在的突出问题，大力发展科学技术并推进科技向产业转化，努力成为世界主要科学中心和创新高地，不断提升在全球产业链中所处的位置。

二、全球治理加快变革，治理结构出现分化

自 15 世纪大航海时代开启，资本、劳动力、技术等各种生产要素以及商品、产业、信息等开始在世界某个地区以至全球范围内自由流动和自由布局，区域内的联合和一体化程度以及世界的关联性和整体性都逐步提升。冷战结束以来，新一轮经济全球化进程持续快速发展，为世界经济发展提供了强劲动力，促成了商品大流通、贸易大繁荣、投资大便利、资本大重组、技术大发展、人员大流动，形成了包括越来越多的国家在内的全球产业链、价值链、供应链。在这个历史性进程的长期作用下，世界各国和各地区的资源优势得到更合理的配置和更充分的发挥，发展中国家与发达国家通过生产要素的流动和产业链、价值链、供应链的构建实现了联动发展，人类社会的生产力得到更高程度的发展和释放，世界作为一个整体，发展水平得到显著提高。随着物质条件的发展，人类交往的世界性比过去任何时候都更深入、更广泛，各国相互联系和彼此依存比过去任何时候都更频繁、更紧密。随着新一轮经济全球化进程向前发展，不同国家、地区、产业、群体将经受不同的冲击。加上全球气候变化、生态环境灾害、大规模传染性疾病、极端主义和恐怖主义、移民难民等全球性问题在全球范围内的不断扩散，使世界和平赤字、发展赤字、治理赤字变得越来越突出。完善全球经济治理、消解经济全球化负面影响、引导经济全球化朝着开放包容普惠平衡共赢方向健康发展变得越来越重要而且紧迫。面对这种加强全球治理的强烈需求，中国展现大国责任担当，秉持共商共建共享的全球治理观，创造性提出推动构建人类命运共同体和"一带一路"倡议，积极倡导兼顾全球经济治理和安全治理，推动全球治理体系朝着更加公正合理的方向变革。

国际力量对比变得更加平衡。20 世纪以来，经历了两次世界大战和

冷战，国际格局在大多数时间里处于集团对峙较量状态。冷战结束以来，世界权力从一个中心向多个中心扩散、各中心之间力量差距逐渐缩小，西方发达国家的世界主导地位持续走弱，多极化趋势逐步发展。进入21世纪尤其是2008年国际金融危机以来，多极化在不同层面和不同领域不断扩展，向全新的广度和深度持续深化，使国际力量对比总体上变得越来越平衡。如表1-1所示。从全球范围看，传统发达国家和新兴经济体、广大发展中国家之间的差距不断缩小。目前，按汇率法计算，新兴经济体和发展中国家的经济总量在全世界所占比重接近40%，对世界经济增长的贡献率已经达到80%；如果保持现在的发展速度，10年内新兴经济体和发展中国家的经济总量将接近世界总量的一半，这将使全球发展的版图变得更加全面均衡。以不断增强的经济实力作为支撑，新兴经济体和发展中国家加强协调，推动提高自身在国际货币基金组织和世界银行中的投票权，在二十国集团峰会等多边框架下持续增大影响力，促进南南合作，扩大共同利益和发展空间。此外，东盟、非盟等地区合作机制的作用不断增强，也在推升新兴经济体和发展中国家的整体国际影响。这是近代以来国际力量对比中最具革命性的、历史性的甚至是难以逆转的变化。

表1-1　　2019年世界GDP总量前10名国家情况（IMF）

国家	GDP总量（万亿美元）	排名	增长（%）	人均GDP（美元）	排名
美国	214 395	1	2.35	65 112	8
中国	150 093	2	6.14	10 099	70
日本	51 545	3	0.89	40 847	24
德国	38 633	4	0.54	46 564	18
印度	29 356	5	6.12	2 172	145

续表

国家	GDP 总量（万亿美元）	排名	增长（%）	人均 GDP（美元）	排名
英国	27 436	6	1.24	41 030	23
法国	27 071	7	1.25	41 761	22
意大利	19 886	8	0.01	32 947	28
巴西	18 470	9	0.88	8 797	77
加拿大	17 309	10	1.55	46 213	19

大国战略博弈明显加剧。一是冷战结束后的主要战略力量对比失衡态势明显改变。美国独自掌控地区和国际局势的意愿、决心和能力明显下降，"多强"之间国际地位变化的均衡化趋势日显突出。面对不断深入展开的多极化趋势，特别是国际混乱失序因素明显增多、不确定性和风险性持续高企的全球环境，世界主要战略力量纷纷重新厘清自身定位、资源条件、内外战略，力求更好地因应变局、维护利益、确保安全，在日益显现的多极格局中抢占比较有利的国际地位。这就使得大国的战略取向和政策推进普遍呈现强调自主、推陈出新、强势进取的特点，大国关系的合作面明显下降、竞争面明显上升，而且竞争日益聚焦于重塑国际规制。当今时代，世界各国正通过以制度创新和经济科技军事实力为支撑、以重塑国际规则为主要手段的竞争博弈来重新划分利益和确立彼此地位关系，国际体系的变革愈显深刻。发展模式和道路多样化趋势越发凸显。国际社会在共同应对各种全球性挑战的过程中，不断提出新的思想理念，创建新的国际规则、体制、机制，这将进一步催生新的国际体系。二是美国特朗普政府试图以不平等的双边关系取代现有国际政治经济秩序。"二战"之后形成的国际秩序基本上是由美国为首的西方发达国家主导建立的。各项法规由其一手制定，各个国际机构也为少数美

欧发达国家所把持。现行国际秩序存在着诸多不公正、不合理的弊端，与广大发展中国家所认可的，以国际关系准则为基础的国际秩序相去甚远。而特朗普政府则认为现行国际秩序让美国吃了"大亏"，肆无忌惮地破坏现行国际规则。广大新兴经济体国家，不是以推翻旧秩序为目标，而是采取和平和渐进的方式，通过补充、修改和变革措施，积极完善现有国际秩序和全球治理机制。这是人类有史以来首次以和平方式，实现新旧秩序转变和治理模式改善。在各国相互高度依赖的情况下，这个进程所遇到的阻力之大、困难之多可想而知，注定将是百年未有之大调整。

三、新冠肺炎疫情使世界加速变化

2020年初以来，一场突如其来的新冠肺炎疫情席卷全球，传播速度之快、感染范围之广、防控难度之大，实属罕见，给许多国家和人民带来严重的生命财产损失。尽管疫情后的世界不大可能会有根本性、颠覆性的不同，但疫情对世界经济、安全和全球发展态势产生了重大影响，并将加速国际秩序和人类社会面貌的演变，疫情的影响远远超过疫情本身。冷战时期，人类一度面临核战争危险，但全球经济所受冲击尚不及此次疫情。此次疫情已经冲击到人类健康、经济增长、社会发展、国家安全和国际关系等方方面面，是一场全面的、综合性的挑战。2020年6月，博鳌亚洲论坛发布了《疫情与变化的世界》专题研究报告。报告认为，新冠肺炎疫情是冷战结束以来最严重的突发性全球危机，也是首个真正的"全球化疫情"。当前世界不同地区正处于不同的疫情应对阶段。亚洲国家是疫情综合考验中的"优等生"，中国表现最突出。中日韩三国在疫情期间互相鼓励和支援，为世界其他地区树立了团结合作应对挑战的榜样。报告指出，疫情对世界经济、安全和全球发展态势产生了重大影响，将加速国际秩序和人类社会面貌的演变。全球化这一历史大势不会因疫情而终结，但其结构和内涵可能出现新的变化：

全球化经济面临挑战。一是疫情急剧扭转了2020年初世界经济温和增长的预期。各国采取的封城、停工、隔离等措施，基本停止了必需品生产以外的经济活动，经济陷于停滞。2020年3月份美股大幅下跌四次触发熔断机制，4月20日国际原油期货结算价历史上首次跌至负值，金融风险与实体经济低迷叠加共振。国际货币基金组织（IMF）多次调低2020年全球GDP增速预测，从1月份的3.3%到4月份的-3%，再到6月份的-4.9%，出现严重经济衰退。《世界经济展望》中提到"独一无二的危机，不确定的复苏"，并警告称，过去20年在减少极端贫困方面取得的成就可能处于危险之中。二是疫情给相关产业和国际贸易造成巨大损失。疫情的暴发使旅游、餐饮、住宿等服务业和众多中小企业首当其冲受到沉重打击。疫情导致全球96%的旅游目的地国（地区）采取限制措施，在现代史上，甚至在第二次世界大战期间，这种情况都未发生过。各国的疫情防控措施使工业生产和商品流通大幅降温。伴随疫情的蔓延，全球航运业每周损失约3.5亿美元。2020年，全球海运贸易量可能减少逾6亿吨，为35年来的最大降幅。国际贸易严重萎缩，世界贸易组织（WTO）预测，受疫情影响，2020年全球贸易将缩水13%至32%，可能超过2008年国际金融危机的水平，而疫情导致全球经济增长放缓进一步带动外需下降，给外贸部门带来较大压力。三是疫情导致全球产业链供应链循环受阻。为防控疫情而采取的停工停产、隔离检测、限制人员聚集等措施，对全球商品的生产和运输产生了重大影响。在生产分工高度全球化的时代，此次疫情使全球产业链和供应链循环受阻。汽车、电子等高端制造业尤其依赖分布在世界各地的供应链，所以受到的冲击最大。在全球分工已十分细化的背景下，各国很难在短时间内建立更加独立、完整的供应链，建立区域化的供应链、分散供应链风险可能成为一个发展方向。大部分产业短期"休克",对全球供应链关键节点造成影响。近几十年来,全球一体化大生产成为全球经济增长重要来源,各国经济活动停滞容易引发全球供应链受阻甚至中断。

世界治理秩序出现新的不确定性。一是各国受疫情冲击的程度和应对效果不同,将加速各国软硬实力的消长变化。疫情还更多暴露出国家间的分歧、矛盾,助长了原本抬头的单边主义和民粹主义。历史上,没有哪一次传染病的应对被如此严重政治化。同时,美欧国家之间也因有关防疫措施以及争夺防疫物资等龃龉不断,一片"大难临头各自飞"的景象。二是此次疫情为本就反对全球化的群体提供了新论据,助长了保护主义的思潮,也促使一些国家重新审视产业布局与开放政策,加速全球供应链的本地化和多元化进程。同时,疫情也以无比清晰的方式警醒世界,人类生活在一个"地球村",不管承认与否,人类事实上已经成为命运共同体。没有哪个国家能够在全球性挑战面前独善其身。将公共危机政治化非但不能真正解决问题,反而可能引发更大的危机。但这一理念要真正转化为各国的政策,仍需面对一系列政治、经济和战略考虑。三是后疫情时代的全球化将深入调整。全球化需要互联互通,但是应对疫情又需要隔断。这种内在的悖论给各国决策造成很大的困扰,导致应对疫情的不同模式,相应地也产生了不同的后果。中国的世界工厂地位短期内仍难被取代,但国际分工体系和部分供应链将会缩短。亚洲、欧洲和美洲这几大经济板块的区域内合作可能得到加强。政府和企业在促进开放型经济的过程中将更多考虑安全因素。长期来看,如何在效率与安全、区域与全球、竞争与合作等方面把握平衡,是未来全球化调整的重要方向。全球化这一历史大势不会因疫情而终结,但其结构和内涵可能出现新的变化。以生产要素全球化为主要内容的经济全球化可能被拓宽,涵盖经济、安全、社会要素的更为包容的全球化将具有更强的韧性和潜力。

四、变局倒逼园区市场化发展

百年未有之大变局,核心是一个"变"字,本质是世界秩序重塑。一方面,世界权力转移对象出现根本性变化。自近代以来,世界权力首次开始向非西方世界转移扩散。一大批新兴经济体和发展中国家群体性崛起,世界经济中心向亚太转移。国际权力在少数几个西方国家之间"倒手"的局面走向终结,百年来西方国家主导国际政治的情况正在发生根本性改变。另一方面,美国特朗普政府以"美国优先"为圭臬,大搞单边主义和保护主义。在一些西方国家,国家利益至上取代意识形态的趋势上升,日益成为主导盟国关系的核心因素,美国盟国正试图走上战略自主道路。尤其是,大变局要素的比拼前所未有。第四次工业革命方兴未艾,人工智能、机器人技术、虚拟现实以及量子科技等蓬勃发展,将深度改变人类生产和生活方式,对变局发展产生重要的影响。非国家行为体作用上升,是重塑变局的一个新的重要变量。国家治理机制、手段、执行力的比拼成为主导变局走向的主要因素。

面对急剧变化且复杂的环境,虽然从国际看,经济全球化是不可逆转的大趋势——世界各国都处在全球生产网络中,一国很难生产出满足本国居民需求的全部产品,而一国生产的产品也不可能与本国民众的需要完全匹配,产业链全球配置是市场资源配置的自然选择过程,是全球经济发展规律使然。但是,不断异动、博弈和对抗的国际秩序与治理结构,直接导致我国园区发展的国际市场环境恶化,不仅使"逆全球化"思潮迭起,诱发全球资源配置半径缩小和交易规模萎缩,更使规则、机制与体系受损,全球资源配置效率下降;而且"全球化"疫情更是雪上加霜,造成国际物流、资金、服务和人员往来受限,全球产业链供应链循环受阻，跨境投资和国际贸易骤降，全球经济处于下行区间，全球经济陷入严重衰退。虽然从国内看，中国的发展离不开世界，对外开放依然是我国的基本国策，未来中国经济实现高质量发展也必须在更加开放的条件下进行；但是，面对如此复杂的国际市场环境，我们唯有把满足国内需求作为发展的出发点和落脚点，以扩大内需作为促进经济增长、落实"六稳""六保"任务的基本路径，只有这样，我们才能稳住我国经济发展的基本盘。2020年11月，党的十九届五中全会明确提出了加快构建以国内大循环为主体、国内国际双循环相互促进的新发展格局。在世界变局中着力构建以国内大循环为主体的新发展格局，是党中央根据国内国际形势新变化和我国经济社会发展新挑战作出的重大战略部署。当前中国的改革开放需要同时对内、对外加大力度。于外部，要继续开放市场，了解并参与创建国际规则，真正实现共赢共享。于内部，则要扭住扩大内需这个战略基点，推动供给和需求两端齐发力、消费和投资两翼共发展。双循环新发展格局，昭示着发展战略的重大调整，更预示着中国经济新里程的恢宏开启。

应变需要园区市场化突破。与我国经济发展的新发展格局相适应，我国经济发展主战场——产业园区也必然适应这一变局需要转型发展，在继续坚持和深化改革开放、积极稳住国际产业链供应链的同时，以更大的气力服务和适应于国内大循环的市场要求，全力开发利用好国内国际双市场，努力实现国内国际双循环。受我国改革开放40年特别是早期制度性安排的影响，普遍地看，我国沿海地区园区发展的国际化程度相对内陆地区要高得多，相应地，其对接全球市场、融入国际循环的水平也普遍高于我国中西部地区，亦即沿海园区发展的市场化程度和国际化水平都普遍较高。但随着国际经济环境的变化，沿海园区及其产业正在规模性地融入国内经济大循环，正在加剧园区国内市场的竞争，也必将引发园区新一轮改革深化与创新突破，尤其是将会显著带动我国内陆地区园区及其产业发展的市场化水平提升。而对于外向度较低的内陆地区园区及其产业来说，原本以融入国内经济大循环为主，更多的是做国内产业链构建与配套的，其市场化程度和国际化水平等本来就相对弱于沿海园区，在如此复杂与日益多变的国际环境下，在沿海园区加盟国内竞争的情形下，如果内陆地区园区不主动求变，不走市场化发展的道路，显然是难以同规模型转入国内大循环的沿海园区及其产业开展竞争的。

第二节　新阶段要求园区实现高质量发展

根据党的十九届五中全会精神，2021年开始，我国进入新发展阶段。这是在全面建成小康社会、实现第一个百年奋斗目标之后，全面建设社会主义现代化国家、向第二个百年奋斗目标进军的发展阶段。新发展阶段给我国园区转型突破与高质量发展指明了方向，找到了路径。

一、新阶段与新目标为园区突破把脉定位

经济社会发展重心从高速增长迈入高质量发展。过去经济高速增长是基于物化劳动消耗主导的经济增长，具有高资源消耗、高环境污染、高负债拉动和高速度增长的"四高"特征；而进入高质量发展新阶段，高质量发展则是基于活劳动消耗与创造主导的经济发展，具有低资源消耗、低或零环境污染、低负债拉动和高质量发展的"三低一高"特征，而且具有"新三需求"拉动和"新三要素"（科学技术、人力资本、大数据）驱动的发展特征。目前，我国正处于从"物本消费时代"迈入"人本消费新时代"，形成以"文化、健康、智能""新三件"为代表的

第四次消费升级①。因此，提升供给体系质量和水平，必须首先满足这一消费升级需要，通过创新，使任何一个产品与服务同时具备"文化、健康、智能"三个特征。适应高质量发展的定位要求，我国园区必须首先实现观念突破，打开"三扇大门"：一要开启新增长方式之门。破除"重数量轻质量"的思维定式，将园区发展从规模数量型转向质量效益型，以质量"升级"来对冲速度"放缓"。二要开启新生产方式之门。"标准助推创新发展，质量引领时代进步"。要大力开展"增品种、提品质、创品牌"战略行动，加强计量、标准、认证认可、检验检测四大质量技术基础，形成标准、技术、品牌、质量新优势、新动能。三要开启新生活方式之门。幸福感的核心是质量的获得感，坚持以人民为中心就必然要满足老百姓的质量诉求，大力提高产品质量、工程质量、服务质量、环境质量，让老百姓真正吃上安全的食品，喝上放心的水，呼吸干净的空气，让质量获得感"在家门口升级"。

从全面建成小康社会到全面实现现代化。2012年，党的十八大描绘了全面建成小康社会、加快推进社会主义现代化的宏伟蓝图，向中国人民发出了向实现"两个一百年"奋斗目标进军的时代号召。党的十九大报告清晰擘画全面建成社会主义现代化强国的时间表、路线图。在2020

---

① 改革开放以来，我国消费已实现了三次升级：第一次是1978—1988年，单车、手表、缝纫机（后为收录机）"小三件"的普及，支撑了我国改革开放以来的第一个十年高速增长期；第二次是1991—2000年，冰箱、彩电、洗衣机"中三件"的普及，带来了我国第二个十年高速增长期；第三次是2001—2010年，汽车、住房、计算机（含手机）"大三件"的普及，支撑了我国第三个十年的高速增长和七年多的中高速增长。目前，人民对美好生活的需要已经主要从"物本消费时代"转向"人本消费新时代"，以"文化、健康、智能""新三件"为代表的第四次消费升级正在成为广大城乡居民的普遍行为。参见吴金明《"二维五元"价值分析模型——关于支撑我国高质量发展的基本理论研究》，《湖南社会科学》2018年第3期，第113-129页。

年全面建成小康社会、实现第一个百年奋斗目标的基础上,再奋斗15年,在2035年基本实现社会主义现代化。从2035年到本世纪中叶,在基本实现现代化的基础上,再奋斗15年,把我国建成富强民主文明和谐美丽的社会主义现代化强国。按照这一时间表、路线图,新发展阶段是开启全面建设社会主义现代化国家新征程、实现第二个百年奋斗目标的新阶段。综合分析国际国内形势和我国发展条件,从2020年到2035年是一个十分关键的阶段,在这个阶段,全球秩序与治理结构将发生深刻变化,我国经济发展和科技实力也将进入跃升期①,正如习近平总书记所指出的:"进入新发展阶段,国内外环境的深刻变化既带来一系列新机遇,也带来一系列新挑战,是危机并存、危中有机、危可转机。我们要辩证认识和把握国内外大势,统筹中华民族伟大复兴战略全局和世界百年未有之大变局,深刻认识我国社会主要矛盾发展变化带来的新特征新要求,深刻认识错综复杂的国际环境带来的新矛盾新挑战,增强机遇意识和风险意识,准确识变、科学应变、主动求变,勇于开顶风船,善于转危为机,努力实现更高质量、更有效率、更加公平、更可持续、更为安全的发展。"按照习近平总书记的讲话精神和第二个百年奋斗目标的要求,我国园区要更加重视抓住2020年至2035年这个园区转型与创新突破的关键时期,把准园区发展脉搏,做好发展阶段与发展目标定位,做

---

① 我国经济实力、科技实力将大幅跃升,跻身创新型国家前列;人民平等参与、平等发展权利得到充分保障,法治国家、法治政府、法治社会基本建成,各方面制度更加完善,国家治理体系和治理能力现代化基本实现;社会文明程度达到新的高度,国家文化软实力显著增强,中华文化影响更加广泛深入;人民生活更为宽裕,中等收入群体比例明显提高,城乡区域发展差距和居民生活水平差距显著缩小,基本公共服务均等化基本实现,全体人民共同富裕迈出坚实步伐;现代社会治理格局基本形成,社会充满活力又和谐有序;生态环境根本好转,美丽中国目标基本实现。

好"园区再出发""园区再创新""园区再突破"的文章,我们认为,只有这样才能为促进国家和区域发展,为实现第二个百年奋斗目标奠定坚实基础并提供有力支撑。

二、新理念与新规则为园区突破铸魂定向

统筹发展和安全。改革开放以来,我国十分注重发展。发展是解决我国一切问题的基础和关键,不发展会使国家安全存在隐患,发展不安全同样会使国家面临风险。从大的方面来看,发展不安全主要表现为:一是不健康的发展方式,如粗放式的、过度消耗资源的、片面追求GDP的、忽视质量的发展;二是挑战和风险加剧的发展环境,如国内矛盾长期积压不能化解、国际局势变幻莫测、全球治理梗阻难排无解。进入新发展阶段,党的十九届五中全会提出了"统筹发展和安全"的明确要求和工作部署。发展是安全的保障,安全是发展的前提。做好新时代国家安全工作,必须把发展和安全摆在同等重要的位置,更好地统筹起来,注重适应新发展阶段要求,扎实做好"六稳""六保"工作,下大力解决发展不平衡不充分问题,推动实现更高质量、更有效率、更加公平、更可持续、更为安全的发展。对于我国园区转型突破来说,按照统筹发展和安全的要求,就必须认真研究解决金融债务、产业链供应链安全、关键核心技术"卡脖子"等问题,集中精力办好园区自己的事,在构建以国内大循环为主体、国内国际双循环相互促进的新发展格局中蹚出园区的新路子。

贯彻新发展理念。进入新发展阶段,我们必须旗帜鲜明地高举习近平新时代中国特色社会主义思想伟大旗帜,坚持"创新、协调、绿色、开放、共享"五大发展新理念。可以说,新发展理念是开启我国经济发展新阶段、实现高质量发展之门的"钥匙"。习近平总书记指出,必须

坚定不移贯彻新发展理念，解决好怎么发展、发展为谁的问题，强调了新发展理念是一个有机整体，提出的要求是全方位、多层面的，绝不是只有经济指标这一项，绝不能回到以 GDP 增长率论英雄的老路上去，绝不能回到以破坏环境为代价搞所谓发展的做法上去，更不能再回到粗放式发展的模式上去。我国经济从高速增长阶段开始迈向高质量发展阶段，"以人民为中心的发展思想"得以确立，"新发展理念"得以贯彻，供给侧结构性改革得以深化，以动力变革、动能转换促进质量变革和效率变革已成为共识。本质上说，新发展理念不仅是我国经济社会长期发展的灵魂，更为我国园区转型发展与创新突破铸魂。因此，在新时期新阶段，发展后劲略显不足的园区，要实现高质量发展，就必须掌握好新发展理念这把新钥匙，并运用好这把钥匙开启园区高质量发展之门，把新发展理念贯穿园区发展全过程和各领域，加强前瞻性思考、全局性谋划、战略性布局、整体性推进，构建园区新发展格局，转变园区发展方式，更好发挥园区各利益主体积极性，着力固根基、扬优势、补短板、强弱项，实现园区发展质量、结构、规模、速度、效益、安全相统一。

进入新发展阶段，我国市场经济运行的规则发生了重大改变：《中华人民共和国民法典》（以下简称民法典）成为我国市场经济的基本遵循。作为我国首部以"法典"命名的法律，从宏观上看，民法典具有完善中国特色社会主义法律体系、促进国家治理体系和治理能力现代化、推动社会规范和法律适用科学化等一系列重要意义；在微观层面，民法典则关系到广大人民群众的衣食住行、生老病死，是调整一切民事主体的人身和财产关系的基本依据。所以，1260 条的民法典是"人民至上""人民利益至上"的"落地版"，是我国公民基本生活与行为的基本准则，是我国特色社会主义市场经济与市场交易的基本规则，因而被称为我国"社会生活百科全书"，是民事权利的宣言书和保障书，如果说宪法重在限制公权力,那么民法典就重在保护私权利,几乎所有的民事活动大到合同签订、公司设立,小到缴纳物业费,都能在民法典中找到依据。要坚持和完善社会主义基本经济制度,使市场在资源配置中起决定性作用,更好发挥政府作用,营造长期稳定可预期的制度环境。建设高标准市场体系,完善公平竞争制度,激发市场主体发展活力,使一切有利于社会生产力发展的力量源泉充分涌流。

对于我国园区转型突破来说,适应新的规则,按照民法典和WTO规则的要求是园区进入国际国内"双市场"、融入国内国际"双循环"的有力武器,园区必须掌握和运用好这一强大武器。

三、新基建与新工程为园区突破强板定基

从传统基建到新基建。过去一段时间,基本上是围绕水、电、路、气、讯、消防这"老六样"搞基础设施规划与建设。从2021年即"十四五"规划开始,我国将围绕"三大设施七个领域"开展基础设施规划与建设。相比传统基建,"新基建"是立足于高新科技的基础设施建设,主要包5G基建、特高压、城际高速铁路和城市轨道交通、新能源汽车充电桩、大数据中心、人工智能、工业互联网七大领域,形成以下三大设施:一是信息基础设施。包括:(1)以5G、物联网、工业互联网、卫星互联网为代表的通信网络基础设施;(2)以人工智能、云计算、区块链等为代表的新技术基础设施;(3)以数据中心、智能计算中心为代表的算力基础设施。二是融合基础设施。即深度应用互联网、大数据、人工智能等技术,支撑传统基础设施转型升级,进而形成的融合基础设施。三是创新基础设施。包含:(1)支撑科学研究、技术开发、产品研制的具有公益属性的基础设施;(2)重大科技基础设施、科教基础设施、产业技术创新基础设施。这些新型基础设施被赋予新的科技内涵,是对整

个国民经济具有乘数效应和撬动效应的"杠杆",被专家认为"是开启新一轮经济周期的必经之路,是一切改革转型的基础",是我国新一轮经济增长的新动能,它不仅有利于托底经济、助力经济复苏,还可以从根本上加速经济转型升级,持续激发经济发展韧性,因而是"推动形成以国内大循环为主体、国内国际双循环相互促进的新发展格局"的有力支撑。近年来,随着外部环境和我国发展所具有的要素禀赋的变化,市场和资源两头在外的国际大循环动能明显减弱,而我国内需潜力不断释放,国内大循环活力日益强劲,客观上有着此消彼长的态势。

对于我国园区来说,新旧基础设施成为其招商引资、引智的"敲门砖",以前招商的要求是"六(或七)通一平",现在在原来的基础上又增加了"新九通一平"。因此,我国园区必须在加大对传统基础设施改造升级即通过现代信息技术与网络手段赋能,使之成为"融合基础设施"的基础上,主动配合政府加大信息基础设施和创新基础设施的投资建设力度,为园区转型突破提供强大的软硬设施支撑。

从重大基建设施建设工程到重大科技、重大产业工程。过去我国集中力量建设了一批重大基础设施工程和科创项目,例如三峡大坝工程、南水北调、西电东送等基础设施工程和嫦娥奔月、超高速铁车、超级计算机、超级杂交稻等一批重大科创项目。进入新发展阶段,我国的新工程将集聚布局在产业工程和科创工程两大领域:一是重大产业工程,重点是突破硬壳技术"卡脖子"工程,实现自主可控;二是科创工程,主要是部署国家大科学装置,在涉及国家发展未来和强国间较量的"根技术"或"根产业"或前沿科学技术领域。在这一新时期,要以科技创新催生新发展动能,要大力提升自主创新能力,尽快突破关键核心技术。这是关系我国发展全局的重大问题,也是形成以国内大循环为主体的关键。要做好这一点,必须拿出更大的勇气、更多的举措破除深层次体制机制障碍。

上述重大工程的部署转变,为我国园区特别是国家重量级实体经济园区的发展提出了更高更新的要求。为此,园区必须坚持"发展是第一要务、人才是第一资源、创新是第一动力"的基本原则,积极主动投身于这些重大产业工程和重大科创工程之中,主动走创新驱动发展之路,推动园区发展的新旧动能转换,使园区真正强大起来。强起来要靠创新,创新要靠人才。要加强产权和知识产权保护,坚持守正创新、开拓创新,大胆探索园区自身的未来发展之路。

四、新循环与新要素支撑为园区突破赋能定形

历史地看,我国经济发展首先是基于外循环来考虑的。20世纪70年代末80年代初,党的十三届二中全会提出了"沿海发展战略"的三个要点:第一,利用中国劳动力充裕的资源优势,发展劳动密集型产业;第二,吸引外商直接投资,大力发展"三资企业";第三,实行"两头在外",大进大出,使经济逐步走向世界。1987年时任国家计委经济研究所副研究员的王建向中央提出了《关于国际大循环经济发展战略的构想》,得到了中央的认可。1992年建立社会主义市场经济体制改革目标确立后,中国经济更快地融入世界经济秩序,发达国家的资本、产能开始向发展中国家转移,全球化浪潮汹涌澎湃。1992年到2011年,中国累计实际利用外资金额达到了1.14万亿美元,成为全球外资最重要的投资目的地;同期我国从全球第十二大出口国迅速成长为全球第一大出口国,中国也从全球生产网络的边缘角色,一跃成为世界制造业的中心。在这一时期,我国经济运行的国际大循环处于主导地位,外向型特征十分明显。特别是2006年,我国进出口贸易依存度的峰值一度达到64%,内需对经济增长的贡献持续下降,不但使中国面临严重的国际收支失衡和外

部压力,而且国内也面临收入分配地区差距扩大,产业升级面临瓶颈制约,生态环境出现恶化等问题。为了破解这一局面,2006年的"十一五"规划提出:应"立足扩大国内需求推动发展,把扩大国内需求特别是消费需求作为基本立足点,促使经济增长由主要依靠投资和出口拉动向消费与投资、内需与外需协调拉动转变"。2011年的"十二五"规划进而强调:构建扩大内需长效机制,促进经济增长向依靠消费、投资、出口协调拉动转变。特别是2014年中央经济工作会议明确提出了两个判断:一是生产要素方面,人口老龄化日趋发展,农业富余人口减少,要素规模驱动力减弱,经济增长将更多依靠人力资本质量和技术进步。二是出口和国际收支方面,全球总需求不振,同时中国出口竞争优势依然存在,高水平引进来、大规模走出去正在同步发生。至此,国际大循环的思路已经逐渐发生改变,经济政策的重心逐渐从侧重国际循环转向国内外循环相协调。2020年10月,党的十九届五中全会明确提出了加快构建新发展格局的战略抉择。

要构建以国内大循环为主体、国内国际双循环相互促进的新发展格局,就必须从需求和供给两端入手。从需求端看,要通过创造内部需求以弥补突然减少的外需。目前,外需对经济增长的贡献度相对下降,但从结构上来看,出口贸易企业大部分是民企,且多为中小微企业,就业贡献举足轻重。同样是经济增长拉动,同一个单位外需吸收的就业可能是国企和地方政府投资的3—4倍。据统计,中国与对外贸易直接和间接相关的就业高达2亿人。从供给端看,要解决内需循环不畅的问题,一是要降国内居民储蓄率,可考虑通过保障(医疗、教育、养老、住房)创造需求或者供给创造需求和信息创造需求;二是要求在国内快速替代性产出对外依赖度较高的石油等重大战略物资,补足在国外被切断的供应链环节,通过升级改造在国内构建完整的产业链闭环。在技术方面,过去主要靠模仿和学习的模式，基础研究和核心技术的创新能力不足，要解决关键技术环节卡脖子的问题，短期内是个难题。因此，必须深化供给侧结构性改革。对于我国园区来说，这既是机遇又是挑战，园区必须因地因时制宜，趋利避害，练好内功，抢抓国家推进"新基建"、发展"数字经济"、突破硬壳技术实现自主可控的有利时机，创新突破，以畅游于"国内国际双循环相互促进的发展格局"之中。

从"老三要素"支撑走向"新三要素"支撑。过去经济增长基本上是在假定技术不变条件下基于对土地、资本、劳动力"传统三要素"进行有效配置的结果，其增长模型基本上遵循"道格拉斯生产函数"实现"抛物线"增长的运行轨迹，并使传统三要素的组合配置尽可能处于"报酬递减区间"；而到了新发展阶段，现代产业体系对传统三要素的依赖越来越弱，开始追逐着人力资本、科学技术和大数据"新三要素"，亦即现代产业是新三要素配置与支撑的结果。显然，新三要素组合配置导致的经济增长曲线不再是"道格拉斯生产函数"及其"抛物线"，而是"指数函数"及其"S形"曲线，既没有报酬递增、递减和报酬为负的明显区间，也难以出现明显高速增长和峰谷落差较大的增长态势，但基于创新的不断累积与深化，经济发展一般步入稳健可持续的中中速增长阶段。从早期来看，我国园区的起步基本都源自土地、资本、劳动力"老三要素"的支撑，甚至形成了"土地+资本+农民工"的园区经济发展模式。今天，这种状况将会"一去不复返了"。今天的园区必将是"人力资本、科学技术、大数据""新三要素"支撑发展的园区，"新三要素"的边际收益或影子价格将会显著上涨，"土地掘金"必将为"数据掘金"所取代，货币资本必将为科技资本"让路"。因此，园区创新突破必须从资源"三要素"升级开始，走科学技术、人力资本和大数据"新三要素"替代土地、资本、劳动力"老三要素"之路，促进园区指数式"S形"增长。

第三节 核心生态位的产业竞争需要园区创新突破

自 1910 年美国学者 R. H. 约翰逊首次提出"生态位"概念，后经美国学者 J. 格林内尔进行界定后，生态位成为生态学的一个基本概念，指在生物群落或生态系统中，每一个物种都拥有自己的角色空间和功能价值定位[①]。后被引入社会学和经济学分析领域，用于讨论企业或者产业的生态位。产业生态位主要指初始比较特殊、不受多数人待见、发展潜力巨大、会给社会带来新的利益的产业技术及其产品的空间和功能[②]。对于我国高新技术产业而言，从 20 世纪 80 年代初开始，相对于其他重化工产业而言，它的确可以称为"利基市场""小众市场"或"缝隙市场"。随着我国改革开放的不断深化，我国高新技术产业从无到有、自小积大、由弱变强，其生态位由"小众市场"转向"大众市场"，由低端环节走

---

① 关于生态位的概念内涵，学术界存在三种代表性观点（叶芬斌等，2012）：一是 J. 格林内尔的"空间生态位"，突出物种分布关系和环境安排。二是 C. 埃尔顿的"功能生态位"，强调物种所处位置和角色。三是 G. E. 哈钦森的"多维生态位"，提倡物种的空间和功能。此外，Whittaker 等人提出的"复杂生态位"观点也颇受学界关注。R. H. 惠特克等人认为，生态位可视作一个变量限定为物种在群落中的角色，也可作为群落的"生境"或生态环境。其中，"生境"主要由物种群落内部环境因素和外部环境整体因素组成，这两个变量有机结合形成集合平面，再加上尺度变量，便组成了三维空间体系，决定生态位的复杂性特征（叶芬斌等，2012）。

② 因而产业生态位也可称为"利基市场""小众市场"或"缝隙市场"。菲利普·科特勒认为，产业生态位是个小市场并且它的需要来自没有被服务好的领域。

向高端环节,由"边缘节点"步入"中间节点"、进而迈入"核心节点"。伴随着这一产业生态位的不断变迁,基于高新技术产业成长的国际国内双市场、国际国内双循环的系统边界在不断发生改变,并对我国园区的资源配置范围和市场竞争定位产生了重大而深远的影响。

一、产业生态位的变迁逻辑与园区转型路径

产业生态位变迁的基本逻辑有以下四个方面:

(1) 任何产业的生态位变迁遵循从边缘节点到中间节点再到核心节点的演变轨迹(见图1-1);

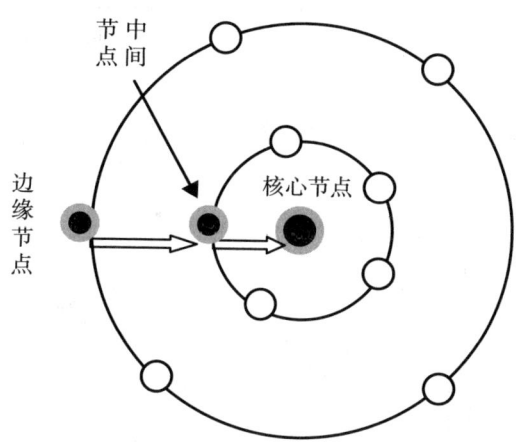

图 1-1 产业生态位的变迁示意图

(2) 多数产业的贸易摩擦系数遵循从趋近于0到逐步逼近于1的演变规律(见图1-2);

(3) 产业的国际循环及其市场演化遵循从完全的产品消费市场到基于零部件产销与组装的市场扩张再到基于核心关键技术与产品的研制的

市场深化的路径（见图1-3）；

（4）产业组织则遵循从完整产品与技术垄断到不完整产品与技术垄断，再进入到核心技术与关键零部件垄断的演进模式（见图1-2）。

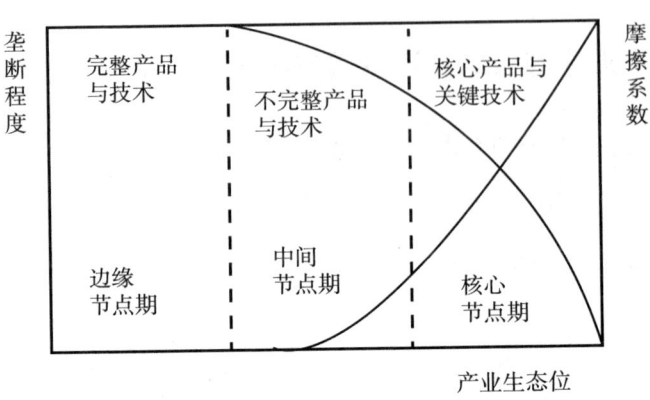

图1-2 产业生态位与贸易摩擦系数与垄断程度

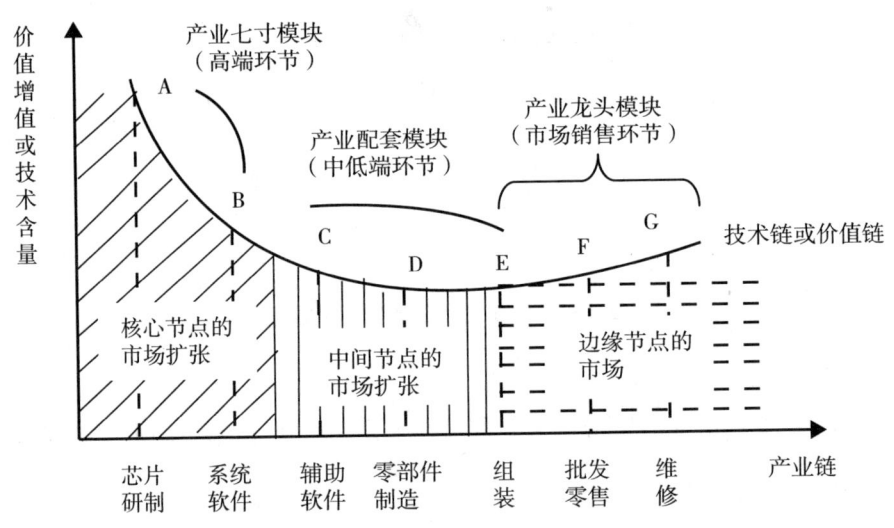

图1-3 产业环节与产业生态位市场关系示意图

一般来说，产业生态位处于变化之中，其变化的逻辑是：最初都处于图1-1中的边缘节点，受先发国家或地区完全垄断产业组织的影响，后发国家或地区一般沦为新技术和产品的消费市场（如图1-3中E点右边的阴影部分），会给产品或技术输出国带来较大的市场利益回报。在这一低水平的国际循环中，技术或产品输出国与输入国之间几乎不存在利益摩擦，亦即摩擦系数为零；随着输入国或地区改革开放和市场化程度的加深，伴随输出国间产业技术和产品竞争的不断加剧，加上对后发国家或地区廉价资源和廉价劳动力的配置需要，先发国或地区开始了资源密集型和劳动密集型产业的转移，而那些步入改革开放之途，走引进、吸收、消化、再创新的学习式成长道路的市场经济国家和地区，则积极主动承接这种产业转移，围绕产业配套环节开展一些中低端零部件产销，积极主动推进产业国际化分工与配套，于是，形成了基于"微笑曲线"中低端环节和"两头在外"的出口加工贸易迅速增长的态势。随着全球化以及主动承接转移的不断加深，市场开始裂变，从完整产品消费市场或完全的新技术、新产品消费市场地位迈入产业中低端的零部件（含辅助软件）的研制、产销，国内新技术产业开始发育，传统产业伴随市场开始转型升级，全球竞争地位上升到中间节点的产业生态位。此时，国际产业循环中开始出现贸易摩擦，但摩擦系数较小，出现摩擦的主要行为是市场"倾销行为"和如何有效保护知识产权。随着后发国家和地区营商环境的进一步优化，更受到国际市场激烈竞争的影响，先发国家和地区已经不满足于占领后发国家和地区的消费市场，而是开始进行规模性海外投资扩张，致力于对全球产业链的控制。于是，除了关键技术、核心产品与高端工艺保留在本土外，其他环节外包或投资转移至后发国家或地区，导致OEM、ODM的产业商运模式风行全球。此时，产业的国际大循环得以迅速形成，全球化程度不断加深，贸易摩擦频发与加剧。

当一国不满足于现状,在自主创新战略的引领下深入关键技术、核心产品与工艺环节进行研发创新,并达到无限接近与先发国原创水平甚至局部开始超越时,亦即先发国家或地区的基于产业"七寸"——核心关键环节垄断地位遭受挑战时,它们按下了"反全球化"的"快进键",并对后发国家进行多维打压,特别是针对所谓的"卡脖子"技术、产品或项目进行疯狂的打压。也就是说,当一国特别是后发国的产业生态位无限接近甚至达到"核心生态位"时,彻底打破了在位者的"寡头垄断",其垄断利益受损,原在位者会不惜付出一切代价去保护自身利益,去破坏原有的贸易与创新规则。此时,基于关键技术、核心产品与工艺的国际供应链与产业链被迫断链,国际经济大循环受到抑制。与此相应,后发国家和地区不得不开启国内经济大循环模式,以国内消费的扩张和产业链的主权式"补链"重组以冲抵国际循环或者出口消费的减量,避免经济的下行。上述逻辑可进行小结归纳如表1-2所示。

表1-2 基于产业生态位变化的全球市场竞争结构要素表

产业生态位	边缘节点	中间节点	核心节点	
垄断性质	先发国:全产业链垄断;后发国:成为完整产品消费市场	先发国:垄断产业核心关键环节;后发国:进入配套环节做零部件产销	先发国:核心关键环节垄断被打破;后发国:进入核心关键环节	先发国:产业技术与制造业领先地位被打破;后发国:部分产业技术与制造领先全球
技术差距	大	大	小	无
贸易摩擦系数	趋近于0	>0<0.5	>0.5<1	为1
WTO规则作用	大	大	变小	小

续表

产业生态位	边缘节点	中间节点	核心节点	
国际国内双循环	低水平国际循环（沦为消费市场）	中级水平的国际循环（嵌入式产业分工与配套）	较高级水平的国际循环（基于核心关键技术产品的高水平进口替代）	先发国：反全球化，国际循环收缩；后发国：开启国内循环

二、边缘节点期园区市场由国内循环渐入国际循环

可以说，改革开放前，我国是典型的计划经济主导下的"统购统销"式的国内经济大循环。改革开放后，我国开启了建立社会主义市场经济的探索实践。1980年3月中旬，党的十三届二中全会提出的"沿海发展战略"包括三个要点：一是利用中国劳动力充裕的资源优势，发展劳动密集型产业；二是吸引外商投资发展"三资企业"；三是实行"两头在外"，大进大出，使经济运行由国内循环扩大到国际循环。特别是1992年后，发达国家的资本、产能开始向发展中国家转移，全球化浪潮汹涌澎湃，中国经济国际化循环加快。总体看，1979—2000年，是我国改革开放的重要历史时期。在这一时期，社会发展的主要矛盾依然是人们日益增长的物质文化生活需要同落后的社会生产力之间的矛盾，但我国经济短缺性质出现"两重性"：一是数量供求已基本均衡，尚存在质量性和结构性短缺[①]；二是私人物品供求基本均衡，政务、教育、医疗、养老等公共物品供给短缺。在这一时期，在1984年解决粮食短缺问题之

---

① 例如，市场大量出现"假冒伪劣""劣币驱逐良币"现象，以"降价"为特征的恶性竞争从一个行业转到另一个行业等。

后，我国开启了经济体制的改革探索。在这一时期，我国经济成长战略发生了重大改变，从1994年前的"供给推动经济增长"转变为"需求拉动经济增长"，出口、投资、国内消费"三驾马车"的构筑成为改革的基点与标的，我国的财税体制、金融体制、资本市场、企业制度、汇率、国资监管、产业园区等改革不断推进。在这一时期，从高技术产业发展与国际循环的角度看，我国成为发达国家和地区家用电器、1G、2G等电子信息产品的大而纯粹的消费市场，与发达国家和地区的技术差距大，无论是产业发展水平还是国际贸易规则掌控，我国基本处于被动地位，因而那时的国际循环可称为"低水平的国际循环"；而且在国内经济循环中我国出现了两次明显的消费升级：一次是基于"小三件"——自行车、手表、缝纫机的普及，另一次是基于"中三件"——冰箱、彩电、洗衣机的普及，国内经济循环规模在迅速放大，我国经济特别是园区经济开始由国内循环渐进式步入国际循环。在这一时期，我国沿海地区对外开放步伐明显快于内陆地区，沿海园区通过发展外向型经济特别是劳动密集型加工贸易，比内陆地区园区至少要早10年左右就参与到全球的产业分工与经济大循环之中。而内陆地区除了少量园区紧跟这一步伐外，绝大多数园区尚处于国内经济循环之中，只是把企业主体集聚到产业园区享受各类优惠政策而已。尽管产业区位的调整也客观上带来了内陆地区园区经济的发展和企业的壮大。也正因为如此，沿海园区的体制机制与政策比内地园区活得多，沿海园区的薪酬待遇和发展机会要比内地园区高得多，于是，内陆地区无论是下海的、打工的都首选沿海，导致了全球规模最大的"孔雀东南飞"式的"打工潮"与"民工潮"现象。正是这种产业园区的沿海与内地的"二元结构"，导致了中国经济改革开放与经济发展的东中西部梯度落差与区域不平衡、不协调的发展。

三、中间节点期园区市场步入国际循环为主的"双循环"

进入 21 世纪之后，特别是我国加入 WTO 后，我国经济的国际循环程度快速加深，我国经济快速融入世界经济秩序，园区步入以国际循环为主的"双循环"市场体系之中。尽管发达经济体依然按照"微笑曲线"对我国产业环节或模块进行中低端"锁定"，我国园区特别是国家级园区不断通过持续的产业升级，提高其产业在全球产业价值链中的位置，逐步成长为世界工厂。2006 年，我国经济对进出口贸易依存度的峰值达到最高为 64%，外向型特征十分明显。到 2011 年，中国累计实际利用外资金额达到了 1.14 万亿美元，成为全球外资最重要的投资目的地；同一时期，中国从全球第十二大出口国，迅速成长为全球第一大出口国。中国也从全球生产网络的边缘角色，一跃成为世界制造业的中心。在这一时期，全球基本上形成了欧美作为研发中心、金融中心、消费中心，东亚特别是中国作为制造中心，其他一些资源能源大国作为资源品输出中心的全球经济大循环模式。美国 1953 年制造业产值占世界的比重达到峰值（44.7%），随后，全球的生产中心就从美国向东亚转移，其中日本制造业产值占世界的比重从战后的 2.6% 提高到 1980 年的 14.9%。随后又转移到中国，到 2009 年中国制造业产值已经占到世界的 25.9%，是美国的 1.6 倍。在这一经济大循环模式的阴影下，一个全新的全球性"二元经济结构"隐隐约约显现其中，即欧美发达国家占领产业价值链、科技创新链、金融链和消费链的全球高端，而发展中国家则被锁定在产业价值链、科创链、金融链和消费链的全球中低端。这一模式虽然在一定时期是有效的，是制度性游戏规则安排与丛林竞争法则选择的结果，但欧美占据高端同时获得物美价廉的消费品，这种多方共赢而欧美发达国家多赢的结局肯定是不公平的，也是不可持续的。即便如此，反而对这种安排提出挑战的却来自西方世界。2012年，美国经济学家布兰科·米拉诺维奇（Branko Milanovic）在其一份世界银行的工作文件中提出的"大象曲线"揭示了国际经济循环亦即全球化带来的影响，如图1-4所示。他的基本观点是，全球化的获益分布并不平等：90%处于全球中位收入的人群来自亚洲国家，特别是中国和印度；全球最富有的1%的人主

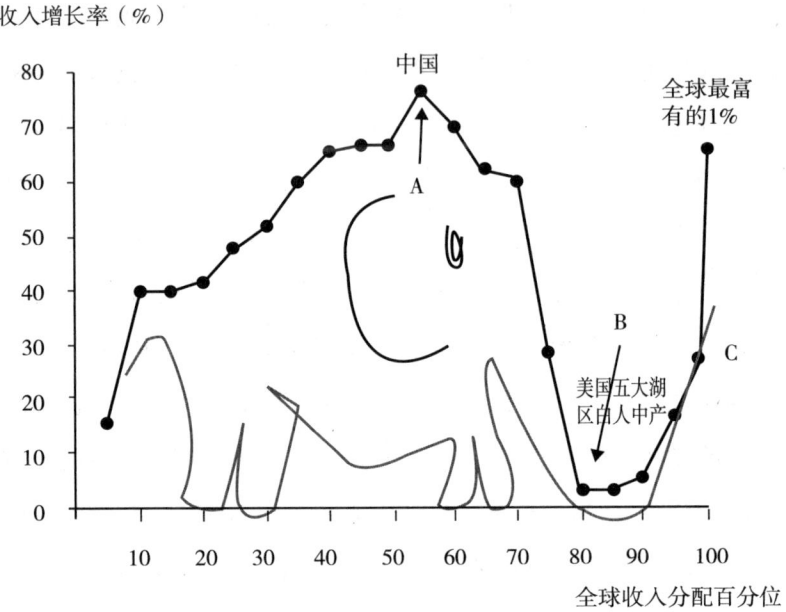

图1-4 "大象曲线"揭示了全球化对不同群体的分配不均

注释：图中按百分比显示1988—2008年全球真实收入分布，收入用2005年国际美元测量，个人按真实人均家庭收入百分位排列。横轴代表全球从最低收入百分位至最高收入百分位的人口分布；纵轴代表1988—2008年真实收入的增长。该曲线清晰地表现了全球收入增长的三个关键点：A点代表处于全球中位收入（50百分位）附近的人群，增长最快；B点代表80-85百分位的人群，其真实收入增长乏力；C点代表全球最富有的1%的精英的收入增长。

要来自发达国家，其中超过一半来自美国，换句话说，12%的美国人属于全球最高1%收入的富人。70%处于80—85百分位的人群来自亚太经合组织成员（OECD），他们属于本国较低收入的那一半群体。就收入增长而言，赢家为相对贫穷的亚洲国家的中产和中上阶层和全球最高1%收入的富豪，相对输家为发达国家的中下和中产阶层。由此可见，全球化不仅带来了我国经济体量的迅速放大，更使人均收入快速增加。

在2001年到2017年的17年间，我国高技术产业开始嵌入式进入全球产业分工与配套，研究、生产、销售各类电子信息、生物科技、新材料、新能源、汽车、高铁等高技术产品，我国高技术产业的发展步伐显著加快，如图1-5所示，2017年，我国高技术制造业增加值同比增长13.4%，增速高于规模以上工业6.8个百分点，占规模以上工业的比重已超过12%，主营业务收入同比增长13.2%，增速比规模以上工业高2.1个百分点，引领趋势越发突出，带动作用更为强劲。战略性新兴产业工业部分增加值同比增长11%，高于规模以上工业4.4个百分点；新兴产业集群发展对地方转型支持作用强劲，深圳市战略性新兴产业增加值占GDP的比重已超过40%，福建泉州和湖北武汉的集成电路、湖南株洲的轨道交通装备、安徽合肥的平板显示等新兴产业集群都成为当地新的支柱产业。在这17年，我国产品出口大幅提升，出口结构持续优化。出口先升后降，后又转降为升，出口结构不断优化。据海关总署数据，2017年，高新技术产品出口增长10.6%。尤其是集成电路、通信系统设备等产品出口占比稳步提升，集成电路出口数量同比增长13.1%，华为、中兴、TCL、小米等领军企业抓住"一带一路"建设机遇，加速布局全球市场，智能手机等高端产品的国际市场占有率明显提升。北京、上海两个有国际影响力的科技创新中心，上海张江、北京怀柔、安徽合肥三个综合性国家科学中心建设成效初显。据世界知识产权组织评估，全球

100个创新集群中,我国占7个,对全球创新资源形成强大的磁场效应。在这17年,国内经济循环规模化推进,不仅实现了我国第三次消费升级——基于汽车、住房、计算机(含手机等)"大三件"的普及,并开始孕育着基于"文化、健康、智慧""新三件"为代表的第四次消费升级。2017年,全国网上零售额同比增长33.2%,增速同比提高7个百分点,其中实物商品网上零售额同比增长28.0%,高于社会消费品零售总额增速22个百分点。2017年共享经济市场交易额约4.9万亿元,同比增长超过43%。跨境电商、智慧家庭、智慧交通、远程教育医疗等新业态快速涌现,数字化、智能化生活方式步入寻常百姓家庭。

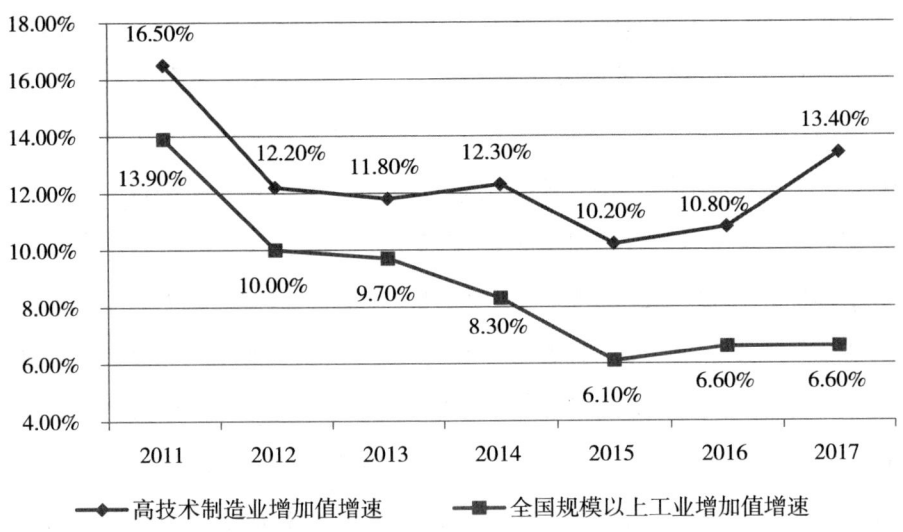

资料来源:《中国统计年鉴》(2018年)。

图1-5 2011—2017年我国高技术产业和工业增速对比

但是,在此过程中,我国沿海开放带动所带来的弊端也逐渐显现:经济对投资、出口的过度依赖,使我国不仅面临严重的国际收支失衡和外部压力，也导致区域发展和贫富差距扩大，特别是隐性债务过大和生态环境恶化，产业升级面临"微笑曲线"低端锁定的制约。从国际上看，2008年全球金融危机爆发，这一国际大循环模式的弊端暴露出来，美国出现了过度消费、过度负债的问题，制造业空心化加剧了美国国内的阶级矛盾，加剧了99%与1%的对立。2008年以来全球化发生了重大的转折，由全球化扩张阶段，进入了逆全球化的全球化收缩阶段。同时，欧美国家试图对全球分工做出调整，以重构制造业的全球价值链，美国提出了"再工业化"推动制造业"两个转移"——高端制造业回流美国，中低端制造业向东南亚转移。同时，随着中国科技实力增强，产业向中高端迈进，国际市场竞争格局出现变化。

四、核心节点期园区市场融入国内大循环为主体的"双循环"

随着我国供给侧结构性改革的深入，我国创新发展与产业结构调整的步伐加快，特别是在5G、北斗技术、网络技术、新材料等领域的发展后来居上，大有超越美国发展水平之势，我国高技术产业的生态位快速向全球高技术产业网络的核心节点迈进，并在局部领域处于优势地位。这必然导致新兴大国与守成大国的冲撞。美国对产业高端特别是核心关键技术环节与产品的垄断地位遭受到前所未有的挑战，于是，美国开始所谓的"去全球化"。

进入2020年，全球"黑天鹅""灰犀牛"事件，进一步影响全球价值链的布局与产业链的分工。可以说，近年来参与全球价值链分工的模式和全球价值链所处的地位都在发生变化，与这些"黑天鹅""灰犀牛"事件密不可分。之前新技术革命和贸易摩擦已经对中国参与全球价值链分工产生了影响，而本次新冠肺炎疫情对我国参与全球价值链重新布局又产生了新的不确定因素,也加速了世界传统国际循环模式的终结,明显导致我国外向型经济的国际市场与国际需求在局部萎缩,高技术产业的国际循环不畅。一些西方国家要求制造业本地化的战略诉求更强烈,不但强调高端制造业回流,防疫等广义安全产业也要求本地化。疫情期间全球的经济运行都不正常,造成外需的进一步萎缩,全球供应链也不稳定。从历史长河看,中国的兴起是大势所趋,历史潮流不可阻挡。关键是我们要顺应国际大趋势,坚持改革开放,坚持和平发展,同时,立足被美国等发达国家卡住我国高技术产业发展"脖子"[①]的实际,弘扬中华优秀文化,凝聚聪明智慧,自力更生,艰苦奋斗,不断创新和创造。

尽管产业园区不是我国最重要的生活消费市场,但却是我国最重要的产权配置市场和要素配置市场,也是最重要的装备制造产品消费市场,而且也是一国或区域经济中最密集的资源配置与产品产出市场,代表了一国或区域的先进生产力。进入核心节点生态位的产业及其园区更需要代表国家和区域进行创新突破,特别是围绕发达国家卡住我国产业发展的"卡脖子"技术和产品进行创新突破,这是时代赋予我国园区的神圣使命!更是我国园区走向强大的根本路径!

---

① 2018年12月7日,《科技日报》报道的中国35项"卡脖子"技术:1.光刻机;2.芯片;3.操作系统;4.航空发动机短舱;5.触觉传感器;6.真空蒸镀机;7.手机射频器件;8.iCLIP技术(医药靶向技术);9.重型燃气轮机;10.激光雷达;11.适航标准;12.高端电容电阻;13.核心工业软件(智能制造的中国"无人区");14.ITO靶材(平板显示制造);15.核心算法(国产工业机器人有点笨);16.航空钢材;17.铣刀(为高铁钢轨"整容");18.高端轴承钢;19.高压柱塞泵;20.航空设计软件;21.光刻胶;22.高压共轨系统;23.透射式电镜;24.掘进机主轴承;25.微球;26.水下连接器;27.燃料电池关键材料;28.高端焊接电源;29.锂电池隔膜;30.医学影像设备元器件;31.超精密抛光工艺;32.环氧树脂;33.高强度不锈钢;34.数据库管理系统;35.扫描电镜。

第二章

我国产业园区需要创新突破

　　我国产业园是改革开放的产物,是社会主义市场经济的缩影。产业园区是区域经济发展、产业调整和升级的重要空间载体,担负着聚集创新资源、培育新兴产业、推动城市化建设等一系列重要使命。我国产业园区的具体形式多种多样,主要包括经济技术开发区、高新技术产业开发区、保税区、出口加工区、科技园、工业区、产业基地、特色产业园、工业集中区以及近来各地陆续提出的产业新城、科技新城等。

第一节　我国园区的发展演变

1978年，党的十一届三中全会，开启了改革开放和社会主义现代化的伟大征程。从此，我国改革开放拉开了大幕。习近平总书记强调："改革开放是决定当代中国命运的关键一招，也是决定实现'两个一百年'奋斗目标、实现中华民族伟大复兴的关键一招。"

40年来，我国产业园从无到有、从小到大、从弱到强，为我国发展注入了持续不断的强劲动力。回顾我国产业园区的发展历史，从时间上看，其发展过程大致经历了五个阶段：第一个阶段是1979—1992年的初创与探索阶段，主要特点是要素聚集，利用价格双轨制进行交易；第二个阶段是1992—2001年的发展与快速推进阶段，主要特点是产业主导，改革探索，市场机制发挥重要的作用；第三个阶段是2001—2008年的调整和深化阶段，主要特点是适应WTO的规则，积极参与全球产业链分工与价值配套；第四个阶段是2008—2013年的转型和升级阶段，主要特点是加快产业链建设，优化园区产业发展生态，促进主导产业做大做强；第五个阶段是2013年以来的迈向高质量发展的阶段，从我国成立自由贸易区开始，主要特点是创新驱动，动能转换，开始迈向产业价值链的中高端。从空间上看，我国产业园从东南沿海梯度延展到中西部地区，由东向西、由"外"到"内"、由点到面，逐步向全国扩展。从形式上看，我国园区从传统的单一工业园区向产城融合的新区过渡，从产业低端园区转向产业中高端园区，由综合性园区向专业性、特色型产业园区转型，甚至不少经开区向高新区转型发展。随着商业、金融等配套服务进入园区，产业中心逐渐形成，社会服务和社会管理开始全面布局，园区产业结构和服务内容双升级加快,园区生态位迅速改善,园区的综合承载能力不断增强,日益成为充满活力的城镇新区,正带动对我国城市经济发展与社会进步不断提升。

一、初步探索期(1979—1991年)

蛇口工业区打开"第一扇窗"。1978年10月9日,交通部外事负责人袁庚提出了《关于充分利用香港招商局问题的请示》,同年10月12日,该请示得到批准。1979年1月31日,国务院批准设立蛇口工业区。1980年2月6日,中共中央政治局会议通过了组织实施中国地区发展战略的决定。同年3月中旬,十三届二中全会提出了"沿海发展战略"的要点。1979年,国家批准在沿海城市进行加工贸易。这一时期正处于改革开放初期,百废待兴,生产力落后,产业发展缓慢,贸易基础薄弱,多以"三来一补"的方式承接韩国、日本和我国台湾、香港地区的外来加工业务。"三来一补"指来料加工、来样加工、来件装配和补偿贸易。这个阶段产业园区行政化特征明显,若从行政地位来看,蛇口工业区的"区"这一概念,与现在的地级行政区概念相当,尚未有园区概念出现。且鉴于所在产业园区单枪匹马的探寻阶段,产业园区内企业基本都由政府划拨。1979年2月,国务院批准,由香港招商局在蛇口14平方公里的土地上,建设我国第一个出口加工工业区。7月8日蛇口工业区基础工程建设正式破土动工,一个崭新的外向型工业区,在中国对外开放的前沿阵地深圳宣告诞生,拉开了我国园区经济发展的大幕。蛇口工业区位于深圳南头半岛东南部,东临深圳湾,西依珠江口,与香港新界的元朗和流浮山隔海相望。作为改革开放的"试验田",蛇口工业区是招商局集团全资开发的国内第一个外向型经济开发区,开创了多项制度革新与观念革新。蛇口工业区率先实行招聘用人、率先改革干部制度、率先实现改革工资分配制度、率先实行社会保险制度等，在蛇口诞生了新中国第一家由企业创办的股份制商业银行——招商银行，这些敢为人先的改革试验，后来在全国推广，被誉为"蛇口模式"。从1979年到1983年，我国产业园主要是孕育与探索，我国开发区也经历了"投石问路"、由点到面的艰难曲折，是在深圳、珠海、汕头、厦门等经济特区试点基础上渐次展开的。经济特区还不是真正意义上的经济技术开发区，也不能完全解决资金短缺、技术落后、劳动力过剩等一系列问题。因此，扩大优惠政策的范围，实现由"点"到"面"的过渡，才能真正发展我国经济，这样出口区就应运而生了。1979年7月，中共中央、国务院同意在广东省的深圳、珠海、汕头三市和福建省的厦门市试办出口特区。在蛇口工业区与四大经济特区快速发展的背景下，国家看到了对外开放的力量，于是在中央政府的领导和地方政府的努力下，全国基本形成了从沿海到沿江，再由沿江到内陆城市的全面开放格局，为产业园区在全国的蓬勃发展奠定了坚实的基础。

1984年经济开发区诞生。为了接纳国际资本和产业转移的需要，为了特区成功经验的推广和放大，为了充分发挥沿海港口城市的优势，我国开启了将对外开放与发挥国内工业基础相结合的尝试。1984年5月4日，中共中央、国务院以中发〔1984〕13号文批转了《沿海部分城市座谈会纪要》，进一步开放沿海14个港口城市，即天津、上海、大连、秦皇岛、烟台、青岛、连云港、南通、宁波、温州、福州、广州、湛江和北海14个沿海港口城市，在扩大城市权限和给予外商投资者若干优惠方面，实行十条政策和措施。第五条正是"逐步兴办经济技术开发区"，明确这14个城市，可以划定一个有明确地域界限的区域，兴办新的经济技术开发区。强调经济技术开发区要大力引进我国急需的先进技术，集中举办中外合资、合作、外商独资企业和中外合作的科研机构，发展合作生产、合作研究设计,开发新技术,研制高档产品,增加出口收汇,向内地提供新型材料和关键零部件,传播新工艺、新技术和科学的管理经验。有的经济技术开发区,还发展为国际转口贸易的基地。经济技术开发区内,利用外资项目的审批权限,可以进一步放宽,大体上比照经济特区的规定执行。经济技术开发区内,中外合资、合作办的及外商独资办的生产性企业,其企业所得税减按15%的税率征收(中方税后利润仍按规定上缴);对外商所得合法利润汇出时免征汇出税。区本身和区内企业自用的建筑材料、生产设备、原材料、零配件、元器件、交通工具、办公用品的进口和产品的出口、内销,也执行经济特区的优惠政策和管理办法(内销产品要补税)。经济技术开发区本身的进出口贸易,可以在国家统一政策指导下自主经营,也可以委托外贸公司代理,但自负盈亏。国家对经济技术开发区实行必要的监管措施,经济技术开发区要在规划和建设中提供必要的监管条件。由此,中国产业园区的发展进入了快车道。

"火炬计划"助推高新技术开发区破土。1985年7月,中国科学院与深圳市政府联合创办中国第一个高新技术开发区——深圳科技工业园区,拉开了创办高新技术开发区的序幕。高新技术开发区,指中国在一些知识密集、技术密集的大中城市和沿海地区建立的发展高新技术[①]的产业开发区。高新技术范围将根据国内外高新技术的不断发展而进行补充和修订。高新技术企业是知识密集、技术密集的经济实体,兴办高新技

---

① 高新技术的范围包括:微电子科学和电子信息技术,空间科学和航空航天技术,材料科学和新材料技术,光电子科学和光机电一体化技术,生命科学和生物工程技术,能源科学和新能源、高效节能技术,生态科学和环境保护技术,地球科学和海洋工程技术,基本物质科学和辐射技术,医药科学和生物医学工程,其他在传统产业基础上应用的新工艺、新技术。

术产业，必须具备国家科委《关于国家高新技术产业开发区高新技术企业认定条件和办法》中规定的条件。认定工作由省、区、直辖市、计划单列市的科学技术委员会主管。高新技术产业兴办者向开发区办公室提出申请，经核定后报省、市科委批准。高新技术产业享受国家高新技术产业开发区的各项优惠性政策。如享受进出口货物的关税优惠，为生产出口产品而进口的原材料和零部件免领进口证，经批准可设立技术进出口公司，享受外贸经营权，可通过银行发行债券以筹集资金，基本建设投资可优先纳入固定资产投资规模，可以免购国家重点建设债券，可以自行制定产品试销价格或自行定价，可以对用于高新技术产品生产的仪器、设备实行加速折旧，五年内企业交税收新增部分可用于开发区建设，安排劳动就业和招收职工时可得到优先考虑等，国家对高新技术产业采取优惠政策是推动高新技术产业发展的行之有效的措施。为了加快高新技术产业的发展，国务院决定继1988年批准北京市新技术产业开发试验区之后，在各地已建立的高新技术产业开发区中，再选定一批开发区作为国家高新技术产业开发区除国家科委审定的21个[①]。国务院批准上海漕河泾新兴技术开发区、大连市高新技术产业园区、深圳科技工业园、厦门火炬高技术产业开发区、海南国际科技工业园分别设在经济技术开发区、经济特区内，也确定为国家高新技术产业开发区，并给予相应的

[①] 武汉东湖新技术开发区、南京浦口高新技术外向型开发区、沈阳市南湖科技开发区、天津新技术产业园区、西安市新技术产业开发区、成都高新技术产业开发区、威海火炬高技术产业开发区、中山火炬高技术产业开发区、长春南湖——南岭新技术工业园区、哈尔滨高技术开发区、长沙科技开发试验区、福州市科技园区、广州天河高新技术产业开发区、合肥科技工业园、重庆高新技术产业开发区、杭州高新技术产业开发区、桂林新技术产业开发区、郑州高技术开发区、兰州宁卧庄新技术产业开发试验区、石家庄高新技术产业开发区、济南市高技术产业开发区。

优惠政策。国务院授权国家科委负责审定各国家高新技术产业开发区的区域范围、面积，并进行归口管理和具体指导。我国高新区的破土，提高了我国园区的科技含量与发展水平，推动了我国高技术产业对发达国家的追赶。

产业园区建立之初，各园区恪守中央"把开发区办成技术的窗口、管理的窗口、知识的窗口和对外政策的窗口"的"四窗口"模式。但是，由于长期与外界隔绝，对资本主义生产方式具有防范心理，以及外界资本对中国开放政策持观察试探的态度，再加上产业园区间按照统一模式共同争取外资，致使在短期内大部分产业园区的发展不尽如人意。1989年，国家在上海召开全国经济技术开发区工作会议，提出了"发展工业为主，利用外资为主，出口创汇为主"的"三为主"发展方针，并修订了对沿海经济技术开发区期望过高的定位，明确以出口加工区模式谋求发展。总体来看，我国产业园区发展的第一阶段主要是园区建设和管理的摸索阶段，发展相对缓慢，过程中也遇到了许多困难和阻碍，主要表现为：产业园区的发展条件很差，发展基础薄弱，而且受制于传统观念，开发区多选址于远离母城的地方，难以向已有的产业基础借力；同时，在国内百废待兴、资金需求压力极大和开发区自身尚无积累能力的双重约束下，开发区建设资金缺口大；而外资进入也有一个由小到大、由低到高的试探和观望过程等。

二、快速增长期（1992—2001年）

从1992年到2001年，是我国园区的快速增长阶段。1992年，建立社会主义市场经济体制改革目标的确立加快了园区的发展。2001年我国加入WTO，我国改革开放与园区进入发展的新阶段。其间，由特区、经济技术开发区、保税区、高新技术产业开发区、边境自由贸易区、沿江沿边开放地带、省会城市等构成的多层次、全方位开放格局基本形成。

1994年2月11日，国务院下发《关于开发建设苏州工业园区有关问题的批复》（国函〔1994〕9号），同意江苏省苏州市同新加坡有关方面合作开发建设苏州工业园区。1994年2月26日，中新双方签署《关于合作开发建设苏州工业园区的协议书》《关于借鉴运用新加坡经济和公共管理经验的协议书》和《关于合作开发苏州工业园区商务总协议书》三个重要文件。1994年3月1日，由苏州市政府承担的苏州工业园区"六通到边"基础设施建设工程全面展开。1994年4月20日，苏州工业园区首批借鉴培训团（规划建设）赴新加坡培训。借鉴新加坡经验正式开始。1994年4月21日，首批中、新联合招商团赴欧洲招商。1994年4月29日，江苏省人民政府批准将娄葑乡和跨塘镇、斜塘镇、唯亭镇、胜浦镇一乡四镇成建制划归苏州市人民政府直接管辖，由苏州工业园区管委会（筹）行使行政管理职能，园区行政区域基本形成。1995年2月21日，中共苏州工业园区工作委员会和苏州工业园区管理委员会正式挂牌。1997年底，苏州工业园区首期8平方公里基本开发完成。1999年6月28日，中新双方签署《关于苏州工业园区发展有关事宜的谅解备忘录》，确定从2001年1月1日起，中新苏州工业园区开发有限公司实施股比调整，中方财团股比由35%调整为65%，中方承担公司的大股东责任。2003年，苏州工业园区主要经济指标达到苏州市1993年的水平，相当于十年再造了一个新苏州。2004年，中新双方一致认为园区开发建设取得了令人瞩目的成就，一个国际化、现代化的工业园区已经初具规模。2006年，经国务院批准，中新合作区规划面积扩大10平方公里，为苏州工业园区推进自主创新和现代物流等生产性服务业发展提供了更大的发展空间。2012年12月26日，经江苏省政府批准，苏州工业园区撤销娄葑镇分设娄葑街道和斜塘街道，撤销唯亭镇设唯亭街道，撤销胜浦镇设胜浦街道，标志着园区在推动消除城乡二元结构和实现区域一体化发展方面跨入了新的历史阶段。2013年，苏州工业园区确立了争当苏南现代化建设先导区的发展目标，深化开放创新综合改革起步，"新三年金融繁荣计划""自主品牌企业培育计划"启动实施。

园区快速增长期。全国国家高新区发展到 53 个，2000 年技工贸总收入达到 9209 亿元，是 1991 年的 105 倍，平均增长率为 67.8%；2000 年利税总额和人均工业产值分别是 1991 年的 88.8 倍和 5.1 倍；1999 年，高新区工业增加值占所在城市的比重迅速提高，苏州占 46%、吉林占 39%、绵阳占 31%、北京占 27%、南京占 27%、西安占 22%、武汉占 21%、深圳占 11%，有效地改变了当地的产业结构。至 2000 年底，共有高新技术企业达 2.1 万家，以联想、四通、北大方正和深圳华为等为代表的著名高技术企业在高新区迅速崛起。高新区内具有自主知识产权的高新技术产品份额达 70% 以上，近 6000 项省部级以上科技项目在高新区实现产业化，许多高技术产品出口国外，参与国际竞争。至 2000 年底，高新区内大专以上科技人员 83 万人，其中工程师以上 40.8 万名，硕士近 5.2 万名，博士 9000 多名，吸引留学归国人员 9700 名。高新区的建立，全面推进和深化了科教体制、经济体制和行政管理制度的改革，全方位推进产权制度、分配制度、劳动人事制度、社会保障制度的改革和现代企业制度的建立，为高新技术产业的发展提供了良好环境和条件。当时，随着近 200 家高新技术创业服务中心、大学科技园、留学人员创业园、软件科技园、专业技术孵化器、国际企业孵化器、国有企业孵化器、博士创业园等创业孵化机构的建立，为科技成果转化和科技人员创业提供了良好的创新创业的环境和条件。国内外风险投资机构都把高新区作为项目投资的重点选择区。据不完全统计，共有39个省市建立科技创新及产业化投资机构约100个，其中以科技项目为主要投资对象的风险投资公司约40家，注册资本金额达40多亿元。绝大多数高新区和创业孵化机构在互联网上都建有网页和电子信箱；全国性的政府网站已经开通；北京、上海、天津、江苏建立了孵化器工作网络；西部、北方、国际企业孵化器建立了协作网络；深圳和苏州高新区首批通过了ISO14000环境管理认证，为国内外高新技术企业提供了国际水平的硬环境和公益服务。总之，在这一时期，多数高新区基本上完成了初创时期的主要任务，建立了适合高新技术产业发展的管理体制与市场推进机制，奠定了产业发展基础，实现了原始资本的积累，为在新形势下推动高新区进一步发展创造了良好条件。同时，高新区发展也存在一些问题：一是创新创业环境建设需进一步完善，技术创新能力有待进一步提高；二是特色产业不突出，企业规模偏小，市场覆盖为区域性；三是国际化水平较低；四是发展不平衡，有效竞争机制尚在形成之中；五是辐射带动能力还没有成分发挥，对传统产业改造所做贡献不大。

三、调整转型期（2001—2012年）

从2001年到2012年，是我国园区调整与转型发展的阶段。2001年，我国加入世贸组织；2008年，美国金融危机爆发；2013年，我国自由贸易试验区建立。不仅我国贸易迎来十多年的黄金发展期，而且我国园区调整转型升级到第二代产业园区，进入产城融合发展的新阶段。

2001年12月11日，我国正式加入世界贸易组织。加入WTO，充分展示了我国顺应经济全球化潮流、主动参与国际竞争与合作的积极姿态，为我国赢得了更加良好的国际环境，有力地促进了对外开放，促进了经济体制改革和经济结构的战略性调整，对增强我国经济发展活力和国际竞争力具有重要意义。加入世界贸易组织是中国深度参与经济全球化的里程碑，标志着中国改革开放进入历史新阶段。

园区的快速增长与调整。2001年到2008年，是我国产业园区的快速膨胀期，产业园区在数量和类型上都有较大提升，也使得我国产业园区的格局不断完善。截至2002年末，我国的产业园区已由国家层面迅速扩展到各省、市、县及部分乡镇地区层面，在地域范围上，产业园区由沿海向沿边、沿江以至内陆省会城市不断推进；在产业领域上，产业园区也从生产领域逐渐扩展到服务领域和高新技术领域在产业园区发展格局上，形成了以经济技术开发区、高新技术产业开发区为主，保税区、出口加工区、边境经济合作区、沿海经济开放带、沿边经济开发区为辅的全方位、多层次开放格局，产业园区的功能得到了进一步的发展，形成了遍及全国的产业园区建设热潮。但是，这一阶段全国产业园区的发展都存在盲目性：一是产业园区数量猛增。2003年，开发区数量从1984年的14个（首批14个）猛涨到6866个，产业园区的爆发造成地方政府间的竞争和企业的轻易搬迁。二是圈地搞低级次低端园区。一些不具备条件的县乡都建立起大大小小的产业园区，政府利用产业园区搞"下指标干部招商""全民招商"，盲目招商引资扩大政绩，企业也盲目扩张，乱要优惠政策，产业园区发展陷入"不选而入、不用而占、不择而批"的恶性循环。三是土地资源浪费。为了引资，地方政府一再降低土地价格、水电等资源费用和其他税收标准，导致了土地开发效率低下和资源浪费。四是出现了"政策性候鸟企业"，企业为追寻最优惠政策而在相邻产业园区间迁移，造成财政税收的极大损失。为了对全国各类产业园区进行清理整顿和调整，2003年，国务院连续下发了《关于暂停审批各类开发区的紧急通知》《关于清理整顿各类开发区加强建设用地管理的通知》《清理整顿现有各类开发区的具体标准和政策界限》等文件，对治理整顿土地市场秩序做出了一系列部署并取得了重要成果，各地停止审批设立新的产业园区并禁止已建开发区的扩张。2003—2007年，在治理整顿作用下，产业园区开始迈向转型升级、科学发展的阶段，涌现出以中关村的再次发展以及固安工业园为代表的典型，产业园区在产业集聚、产业链完善以及产城一体化方面取得了明显进步。我国产业园区发展逐步走向成熟。为继续办好产业园区，提高产业园区的发展质量，国家对产业园区提出了"以提高吸收外资质量为主，以发展现代制造业为主，以优化结构为主，致力于发展高新技术产业，致力于发展高附加值服务业，促进园区向多功能综合性产业区转变"的"三为主，一致力"的发展方针，以期在推进经济发展方式转型中发挥更大作用。

2008年9月，雷曼兄弟破产和美林公司被收购标志着金融危机的全面爆发。随着美国第四大投资银行雷曼兄弟向美国政府申请破产保护，一场自大萧条以来最为严重的金融海啸迅速向全球蔓延。无论从破坏力、波及面，还是从事件的突发性来看，那都是一场载入国际金融史册的危机。当时，全球金融市场哀鸿遍野，各国央行惊慌失措。随着虚拟经济的灾难向实体经济扩散，世界各国经济增速放缓，失业率激增，一些国家开始出现严重的经济衰退。这场国际金融危机也给中国带来了前所未有的困难和挑战，从2008年第三季度开始，中国出口大幅下滑，经济增速放缓，就业压力加大，实体经济尤其是工业面临巨大压力，不仅大量中小型加工企业倒闭，而且加大了中国的汇率风险和资本市场风险[1]。为

---

[1] 为应对次贷危机造成的负面影响，美国采取宽松的货币政策和弱势美元的汇率政策。美元大幅贬值给中国带来了巨大的汇率风险。在发达国家经济放缓、中国经济持续增长、美元持续贬值和人民币升值预期不变的情况下，国际资本加速流向我国寻找避风港，加剧了中国资本市场的风险。

了扭转不利的经济下行，我国采取了一系列进一步扩大内需、促进经济平稳较快增长的政策措施。

园区开启"二次创业"。面对美国金融危机的全球蔓延，世界经贸形势直下，中国经济如何转变过于严重依赖外需增长的经济发展方式，推动中国产业结构优化升级，成为"关系国民经济全局紧迫而重大的战略任务"，中国各省区纷纷推出了以"保增长，扩内需，调结构"为主导的本地产业规划。其中，通过发展园区经济，打造主导产业集群，形成地域经济发展的增长极，成为各地实现产业结构调整、改变增长方式的重要发展思路。这一时期国家级产业园区围绕未来发展目标，着力在发展理念、兴办模式、管理方式等方面加快转型，通过落实五大发展理念和深化供给侧结构性改革，努力实现由追求速度规模向追求质量效益转变，由要素驱动为主向创新驱动为主转变，由工业制造业为主向制造业和服务业融合发展转变，由政府主导投资管理向政府与社会资本合作方式转变，由同质化竞争向差异化发展转变，由硬环境见长向软硬综合营商环境取胜转变，由招商引资为主向招商引技、引智为主转变。

我国园区本次转型升级的一个突出特点是开启了"二次创业"。提出了坚持"六大原则"，实现"五个转变"，做好"四个提升"。坚持六大原则：一是"自主创新，循环集约"；二是"市场导向，面向全球"；三是"产业特色，集群发展"；四是"改造升级，重点跨越"；五是"区域协调，带动就业"；六是"体制创新，环境优化"。实现五个转变：一是加快实现从主要依靠土地、资金等要素驱动向主要依靠技术创新驱动的发展模式转变，坚持把自主创新作为立区之基、强区之本，使国家高新区成为国家创新体系建设的核心基地之一；二是从主要依靠优惠政策、注重招商引资向更加注重优化创新创业环境、培育内生动力的发展模式转变，发挥企业主体作用，大幅度提高自主知识产权拥有量，成为增强自主创新能力的重要载体;三是推动产业发展由大而全、小而全向集中优势发展特色产业、主导产业转变,重点发展孕育自主创新的特色产业,形成规模化、特色化、国际化的创新集群,成为推动产业结构调整和技术升级的强力引擎;四是从注重硬环境建设向注重优化配置科技资源和提供优质服务的软环境转变,形成规范高效、竞争有序、服务优良的管理体制和运行机制,营造优越的创业环境、优化的发展环境和优质的服务环境,成为建设创新型国家的先行区;五是从注重引进来、面向国内市场为主向注重引进来与走出去相结合、大力开拓国际市场转变,以扶持自主创新、提升国家综合竞争力为宗旨,成为引导我国企业走出国门参与国际竞争的重要服务平台。做好四个提升:一是自主创新能力得到大幅提升[①]。高新技术产业增加值占全国高新技术产业增加值的比重达到15%,国家高新区在区域产业结构调整中的作用明显增强。二是国际竞争力得到显著提升。力争国家高新区在若干领域的自主创新技术达到国际中等或先进水平,产品占有较大市场份额。通过技术创新的重大突破,培育若干新兴产业,形成一批产业特色明显、上下游紧密联系的产业集群[②]。

---

① 2010年底,国家高新区内高新技术企业要达到4万家,成为园区创新的主体,企业研发(R&D)经费占产品销售额比例达到4%(其中高新技术企业为5%以上)。研发(R&D)人员占从业人员比例争取达到20%,聚集研发(R&D)人才120万人。授权发明专利数接近2万项;参与国际标准的制定达到数十项。

② "十一五"期间,出口高新技术产品金额年均增长30%以上。"十一五"末期,引导国家高新区着力培育一大批国内高新技术企业的100(经济实力最)强、100(发展速度最)快、100(经济效益最)佳、100(自主创新能力)新,造就一批有国际影响力的创新企业和知名品牌。科技企业孵化器累计毕业高新技术企业达到1.5万家。高成长性中小企业每年平均新增1000家。

三是可持续发展能力得到提升①。四是辐射带动作用得到提升②。

四、步入高质量发展阶段（2013年至今）

党的十八大以后，我国经济社会发展进入崭新的历史时期，而以2013年中国（上海）自由贸易试验区成立为标志，我国产业园区进入高质量发展的新阶段。

经济发展进入新常态。经过多年的高速增长，中国经济发展进入"增速换挡、结构优化、动能转换"的新常态。从消费需求看，过去我国消费具有明显的模仿型排浪式特征，今天，个性化、多样化消费渐成主流，保证产品质量安全、通过创新供给激活需求的重要性显著上升，必须采取正确的消费政策，释放消费潜力，使消费继续在推动经济发展中发挥基础作用。从投资需求看，经历了30多年高强度大规模开发建设后，传统产业相对饱和，但基础设施互联互通和一些新技术、新产品、新业态、新商业模式的投资机会大量涌现，对创新投融资方式提出了新要求，必须善于把握投资方向，消除投资障碍，使投资继续对经济发展发挥关键作用。从出口和国际收支看，国际金融危机发生前国际市场空间扩张很快，出口成为拉动我国经济快速发展的重要动能，现在全球总需求不振，我国低成本比较优势也发生了转化，同时我国出口竞争优势依然存在，高水平引进来、大规模走出去正在同步发生，必须加紧

---

① "十一五"期间，国家高新区要进一步集约利用土地，单位面积的产值要在"十五"基础上提升15%。要进一步加强对资源、能源的可持续利用，力争每万元增加值的能耗在"十五"基础上降低15%。力争建成若干循环经济示范园和生态工业园。

② "十一五"期间，国家高新区主要经济指标的年均增长速度要达到20%以上。2010年底，国家高新区企业年销售总额达到8万亿元、年工业总产值达到7万亿元、年工业增加值达到1.7万亿元、年税收3800亿元、年出口额2500亿美元，高新技术产品年收入达到2万亿元。

培育新的比较优势，使出口继续对经济发展发挥支撑作用。从生产能力和产业组织方式看，过去供给不足是长期困扰我们的一个主要矛盾，现在传统产业产能过剩，产业结构必须优化升级，企业兼并重组、生产相对集中不可避免，新兴产业、服务业、小微企业作用更加凸显，生产小型化、智能化、专业化将成为产业组织新特征。从生产要素相对优势看，过去劳动力成本低是最大优势，引进技术和管理就能迅速变成生产力，现在人口老龄化日趋严峻，农业富余劳动力减少，要素的规模驱动力减弱，经济增长将更多依靠人力资本质量和技术进步，必须让创新成为驱动发展新引擎。从市场竞争特点看，过去主要是数量扩张和价格竞争，现在正逐步转向质量型、差异化为主的竞争，统一全国市场、提高资源配置效率是经济发展的内生性要求，必须深化改革开放，加快形成统一透明、有序规范的市场环境。从资源环境约束看，过去能源资源和生态环境空间相对较大，现在环境承载能力已经达到或接近上限，必须顺应人民群众对良好生态环境的期待，推动形成绿色低碳循环发展新方式。从经济风险积累和化解看，随着经济增速下调，各类隐性风险逐步显性化，风险总体可控，但化解以高杠杆和泡沫化为主要特征的各类风险将持续一段时间，必须标本兼治、对症下药，建立健全化解各类风险的体制机制。从资源配置模式和宏观调控方式看，全面刺激政策的边际效果明显递减，既要全面化解产能过剩，也要通过发挥市场机制作用探索未来产业发展方向，必须全面把握总供求关系新变化，科学进行宏观调控。这些趋势性变化说明，我国经济正在向形态更高级、分工更复杂、结构更合理的阶段演化，经济发展进入新常态，正从高速增长转向中高速增长，经济发展方式正从规模速度型粗放增长转向质量效率型集约增长，经济结构正从增量扩能为主转向调整存量、做优增量并存的深度调整，经济发展动力正从传统增长点转向新的增长点。认识新常态，适应新常态，引领新常态，是当前和今后一个时期我国经济发展的大逻辑。针对经济发展新常态，国家提出了创新、协调、绿色、开放、共享的新发展理念。

中国自贸试验区应运而生。在经济学家看来，中国自由贸易试验区[①]应运而生，是中国改革开放的升级版，其建设力度和意义堪与20世纪80年代建立深圳特区和90年代开发浦东两大事件相媲美。人们认为，中国自由贸易区是打造中国经济"升级版"的"聚焦点"，正如加入世贸组织进一步激发了中国经济的活力，自贸试验区建设也将促进包括服务业在内的市场经济大发展。实践中，在自由贸易试验区内，以政府放权为标志的改革将进一步深化。原先受到较多管制的创新类金融服务、商务服务、文化娱乐教育和医药医疗护理业等，将获得很大的发展机会。从2013年9月27日，国务院批复成立中国（上海）自由贸易试验区到2020年9月21日的自贸区再次扩容，中国自贸区数量已增至21个。这21个自由贸易试验区包括上海、广东、天津、福建、辽宁、浙江、河南、湖北、重庆、四川、陕西、海南、山东、江苏、河北、云南、广西、黑龙江、北京、湖南、安徽。2020年6月1日，中共中央、国务院印发了《海南自由贸易港建设总体方案》。可以说，自由贸易试验区是中国在新形势下探索改革开放的试验田，对于推动中国经济转型升级、促进新一轮改革开放、打造经济增长新引擎、实现两个百年奋斗目标等具有重要意义。转变政府职能、扩大投资领域开放、转型升级贸易功能和开

---

① 中国自由贸易区是指在国境内关外设立的，以优惠税收和海关特殊监管政策为主要手段，以贸易自由化、便利化为主要目的的多功能经济性特区。原则上是指在没有海关"干预"的情况下允许货物进口、制造、再出口。其核心是营造一个符合国际惯例的，对内外资的投资都要具有国际竞争力的国际商业环境。

放金融领域创新等,是自由贸易试验园区的主要建设任务。尽管各个自由贸易试验区有着各自的特点,但共同点亦即其最重要的作用是以制度创新为核心任务,努力形成可复制、可推广的制度成果,创造更加国际化、市场化、法治化的公平、统一、高效的营商环境,推动中国经济全面适应并逐渐引领世界经济全球化发展。

园区成为高质量发展引擎。党的十八大以来,我国开发区总数增加到2686个。其中,国家级经开区218个,国家级高新区168个[①],海关特殊监管区143个,边/跨境合作区19个,国家级自贸区21个,国家级新区19个,国家级自创区19个,其他国家级开发区23个,省级开发区2056个。这些园区正在成为我国高质量发展的引擎,具体表现在两个方面:一方面,国家级高新区的创新驱动战略提升行动成为引领科学发展、创新发展和可持续发展的战略先导。我国国家高新区集聚了丰富的创新资源,创新了体制机制,优化提升了发展环境,涌现出一批具有竞争力的产业和企业。国家高新区已经成为我国高新技术产业发展的一面旗帜,成为我国依靠科技进步和技术创新推进经济社会发展、走中国特色自主创新道路的突出典范,成为引领科学发展、创新发展和可持续发展的战略先导。为了进一步释放高新区的活力,国家最近又提出了高新技术产业开发区创新驱动战略提升行动——以加快转变经济发展方式为主线,以增强自主创新能力为核心,以深化改革开放为动力,以促进科技与经济社会发展紧密结合为重点,全力提升国家高新区的科学发展水平,最

---

① 国家级高新区从省区市分布来看,北京1家,天津1家,河北5家,山西2家,内蒙古3家,辽宁8家,吉林5家,黑龙江3家,上海2家,江苏17家,浙江7家,安徽7家,福建7家,江西9家,山东13家,河南7家,湖北12家,湖南8家,广东14家,广西4家,海南1家,重庆4家,成都8家,贵州2家,云南3家,陕西7家,甘肃2家,宁夏2家,青海1家,新疆3家。此外,苏州工业园享受国家高新区同等政策。

终实现"四个跨越":从前期探索、自我发展向肩负起创新示范和战略引领使命跨越;从立足区域、集约发展的资源配置方式向面向全球、协同创新的产业组织方式跨越;从要素集中、企业集聚的产业基地向打造具有国际竞争力和影响力的创新型产业集群跨越;从工业经济、产业园区向知识经济、创新文化和现代生态文明和谐社区、高科技产业增长极跨越。这一战略提升行动有三项重点任务:第一,进一步探索有利于科技与经济社会发展紧密结合的体制机制。第二,率先建立以企业为主体的技术创新体系。第三,加快培育和发展战略性新兴产业。这一行动的目标要求是:到2020年,国家高新区建设成为自主创新的战略高地,培育和发展战略性新兴产业的核心载体,转变发展方式和调整经济结构的重要引擎,实现创新驱动与科学发展的先行区域,抢占世界高新技术产业制高点的前沿阵地,充分发挥国家自主创新示范区、国家高新区的核心载体作用,以更强大的创新能力服务于创新型国家建设。通过世界一流高科技园区、创新型科技园区、创新型特色园区等三类园区的建设,通过"创新型产业集群建设工程"和"科技服务体系火炬创新工程"等专项工程的实施,实现了五个方面的提升:第一,自主创新能力显著提升[1];第二,产业核心竞争力显著增强[2];第三,经济发展质量和水平显著提高;第四,引领和支撑经济社会发展能力显著加强;第五,先进文

---

[1] 高端创新资源和要素进一步向企业集聚,企业原始创新的意识与能力显著增强,从事研发设计、技术创业、成果转化、产业促进的服务机构进一步完备,创新体系和网络的服务功能进一步强大,建成一批世界水平的研发基地,形成一批全球高层次创新创业人才,突破一批具有国际影响力的重大创新成果、专利和标准。

[2] 转型升级取得明显成效,信息化和新型工业化程度明显提高,战略性新兴产业和现代服务业比例大幅度提升,文化科技产业发展迅速,产业结构明显优化,产业竞争力明显增强,产品附加值明显提高。

化软实力显著增强①。另一方面，国家级经开区要全面提升成为转型升级的主力军。截至2019年底，国家级经济开发区也发展到219个②，这些园区都已经成为全国以至各省区经济转型升级的主力军。当年的蛇口工业区已经从最初"三来一补"的加工出口业，转型成为现在的文创产业的崛起和产业升级；从"制造"到"智造"，从偏僻的小渔村到人均GDP超过6万美元的现代化、国际化的滨海新城。腾笼换鸟、产业升级，南海意库在历史中成长，在招商蛇口的深耕之下，化身为文创园区的经典之作，广受赞誉，在科技和创新领域成就经典——蛇口网谷，一个引领片区发展航向的战略新兴产业集聚地。自2010年推出"蛇口网谷"的概念起，把旧的工业企业迁出去，战略新兴产业引进来。短短几年，蛇口网谷成为一个集聚移动互联网、物联网等多个领域的创新创意型产业园区。蛇口网谷引进了诸如苹果、IBM、雀巢、飞利浦等世界知名龙头企业。当今时代，创新是第一动力，蛇口网谷紧跟时代，与祖国同呼吸、与时代共命运，持续迸发创新与活力。蛇口工业区，历经40年风云激荡，缔造了一个经济奇迹，在我国产业园区的发展史上写下了浓墨重彩的一笔。

---

① 创新创业理念不断深化，协同创新环境不断优化，开放合作不断深入，在"勇于创新、敢于创业、甘于奉献、追求卓越"的高新区精神指引下，形成具有特色的国家高新区文化体系，文化价值和品牌具有较强的国际知名度和影响力。

② 其中北京1个，天津6个，河北6个，山西4个，内蒙古3个，辽宁9个，吉林5个，黑龙江8个，上海6个，江苏26个，浙江21个，安徽12个，福建10个，江西10个，山东15个，河南9个，湖北7个，湖南8个，广东6个，广西4个，海南1个，重庆3个，四川8个，贵州2个，云南5个，西藏1个，陕西5个，甘肃5个，青海2个，宁夏2个，新疆9个。边境经济合作区17个，其中内蒙古2个，辽宁1个，吉林2个，黑龙江2个，广西2个，云南4个，新疆4个。

第二节　我国产业园区运营模式

产业园区作为产业高密度集聚之地,是经济发展和对外开放的重要平台载体。产业园区可以通过带动投资、拉动 GDP 增长以及创造大量就业机会等多种渠道对社会经济起到非常强的拉动作用。政府对产业园区的建设和运营有着非常高的积极性,通常在政策、资源等方面给予较大的优惠,积极支持产业园区的建设。从一定意义上说,产业园是政府搭台、企业唱戏的组织形式,在各地的管理模式和运营模式上具有一定的差别,其管理、开发和运营是一个充满智慧的过程。1979 年我国设立第一个出口加工工业区,1984 年我国开始设立第一批经济技术开发区,之后产业园一直作为中国经济的一种特殊的产业形态,成为各地区经济建设的重要支柱。产业园区不同的管理和运营模式,有不同的对策方案及表现形式。从管理模式来看,可分为行政主导型、公司治理型和混合型三种模式。从运营模式看,主要有政府运营模式、投资运营模式、服务运营模式、土地盈利模式、产业运营模式。各种管理和运营模式具有不同的特点、优势和不足。

一、三种园区管理模式

从管理模式看产业园,可分为行政主导型、公司治理型和混合型三种管理模式。

1. 行政主导型园区

行政主导型在园区建设的早期比较常见,那时候很多产业园具有很强的政府宏观调控职能,由政府主导进行建设初期的资源投入和规划,在园区建成后也是实行行政管理和服务职能。行政主导型还可以细分为两种小模式，即横向协调型和集中管理型。

横向协调型是由所在城市的政府全面领导园区的建设与管理，设置管理委员会，成员由原政府的行业或主管部门主要负责人组成，园区内各类企业的行业管理和日常管理仍由原行业主管部门履行，管委会只负责在各部门之间进行协调，不直接参与开发区的日常建设管理和经营管理。所在区县政府负责园区内的公安、消防、卫生、网点等的管理。园区管委会其实也是政府部门，具有相应的级别，对政府其他相关部门进行横向协调时也是使用政府公务员级别身份。

比横向协调型出现稍晚的是集中管理型。由政府在园区内设立专门的派出机构——管委会，负责全面管理园区的建设和发展，具有较大的经济管理权限和相应的行政职能。管委会可自行设置规划、土地、项目审批、财政、税务、劳动人事、工商行政等部门，可享受城市的各级管理部门的权限，同时也接受主管部门必要的指导和制约，体现了"小政府、大社会"的特点。这种方式给予了管委会更大的职权，与相关管理部门的很多协调工作变成了直接管理事务，提高了园区的管理效率。但问题是管委会的政府色彩更加浓厚，一些需要企业运作的事情基本不可能实行。

行政主导型产业园的特点是产业园的政府性质非常浓厚，具有很强的行政职能。园区内的税务、公安、工商、劳动人事等行政职能均由园区管委会进行管理。园区的开发、管理问题解决了，但是园区的发展问题却显得薄弱。

2. 公司治理型园区

公司治理型又被称为企业型管理模式。这种管理模式主要是以企业作为开发区的开发者与管理者。目前在县级的开发区和高新区中使用得较多。县政府并不设立派出机构,而是通过建立开发公司作为经济法人,组织园区内的经济活动,并承担部分政府职能,如协调职能等。总公司直接向所在地区政府负责,实行承包经营,担负土地开发、项目招标、建设管理、企业管理、行业管理和规划管理等职能,而园区的其他管理事务,如劳动人事、财政税收、工商行政、公共安全等,主要还是依靠政府的相关职能部门。把政府职能还给政府,成立投资公司进行园区投资、开发、管理。这种管理模式的特点是职能清晰,规避了政府和企业双重身份的问题。

3. 混合型园区

行政主导型与公司治理型其实是两种相对极端的状况,我们更常见的是混合型模式,政府部门既设立了园区管委会,又成立了投资开发公司,管委会负责政府行政管理职能,投资开发公司负责企业运作职能。混合模式设立的方式也非常复杂,有管委会下设投资公司的模式,也有管委会和投资公司平级设立的模式。园区管理模式大趋势是在走企业化的方向,招商引资,和企业一起搭台、一起唱戏。然而目前还没有一种确定的管理模式作为最优的方式。其中混合管理模式比较多见,但是混合管理模式之中管委会和投资公司又采用什么结构设立也是值得思考的问题。

但是,对于不同的园区,要根据实际情况"因地制宜、因园施策"。例如,我国各地对于国家级高新区在管理体制上就进行了探索和创新,形成了以下基本模式:第一种是政府直接管理。这种类型高新区的宏观管理和财政、项目审批、土地、规划、人事等主要决策权由政府(或由政府部门组成的领导小组)直接行使,政府有关部门分别管理相关事务,高新区管委会主要是协调和具体事务的管理。这种类型高新区的特点是政府直接领导,有关部门介入较多,需要协调的事很多,高新区的发展受所在地政府及有关部门的行政效率影响很大。第二种是政府委托管理（派出机构）。这种类型高新区的主要决策和管理权都由政府派出的高新区管委会行使，高新区作为当地政府的派出机构。地方政府除了在发展方向、大的政策决策以及任命管委会主要领导方面行使权力外，主要起支持和保障作用。这种类型的特点是高新区管委会权力集中，有利于体制的改革与创新，有利于提高效率，但需要省市政府及权威领导人强有力的支持，并选好管委会的带头人。第三种是政府开发管理。这种类型的高新区主要是由政府组建开发公司，进行区域开发和建设。政府授权部分管理职权给开发公司，但由于授权有限，开发公司无法协调解决高新区改革和发展中出现的新情况、新问题。这种类型的体制不适合现实国情，一些原来是这种类型体制的高新区正在转型。

二、五种园区运营模式

从政府部门在园区的不同定位，以及园区的运营方式划分，园区主要有五种运营模式。

1. 政府运营模式

政府运营模式与行政主导型园区有关联，但却是不同概念。政府运营模式往往在行政主导型园区比较常见，园区由政府投资开发，园区为入驻的公司提供一些税务代理、行政事务代理的服务，然后收取一些服务费用，同时政府部门也会给园区一些招商代理费用和税费收取的优惠。政府运营模式适合于一些规模小、管理简单的园区。对于一些大型的园区，这样的运营模式无法保证园区的长期运营。

2. 投资运营模式

投资运营模式是通过政府投资建设园区，然后通过房租、固定资产等作为合作资产，孵化有发展潜力的中小企业，在企业获得成长后引入外部战略投资者或上市，实现资产增值并收回投资。这是一种长期投资的理念，园区在中短期很难有可见的回报，但是对于一个区域的经济发展具有很强的推动作用，因为园区的发展是建立在企业投资成功的基础上的。

3. 服务运营模式

随着经济的发展，只是投资还是不能满足很多企业的需要，很多企业对园区的服务环境提出了更多的要求。在这个基础上出现了服务运营模式的园区。园区为入驻企业提供人才招聘、人才派遣、信息提供等软服务，为企业提供更佳的生存发展环境。服务运营模式强化了园区与企业的合作，增加了园区的收入渠道。

4. 土地盈利模式

随着近十年中国房地产市场的热起，土地增值的盈利能力远远超过了很多行业的盈利水平。一些园区获得了土地收储、初步开发、拍卖的权利，这些园区通过控制大面积的土地，在进行初步开发后，短期内提升土地的价值，然后进行地产开发或转让。这种模式更像一个有规划的地产开发商，获利能力非常的强大，同时也为园区后期的开发奠定了雄厚的财力基础。以我国北方某软件园为例进行说明。

案例：该软件园面积2.6平方公里，是新一代信息技术产业高端专业化园区，是我国创新驱动战略体系成果的展示窗口、国际合作与技术转移的关键节点、科技惠及民生的重要源头。是某地唯一的国家软件产业基地、国家软件出口基地这一国家级双基地。历经近20年建设发展，由最初的双基地建设成为拥有几十项由国家部委授予的产业荣誉园区，成为全国范围的最具特色的专业园区和最为亮眼的一张名片，是创新驱动的排头兵、大信息产业发展的风向标。该园区始终坚持"政府主导、市场化运作"的总体发展思路,在开发建设、产业发展模式以及践行绿色、低碳创新园区理念等方面均取得了显著的成绩,构建了有利于促进产业持续发展、快速提升自主科技创新的良好产业生态系统,为在软件与信息服务业领域率先实现具有全球影响力的科技创新中心奠定了坚实的基础。园区先后被国家相关部委等授予"国家软件产业基地""国家软件出口基地""国际科技合作基地""国家火炬计划软件产业基地""国家级工程实践教育中心""国家软件与集成电路人才国际培训基地""首批智慧园区试点单位""创新人才培养示范基地""国家电子商务示范基地""中国产学研合作创新示范基地"等数十项基地或荣誉。园区集聚了在能源、交通、通信、金融、国防等国民经济重要领域的行业应用领军企业,体现了工业化与信息化的深度融合,代表了战略性新兴技术创新国家队水平。园区始终站在行业创新发展的最前沿,在云计算、移动互联、大数据、人工智能、量子科学、新型IT服务产业等方面率先形成全国领先的特色产业集群,拥有高度的产业话语权和技术主导权,呈现出典型的现代服务业高端形态。截至2019年底,园区集聚了700多家国内外知名IT企业总部和全球研发中心,总部经济达80%以上。在园从业人员达9.45万人,总产值2870亿元,国家规划布局内重点软件企业26家、上市企业(含分支机构)65家、中国软件百强企业12家、收入过亿企业80家。园区每平方公里产值1104亿元,园区2.6平方公里上的单位密度产出居于全国领先地位。

园区共有"国务院特殊津贴""青年千人""长江学者""高聚工程"和"科技北京"领军人才等共计120人(151人次),拥有两院院士14人。随着园区产业环境和服务的不断完善和优化,企业取得的新技术、新产品、新应用和新成果争相潮涌。2019年,园区研发经费共投入311亿元,研发投入占比达10.8%,知识产权共计55779项。企业共获国家级科技进步奖励45项，其中国家科技进步奖特等奖1项，国家科技进步奖一等奖7项，科技成果转化481项。园区多年来一直坚持专业化、低碳化运营。入园企业均是从事软件产业各环节研发企业，具有高端、高效、高辐射，微能耗、零污染的绿色低碳化特征，每万元GDP消耗0.0087吨标准煤。园区以市场化运营机制和专业的服务团队为重要指引，组建双创人才公司，建设新机构、汇聚新要素，不断提升人才服务、产业服务和项目支撑的专业化水平，产学合作成果显著，与国内30所高校开展合作育人，从企业需求出发开展高校科研成果对接服务；与多地政府合作共建"高端双创培训平台"，成为服务拓展的新模式。该软件园在十几年的探索中，构建了包括政策引导、产业集群、创新平台、科技金融、国际合作和产业服务的六大生态要素，打造适宜企业创新创业的生态体系。园区积极围绕产业链打造创新链，围绕创新链布局资金链，构建了专业化、特色化、国际化、品牌化和创新性的线上线下一体化的园区科技服务体系。该软件园围绕着从原始创新、孵化加速、规模化发展再到资本市场放大的全生命周期，搭建以科技产业为核心、以空间运营为产业载体、以股权投资为资本纽带、以专业科技服务为联结支撑的立体生态服务体系，为企业和人才提供从实验室到市场，从注册到上市的全链条服务。该软件园正在进一步探索新型的科技成果转化机制、新型创新合伙人机制，做长创新链，做强服务链，延长价值链，打通资本链，形成高精尖产业链。另外，该软件园把打造科技资源大数据平台作为驱动创新生态建设的主要手段，以及打造未来核心竞争力的重要战略支撑，通过主动推送、精准服务，为各类双创主体提供个性化的数据资源服务。

5. 产业运营模式

一些重要的开发区其实承担了调节、完善、强化区域产业链运营的作用，园区设立的目的就是要做一个产业链，比如一些新能源产业园、创意产业园、物流产业园等，这些产业园在投资初期就会进行招商引资，引入企业资本一起搭台，然而园区也做好了与企业一起唱戏的准备。园区会对一些有实力的入驻企业进行投资，甚至直接投资一个全资公司在园区内运营一个重要的产业项目。这种运营模式的产业园往往要具备三种职能：行政职能、服务职能和企业投资运营职能。对园区的管理能力和运营能力都提出了很强的要求。这种运营模式往往规划多个产业一起运营，有招商、有投资、有独资，运营复杂，然而一旦建成将在很大的区域内形成压倒性的产业优势。

三、五种园区运营模式优劣对比

产业园区应以产业为支撑。成熟的产业园区不仅是一个产业要素资源聚集平台，还是一个产业发展平台和产业链要素配置的产业综合体或联合体。在新发展形势下，过去那种"圈一片土地、布几个产业、发展一批企业"的传统产业园区发展模式已再无生存空间。产业园区将从原来的粗放型租售，向更加精细化的园区运营转变。五种园区运营模式各有优缺点，对比如表2-1所示。

表 2-1　　　　　　　　五种园区运营模式优劣对比

运营模式	优　势	劣　势
政府运营模式	适合规模小、管理简单的园区	难以保证大型园区的长期运营
投资运营模式	对区域经济发展推动作用强	中短期投资难见回报，需要长期投资

续表

运营模式	优　势	劣　势
服务运营模式	强化了园区和企业的合作,增加了园区的收入渠道	对园区的服务环境有一定要求
土地盈利模式	获利能力大,为园区后期开发奠定基础	具有一定风险性
产业运营模式	一旦建成将在很大的区域内形成压倒性的产业优势	要具备行政职能、服务职能和企业投资运营三种职能,对园区的管理能力和运营能力要求高

产业园区发展40多年来,从粗放式的开发阶段,到开始关注区域的规划和产业环境,再到围绕核心产业构建产业集群、带动区域发展,构建新型城镇化的新路径,为企业加速孵化、产业集聚、区域经济发展起到越来越大的推动力,成为实践和探讨的热点问题。在新的经济环境背景下,产业园区开发模式从传统的物业售卖转向持有运营、园区经济转向城市经济、盈利模式从客户思维转向伙伴思维,以及运营模式从管理园区转向服务园区。

随着产业园区的演化和发展,园区承载的功能日益多元化,大量城市要素和生产活动在区内并存聚集,从而推动了产业地产的城市化进程,园区经济与城区经济逐渐走向融合。随着"新经济"的快速发展,园区物理空间成为"共享资源",园区的盈利模式也由传统的"物业租售模式"向"投资共生模式"转变。园区开发运营企业不再和入园企业形成甲乙方关系,而是通过成立产业投资基金,入股入园企业,共同享受入园企业的成长收益。未来产业园区发展由"拼政策"进入"拼服务"阶段,主要围绕三大方面建设服务体系:一是市场服务,二是园区服务,三是政务服务。服务是运营的核心内容，园区的运营者应从政府、企业、产业、企业员工等多个方面发掘需求，运用5G、互联网、VR等现代科技手段提高服务水平，实现服务模式的创新。无论是传统的制造业，还是城市商业，都面临着加快产业转型升级的迫切性与必要性，这是产业园区发展的机遇。产业园区的更新就是城市更新，随着产业园区配套与服务的升级，产城逐渐融为一体。随着产业的回归，产业园区不再是传统地产买卖租售的行业，长期投资持有，通过做服务、做运营，才能取得长期稳定的回报。

第三节 我国产业园区的主要问题

我国各类产业园区发展迅速，成为推动我国工业化、城镇化快速发展和对外开放的重要平台，对促进体制改革、改善投资环境、引导产业集聚、发展开放型经济发挥了不可替代的作用。2018年2月26日，经国务院同意，国家发展改革委、科技部、国土资源部、住房城乡建设部、商务部、海关总署发布了2018年第4号公告，公布了2018年版《中国开发区审核公告目录》，目录包括2543家开发区，其中国家级开发区552家和省级开发区1991家。从地区分部看，东部地区有964家开发区，中部地区有625家开发区，西部地区有714家开发区，东北地区有240家开发区。但也必须看到，我国产业园在发展中面临着一些问题和瓶颈，制约着园区经济的发展，需要在发展中逐步破解。从整体发展看，同我们现阶段基本国情一致，国家级开发区和边境合作区依然处于成长和转型阶段，产业分工相对处于国际低端，高端产业比重偏低，科技创新、体制创新和管理模式创新的能力总体不强，高端人才的供给不足，粗放的发展模式难以为继,产业转型升级的任务越发紧迫。从内部结构看,不同地域间国家级开发区、边境合作区发展水平不均衡,吸引投资与引进技术不均衡,制造业与服务业发展不均衡,产业扩张与环境保护不均衡,经济与社会发展不均衡,迫切需要加强统筹协调发展能力。从外部环境看,产业园区发展方向定位不明确、管理主体地位缺乏法律依据、行政授权不充分不稳定、体制机制活力弱化、优惠政策淡化、开发建设资金不足、土地环境资源制约凸显、社会管理事务日益繁重、同所在行政区域责权划分不明确、同其他各类园区竞争日趋激烈,等等。这些问题和矛盾在新时期错综复杂的内外环境下正在进一步显现,一系列事关国家级开发区和边境合作区发展的重大问题亟待明确。

一、向全球产业链高端迈进的问题

改革开放以来,我国快速从一个农业国成长为世界制造业大国,并引发全球产业竞争格局和分工体系的深刻变化。我国虽然已经是世界第二大经济体,第一出口大国,但不少产业仍处于全球产业链中低端。对世界主要工业和科技大国在高端制造业和高新技术领域的激烈竞争和博弈,中国要在围堵和追击中突围,由制造业大国向强国转变还需走很长的路,可谓任重道远。中国在众多产业的关键核心技术,比如高端芯片、系统软件、航空发动机、高档数控机床、特种材料等众多方面,还存在重大短板,受制于人的尴尬境地严重制约了中国产业链和价值链的提升。仅以芯片产业为例,中国是全球最大的高端芯片市场,但是高端芯片研发制造却是中国的短板,芯片严重依赖发达国家成为中国信息产业发展之痛。2018 年,全球芯片市场规模为 4780 亿美元,其中,中国进口超过 3000 亿美元。

2018 年,工信部对全国 30 家国家大型企业 130 家多种关键基础材料调研结果显示，32%的关键材料在中国仍为空白，52%依赖进口，绝大多数计算机和服务器通用处理器95%的高端专用芯片，70%以上智能终端处理器以及绝大多数存储芯片依赖进口。华为、中兴通讯事件就鲜明地反映了我国在芯片制造领域对外的高度依赖。我国制造业创新能力不强，核心技术短缺的局面尚未改变，整体上仍处于全球产业链和价值链的中低端。从具体的半导体领域来看，半导体设备主要为美国、日本、荷兰所垄断，日本在半导体材料领域有着绝对的话语权，全球存储芯片大部分来自三星、海力士、镁光和东芝少数几个厂商。提高自主创新能力，突破核心关键技术，加快向世界产业链高端迈进，是我国产业园面临的重大课题。

二、市场化改革问题

政策措施不够完善。由于目前主要采用行政手段运行模式，加之促进园区发展的专项配套措施还不完善，仍然存在"以地引资、以地养园区"的粗放发展模式，各部门从政策、资金、制度上聚焦园区发展的局面还未形成，行政审批、服务效率和社会信用相对滞后，地方性的信用体系及管理制度尚未建立。管理体制不够科学，各园区管委会是园区开发建设的直接责任主体，其职能类似一级政府，但缺乏应有的规划、建设及相关审批权限，由于不具备依法行政主体资格，在入驻企业、上级主管部门之间需要做大量的协调工作，一旦协调不到位，将贻误有利的建设时机，与企业发展中高效、优质的服务要求极不适应。

行政干预过多，市场作用有限。多年的产业园区开发实践表明，市场在开发建设的资源配置中既没有发挥好基础性作用，也没有发挥好决定性作用。开发前期行政指令多于行政指导，后期行政约束多于行政激励。总之，市场作用明显有限。由于多数产业园区局限于计划经济的思维，市场化思维明显不足。在开发建设中，缺少系统的前期策划，缺少缜密的市场调研、强劲的资源整合、准确的项目定位以及行之有效的开发模式和盈利模式，致使部分项目从一开始便处在一个为什么和干什么的尴尬境地当中。同时，园区专业人才比较缺乏，各园区目前的招商、建设和管理团队都由机关工作人员组成，市场化运营的知识和能力还不足，相对园区"专业化、集群化、高端化、国际化"发展方向，现有的运营团队还远远不能满足园区建设和发展的要求。

三、产城融合问题

产城融合是产业园发展的较高形态。几十年来，我国产业园从低级到高级，经历了以下四个阶段。第一阶段是生产聚集。由于资金、建设和管理经验等缺乏，大部分的产业园区都存在基础建设落后和不完善等问题，仅通过廉价的土地、劳动力成本和国家优惠政策吸引产业入驻产业园区，成为发展劳动密集型产业的特定区域，就某种程度上来说，只能算是生产聚集地。第二阶段是产业主导阶段。有了生产的集聚，随之而来的是人的生活和园区有一定的结合，随着中国对外开放和引进外资的风潮涌起，产业园区依靠降低土地成本吸引外资、技术和企业的策略造成了粗放的土地利用方式。园区规模不断扩大也从另一方面刺激产业园区向新城快速发展转型，但由于此时产业园区仍以产业建设为主，大部分都是外来务工人员，产业园区的交通和对外的联系都紧密，和城市之间的来往还是不紧密。第三阶段是产业完善阶段。这一阶段，虽然产业园区仍然比较关注产业发展，但是产业的完善也伴随着园区功能的不断完善，产业园区配套也相应地满足了企业就业人员生活娱乐配套设施需要，依赖城市中心附近的需求有一定增加。第四阶段是产城融合阶段。国家对产业园区开发的重心向提质增效、转型升级方向转变，对开发区数量进行适度控制。产业园区开发过程中更注重新兴产业,强化产业园区创新及转化功能。产业新城则是产业园区的高级形态,更注重产业与城市的并行发展,以实现产城融合的一体化发展。我国目前大多数产业园都处于从产业完善阶段到产城融合阶段的转变,产城融合是一个长期的过程,需要十年甚至数十年的持续努力。

四、区域发展不平衡问题

整体上,我国产业园区区域分布明显,东部强、中西部相对较弱。作为中国对外开放和产业合作的主平台,目前国家级开发区仍主要聚集在东部沿海地区,特别是在长三角、大湾区等地区密集分布。但在西部大开发、长江经济带建设以及"一带一路"倡议的推动下,伴随中、西部地区的发展与开放,中、西部地区国家级开发区数量不断增加,东中西格局也有所优化。2018年12月3日,在同济大学举办了《2018中国产业园区持续发展蓝皮书》暨《园区不惑——中国产业园区改革开放40年进程》出版发布会,揭晓了2018中国产业园区持续发展100强榜单。从入选数量来看,百强榜园区东部拥有64家,数量占比最大,中部21家、西部15家。截至2019年10月,全国共有219家国家级经开区,分布在30个省市。其中,江苏、浙江、山东三个地区的经开区数量最多,分别为26家、21家和15家,合计占比28.31%。全国168家国家级高新区分布在30个省市,其中,江苏、广东、山东三个地区的高新区数量最多,分别为17家、14家和13家,合计占比26.19%。

从具体单个园区来看,多数园区内部也存在整体策划不够、定位不清晰的问题。脱离前期整体策划的快速投资,脱离准确定位的重复建设,必然导致项目资金的过早沉淀和项目发展的后继乏力,造成项目审批难、落地难、开工难,方案一改再改,迟迟不能启动,短期无序,远景疲软。

从单个园区地段价值、产品价值和服务价值等项目价值构成体系来看，某些产业园区的价值构成显得过于松散，增值空间尤为不足，需要从供应者、购买者、投资者和竞争者等多方面加强凝聚力，提升项目的价值。

五、园区间的整体协同性问题

功能分区无法凸显功能，综合配套过于机械，产品缺少使用价值，园区缺少产业氛围，难以做到与市场严丝合缝的对接。目前，多数西部产业园区项目依然保留了产业园的部分开发模式，在功能分区、综合配套以及产品结构上，缺少了更多的市场亮点，无法形成独特的市场吸引力，从而泯然于风起云涌的区域产业园区大潮之中。

规划设计粗放，产品结构单一。在区域内同类化、同构化和同质化园区比对中缺少定向的市场需求，在没有产业基础和主导产业做支撑的开发建设中，难以形成明显的行业聚集力和竞争力。园区产品设计比较粗放，尚有很大提升空间。园区管理者应结合充分的市场调研，形成详尽的客户需求报告，为企业量身打造出特色化、创新性园区产品。

第三章
湖南产业园区更需要市场化突破

园区经济是适应当前市场经济的创新性、人文性、生态化、现代化和国际化而兴起的新兴市场竞争主体，是地域经济主体的现代化、特色化和社会化。随着湖南省进入工业化的中后期，园区已成为湖南省经济发展的主要承载平台。自1988年创办湖南第一家产业园区以来，目前，湖南省拥有各类省级及以上产业园区145家，其中国家自贸试验区1家，国家级高新区8家、国家级经开区8家、海关特殊监管区5家（5家综合保税区），省级高新区37家、省级经开区42家，省级工业集中区44家，长株潭地区规划布局了19家省级特色产业园，基本实现了县市区发展平台的全覆盖。据统计，各类园区以占全省约0.51%的国土面积，产出了占全省35.97%的GDP、69.7%的规模工业增加值、70.4%的高新技术产值、50.1%的实际利用外资，成为全省落实创新引领开放崛起战略的有力支撑和稳定区域经济增长的"顶梁柱"。

第一节 湖南园区发展的三个阶段

总体看,湖南园区经济发展可以划分为数量扩张、转型升级和高质量发展三个阶段,对推进不同时期湖南省工业化、城镇化、市场化、国际化进程发挥了重要作用。

一、园区起步与数量扩张阶段

1988—2014 年,是湖南省园区发展的第一个阶段。在这一阶段,又可细分为初创期、壮大期、调整规范期与初步转型期四个小阶段,如表 3-1 所示。湖南省园区发展经历了从无到有、从小到大的历史性蜕变,但总的来说,基本上属于以园区的数量扩张推进工业大省建设的阶段。国家级园区数量不断增多,省级园区建设布局基本上覆盖了全省的所有县市区。但在发展过程中也存在园区内产业集聚度不高、产业链不完整、产业创新后劲不足、产城融合度不高等特点。

表 3-1 湖南省园区发展的第一个阶段及其细分时段与事件

细分阶段	时间	标志性事件
初创期	1988—1994 年	1988 年,湖南省第一家开发区——长沙高新技术产业开发区成立。此后,各级各类开发区如雨后春笋建立发展起来
		1992 年,根据国务院部署,湖南对开发区开展第一次清理整顿工作
		1994 年,湖南省人民政府发文,重新认定保留各类开发区 60 个,撤销 152 个

续表

细分阶段	时 间	标志性事件
壮大期	1995—2002年	1996年，湖南省人民政府印发《湖南省开发区管理办法》，进一步规范园区管理工作
		1998年，湖南省委、省政府印发《关于加快开发区建设与管理的通知》
调整规范期	2002—2008年	2002—2003年，湖南省开发区无序发展现象反弹，各类开发区总数达到228个，浪费了宝贵的资源
		2003年7月，国务院再次发文，对开发区进行第二次清理整顿，经上报国家核准，全省在228个开发区中保留了76个，压缩了66.7%
初步转型期	2009—2014年	2009年，科技部下发了《关于发挥国家高新技术产业开发区作用促进经济平稳较快发展的若干意见》，工信部、财政部、国土资源部发布《关于进一步做好国家新型工业化产业示范基地创建工作的指导意见》；湖南省委、省政府印发《关于进一步促进产业园区发展的若干意见》
		2010年，国务院下发了《关于进一步做好利用外资工作的若干意见》，湖南省发展委印发《关于做好开发区扩区和调整区位工作的通知》
		2011年，湖南省产业园区领导小组制定下发《湖南省省级工业园集中区发展规划审批实施意见》
		2012—2013年，湖南省人民政府批准了44个省级工业集中区规划，2013年7月，省产业园区领导小组印发《湖南省省级以上园区综合评价暂行办法》，同年11月，省财政厅、省发改委印发《湖南省省级及以上园区综合评价财政奖励资金管理办法》

二、园区转型升级与"135"工程

自 2015 年以来,湖南省园区进入实质意义的转型升级轨道。具体表现在两个方面:一是省委省政府出台系列文件,开展系列活动促进转型升级:2015 年,湖南省委、省政府出台 20 条意见,推进长株潭国家自主创新示范区建设。2016 年,国家发改委、财政部、住建部联合下发通知,确定长沙市为国家循环经济示范城市;醴陵经开区成功创建全国首个国家级出口日用陶瓷质量安全示范区,湖南省实现了出口工业品国家级质量安全示范区"零突破";省政府集中批复同意浏阳、湘阴、津市、涟源、永州、怀化、泸溪高新区成立;湖南出台《关于实施积极财政政策扩大有效投资推动调结构稳增长的意见》。2017 年,上半年全省省级及以上产业园区技工贸总收入首次突破 2 万亿元大关,达 21329.83 亿元,同比增长 18.1%。2018 年,全省开展"产业项目建设年"活动。2019 年,国务院出台《关于推进国家级经济技术开发区创新提升打造改革开放新高地的意见》。二是为破解湖南省产业发展后劲不足、园区基础设施建设滞后等短板制约,2015 年初,省委省政府强力推出了"135"工程①。湖南省产业园区正式步入转型升级的新阶段,涌现出长沙雨花机器人集聚区、邵东箱包产业园等一批专业特色园区,为助推湖南产业转

---

① 2015 年开始,湖南在省园区实施创新创业"135"工程,是指重点扶持 100 个园区、3000 万 m² 标准厂房,引进 5000 家创新创业企业。2015 年版的"135"工程实施意见及细则,重点对创新创业园区 2015 年、2016 年新建标准厂房给予奖补,为创新创业搭建平台,引导各地立足本地资源禀赋和产业基础,着力培育主导产业。

型升级、发展动能转换提供了重要支撑。2019年初"135"工程的升级版①政策出台后，更是把园区创新发展推向了新的高度。据省发改委2019年6月统计，全省126家创新创业园区建成标准厂房4800多万 m²（其中财政奖补3000万 m²），奖补范围内厂房入驻率超过95%，引进"双创"企业6500多家，解决就业58万多人，引进20条新兴优势产业链项目1300多个，引进3类500强企业28个，节约用地1.5万亩以上。在"135"工程及其升级版政策的推动下，地方各级政府高度重视园区发展，始终把园区作为振兴实体经济、推进供给侧结构性改革的主战场，以园区的转型升级促进全省加快高质量发展。总体看，"135"工程启动5年来，全省园区厂房硬件短板已大为改善，承载产业也初具规模。目前需关注的焦点是，着力提高厂房使用效益、化解债务风险、强化产业集聚、优化运营管理，进一步引入市场机制，推进园区持续健康发展。2018年，全省各类园区实际开发面积1054.4平方千米，其中工业用地727.09平方千米。全省园区全年实现技工贸收入44570.46亿元，完成固定资产投资8890.74亿元，上缴税收总额1379.46亿元，较2015年分别增长26.05%、21.13%、27.57%。全年全省园区完成生产总值11990.79亿元。全省园区平均单位面积投资强度56.21万元/亩，平均单位面积税收产出强度8.72万元/亩，单位工业用地面积工业主营业务收入293.79万元/亩，较2015年增长分别9.98%、15.82%、7.65%。全省园区共实现高新技术产业主营业务收入20741.07亿元，

---

① 相关实施方案、细则、资金管理办法分别于2019年7月、9月及2020年3月印发，重点对2019年、2020年新建标准厂房给予补助，范围扩展至全省所有省级及以上产业园区，奖补标准向湘南湘西倾斜，并明确了地区债务风险、招商入驻情况、污染处理设施等方面条件。省级审核后已对第一批1007万 m² 标准厂房给予开工奖补5.46亿元。

园区专利申请受理数 20638 件，较 2015 年分别增长 35.03%、28.13%。各类园区实际使用外资 84.72 亿美元，实际使用外省境内资金 2192.60 亿元，分别较 2015 年增长 65.12%、64.3%。入驻园区企业 52214 家，比 2015 年增长 57.53%；园区年新增企业数逐年快速增长，达 8882 家，比 2015 年增长 173.63%；全省园区期末从业人数达 362.33 万人，较 2015 年增长 25.09%。产业园区既是先进制造业的聚集区、实体经济发展的主战场，也是招商引资的主要载体。近年来，湖南深入贯彻创新引领、开放崛起战略，大力推动园区招商引资和项目建设，园区开放发展风生水起，招商引资主阵地作用明显提升。2018 年，全省省级以上园区实际使用外资 85.81 亿美元，同比增长 18.3%，高于全省平均增幅 6.4 个百分点，占全省比重进一步提高，达到 53%，较上年提高 2.9 个百分点。实际到位内资 2172.87 亿元，同比增长 14.6%，占全省总额的 36.2%，完成进出口 2190.4 亿元，增长 32.7%，占全省的 71.1%。2018 年全省园区在省级招商引资活动中签约的重点产业项目 120 个，投资总额达 1766 亿元。通过引进重大项目和龙头企业，延伸产业链条，加快开发区产业集群集聚，逐步形成了电子信息、汽车、装备制造、化工、食品、生物医药等一批千亿级产业，在湖南省工业化进程中发挥了积极作用。园区经济占了全省工业经济的半壁江山，以占全省约 0.46% 的国土面积，贡献了占全省 60% 左右的规模工业增加值和 80% 左右的高新技术产值。

经过 30 多年的建设与发展，湖南省国家级园区基本迈入了高质量发展的阶段，特别是党的十八大以来，湖南省 20 个新兴优势产业链的培育取得了显著进展①，涌现了不少"根技术""根产业"层面上的突破，已经形成并拥有了一些具有核心竞争能力的产业与科技创新，例如工程机械、先进轨道交通装备（含磁浮）、航空航天（含北斗应用）产业链三个新兴优势产业链具有全球性核心竞争能力与优势，具备打造世界级产业集群的基础与条件，还有新材料产业链（包含陶瓷材料、硬质材料、先进储能材料及电动汽车、碳基材料、显示功能材料、化工材料等）、自主可控计算机及信息安全（含 IGBT）等产业与创新也开始具有全球性核心竞争力，基本具备了打造成世界级产业集群的基础。

三、园区高质量发展与"三个高地"新定位

自 2020 年以来，湖南省积极推动园区高质量发展。2020 年 7 月，国务院出台《关于促进国家高新技术产业开发区高质量发展的若干意见》。同月，湖南省发展和改革委员会、省科学技术厅、省工业和信息化厅、省财政厅、省自然资源厅、省生态环境厅、省住房和城乡建设厅、省商务厅、省地方金融监督管理局等 9 部门联合出台《湖南省加快产业园区市场化建设运营的若干政策》，共推出 8 条具体举措，推动园区市场化建设运营，以进一步降低政府债务风险、加大招商引资力度、提高土地利用效益、强化产业建设能力，促进全省园区高质量发展。2020 年 9 月，习近平总书记到湖南省考察，对湖南省今后发展提

---

① 2017 年 11 月，湖南制造强省领导小组办公室发布《湖南工业新兴优势产业链行动计划》，选择、确定 20 个新兴优势产业链，并把这 20 个新兴优势产业链作为湖南省制造强省建设的"核心任务"予以下达。2020 年省委省政府结合新兴产业发展变化趋势与湖南省基础，对 20 个产业链的分类进行了调整。

出了打造"三个高地"的新定位、新要求，即建设"国家重要的先进制造业高地，具有核心竞争力的科技创新高地，内陆地区改革开放的高地"。贯彻落实好总书记指示的关键，是要深入贯彻落实发展新理念，实施"三高四新"战略，立足湖南省各类产业园区，在"十四五"期间，围绕重点科创园区和重点产业，实施"园区再出发、产业再升级"工程，推进湖南高质量发展。2020年7月，省政府又发布了《关于推进全省产业园区高质量发展的实施意见》，全面启动园区市场化改革，全面推进园区经济高质量发展。

第二节 湖南园区结构与产业布局分析

一、园区层级结构

截至2020年底，湖南省有国家级高新区8家，国家级经开区8家，国家自贸试验区1家；国家级综合保税区5家；省级高新区37家，省级经开区42家，省级工作集中区44家。从层级看，国家级园区22个，包括自贸区、保税区和高开区、经开区等[①]；省级园区78个，包括经开区

[①] 湖南自贸试验区、长沙高新技术产业开发区、望城经济技术开发区、长沙经济技术开发区、长沙黄花综合保税区、宁乡经济技术开发区、浏阳经济技术开发区、株洲高新技术产业开发区、湘潭经济技术开发区、湘潭综合保税区、湘潭高新技术产业开发区、衡阳综合保税区、衡阳高新技术产业开发区、岳阳经济技术开发区、岳阳城陵矶综合保税区、常德经济技术开发区、常德高新技术产业开发区、益阳高新技术产业开发区、郴州高新技术产业开发区、郴州综合保税区、怀化高新技术产业开发区、娄底经济技术开发区。

PBOS 模式推进园区市场化高质量发展

和高开区①；工业集中区 45 个②。分区域来看，大湘西地区产业园区数量最多为 44 家，其中国家级园区 2 家、省级园区 42 家；湘南地区产业园

---

① 长沙天心经济开发区、湖南长沙暮云经济开发区、岳麓高新技术产业开发区、开福高新技术产业开发区、长沙金霞经济开发区、长沙雨花经济开发区、望城高新技术产业开发区、长沙临空产业集聚区、宁乡高新技术产业园区、浏阳高新技术产业开发区、株洲经济开发区、湖南株洲渌口经济开发区、攸县高新技术产业开发区、湖南茶陵经济开发区、湖南醴陵经济开发区、雨湖高新技术产业开发区、湖南湘潭岳塘经济开发区、湖南湘潭天易经济开发区、湖南湘乡经济开发区、韶山高新技术产业开发区、湖南衡阳松木经济开发区、湖南衡阳西渡高新技术产业园区、衡山高新技术产业开发区、湖南衡东经济开发区、湖南祁东经济开发区、湖南耒阳经济开发区、湖南常宁水口山经济开发区、湖南邵阳经济开发区、湖南邵东经济开发区、湖南新邵经济开发区、隆回高新技术产业开发区、湖南洞口经济开发区、湖南武冈经济开发区、湖南岳阳绿色化工高新技术产业开发区、岳阳临港高新技术产业开发区、岳阳高新技术产业园区、湘阴高新技术产业开发区、平江高新技术产业园区、湖南汨罗高新技术产业开发区、临湘高新技术产业开发区、湖南汉寿高新技术产业园区、湖南澧县高新技术产业开发区、临澧高新技术产业开发区、桃源高新技术产业开发区、湖南石门经济开发区、津市高新技术产业开发区、湖南张家界高新技术产业开发区、湖南益阳长春经济开发区、湖南南县经济开发区、湖南桃江经济开发区、湖南安化经济开发区、湖南沅江高新技术产业园区、湖南郴州经济开发区、湖南桂阳高新技术产业园区、湖南宜章经济开发区、湖南永兴经济开发区、湖南嘉禾经济开发区、湖南临武工业园区、湖南汝城经济开发区、湖南资兴经济开发区、湖南零陵工业园区、永州经济技术开发区、祁阳高新技术产业开发区、湖南东安经济开发区、道县高新技术产业开发区、湖南宁远高新技术产业开发区、湖南蓝山经济开发区、湖南江华高新技术产业开发区、湖南怀化经济开发区、洪江高新技术产业开发区、双峰高新技术产业开发区、新化高新技术产业开发区、湖南冷水江经济开发区、娄底高新技术产业开发区、湖南吉首经济开发区、湖南湘西高新技术产业开发区、泸溪高新技术产业开发区、湖南永顺经济开发区。

② 望城工业集中区、荷塘工业集中区、炎陵工业集中区、衡南工业集中区、衡山工业集中区、大祥工业集中区、邵阳县工业集中区、绥宁工业集中区、新宁工业集中区、城步工业集中区、君山工业集中区、华容工业集中区、西洞庭工业集中区、安乡工业集中区、慈利工业集中区、桑植工业集中区、龙岭工业集中区、大通湖工业集中区、桃江灰山港工业集中区、苏仙工业集中区、宜章氟化学循环工业集中区、永兴稀贵金属再生资源利用产业集中区、桂东工业集中区、安仁工业集中区、双牌工业集中区、江永工业集中区、新田工业集中区、鹤城工业集中区、中方工业集中区、沅陵工业集中区、辰溪工业集中区、溆浦工业集中区、会同工业集中区、麻阳工业集中区、新晃工业集中区、芷江工业集中区、靖州工业集中区、通道工业集中区、洪江区工业集中区、娄星工业集中区、凤凰工业集中区、花垣工业集中区、保靖工业集中区、古丈工业集中区、龙山工业集中区。

区数量为 37 家，其中国家级园区 4 家、省级园区 33 家；长株潭地区产业园区 34 家，其中国家级园区 11 家、省级园区 23 家；洞庭湖地区产业园区 30 家，其中国家级园区 5 家、省级园区 25 家。

二、园区规模结构

湖南省产业园区规模大的不多，绝大多数是中小规模的园区。2017年，全省千亿级产业园区达 13 家（见表 3-2）。受中美贸易摩擦和全球疫情蔓延的影响，湖南省园区收入规模下降。到 2020 年 7 月，从各园区技工贸收入规模来看，大于 1000 亿元的有 8 家、500 亿元~1000 亿元的有 19 家、100 亿元~500 亿元的有 58 家、小于 100 亿元的有 59 家。

表 3-2　　2017 年湖南省千亿级产业园区分布情况

园区代码	开发区名称	主导产业主营业务收入（万元）	技工贸总收入（万元）
4301041201	长沙高新技术产业开发区	25 322 098	38 314 714
4301211102	长沙经济技术开发区	20 442 931	34 273 875
4302111201	株洲高新技术产业开发区	13 002 809	21 804 893
4303021306	湘潭经济技术开发区	7 457 259	14 543 658
4313021301	娄底经济技术开发区	8 862 242	13 501 052
4301121308	望城经济技术开发区	9 338 160	13 274 382
4301811107	浏阳经济技术开发区	11 257 373	12 756 389
4301241309	宁乡经济技术开发区	10 370 069	12 509 861
4304081201	衡阳高新技术产业开发区	1 768 548	11 345 923
4303041201	湘潭高新技术产业开发区	6 618 141	10 246 338
4306021301	岳阳经济技术开发区	737 751	10 216 458
4310031202	郴州高新技术产业开发区	4 648 999	10 190 321
4306032103	湖南岳阳绿色化工产业园	9 385 433	10 151 600

三、园区产业布局情况

1. 湖南省重点区域产业园区主导产业布局。见表3-3所示。

表3-3　　　　湖南省重点区域产业园区主导产业布局

重点区域	主导产业
长株潭核心增长极	依托长株潭两型社会试验区、国家级湘江新区、国家自主创新示范区，建设具有国际竞争力的全国重要先进制造业中心、高技术产业基地和中部地区现代服务业中心 长沙市：依托长沙高新技术开发区、长沙经济技术开发区、浏阳经济技术开发区等重点园区，着力发展高端装备制造、汽车制造、新一代信息技术、节能环保、文化创意等产业 株洲市：依托株洲高新技术产业开发区、株洲经开区等重点园区，着力发展轨道交通、新能源汽车、航空航天等产业 湘潭市：依托湘潭高新技术产业开发区、湘潭经济技术开发区等重点园区，着力发展新能源装备、海工装备、军民融合等产业
岳阳	立足湖区资源优势和产业基础，充分利用城陵矶一区一港四口岸，依托岳阳绿色化工产业园、岳阳经济技术开发区等重点园区，着力发展生物医药、石油化工、港口物流等产业，建成全国重要的石化、能源、食品基地和长江中游区域性航运物流中心
郴州	依托现有产业基础，以郴州高新技术产业开发区、湖南郴州经济开发区为重点，积极融入珠三角，着力发展有色金属、新材料、资源循环利用等产业，建设中部地区产业承接重要平台、有色金属精深加工基地和湘粤开放合作试验区
怀化	依托区域性交通枢纽和生态优势，以湖南怀化经济开发区、湖南怀化高新技术产业开发区为重点，着力发展现代商贸物流、健康养老、生态文化旅游等产业，打造成为辐射大西南现代商贸物流基地、健康养老产业重点示范地区、绿色经济样板区

续表

重点区域	主导产业
京广高铁经济带	立足南北贯通的交通网络,加强与一带一路、京津冀、珠三角互动衔接,前瞻布局一批高端制造业和现代服务业,增强资金、技术、人才吸纳能力和辐射带动能力,建设成为重要的要素集聚区、产业集群带 衡阳市:以衡阳高新技术产业开发区、湖南衡阳松木经济开发区为重点,着力发展电气机械制造、汽车制造、软件和信息技术服务等产业
环洞庭湖经济带	以交通、水利等重大基础设施互联互通为切入点,积极对接长江经济带发展战略,打造长江中游先进制造业和现代服务业基地 常德市:以常德经济技术开发区、常德高新技术产业园区为重点,着力发展高端装备制造、新材料、农副食品加工等产业 益阳市:以益阳高新技术产业开发区、湖南益阳长春经济开发区、安化经济开发区为重点,着力发展专用设备制造、新一代信息技术、生物医药、农副食品加工等产业
沪昆高铁经济带	加强与长三角、东盟地区产业间联系,发挥一带一部的区位优势,进一步扩大开放,增强产业发展活力,建设特色产业聚集带 娄底市:以娄底经济技术开发区、湖南涟源高新技术产业园区为重点,着力发展新材料、农业机械及矿山机械制造等产业 邵阳市:以邵阳经济开发区、湖南邵东经济开发区为重点,着力发展工程机械等先进装备制造和皮革制品、金属制品业等特色轻工业 永州市:以永州高新技术产业开发区、湖南江华经济开发区为重点,着力发展汽车制造、生物医药、稀土新材料等产业
张吉怀生态文旅经济带	立足良好的生态资源优势,发展特色产业,缩小发展差距,建成国际知名旅游目的地 张家界:以湖南张家界经济开发区为重点,着力发展生物产业、现代农业、旅游产品加工等产业 湘西州:以湖南湘西经济开发区、湖南吉首经济开发区为重点,着力发展新材料、农副食品加工、旅游等产业

2. 湖南省重点建设产业集群分布。如表 3-4 所示。

表 3-4 　　　　　　　湖南省重点建设产业集群分布情况

	重点产业集群	重点区域
1	先进轨道交通装备产业集群	长沙市、株洲市
2	工程机械产业集群	株洲市、长沙市、湘潭市、常德市、益阳市、娄底市、衡阳市
3	新材料产业集群	长沙市、株洲市、湘潭市、益阳市、岳阳市、郴州市
4	新一代信息技术产业集群	长沙市、株洲市、湘潭市、衡阳市、益阳市
5	航空航天装备产业集群	长沙市、株洲市、湘潭市、岳阳市
6	节能与新能源汽车等汽车制造产业集群	长沙市、株洲市、湘潭市
7	电力装备产业集群	长沙市、株洲市、湘潭市、衡阳市
8	生物医药和高性能医疗器械产业集群	长沙市、岳阳市
9	节能环保产业集群	长沙市、岳阳市、郴州市
10	高档数控机床和机器人产业集群	长沙市、郴州市
11	海洋工程装备及高技术船舶产业集群	湘潭市、岳阳市、常德市、益阳市
12	农业机械产业集群	长沙市、株洲市、湘潭市、益阳市、娄底市、岳阳市、衡阳市
13	有色金属产业集群	郴州市、衡阳市
14	食品产业集群	岳阳市、常德市、益阳市、邵阳市、郴州市
15	石化产业集群	岳阳市、衡阳市、郴州市
16	现代金融产业集群	长沙市
17	现代物流产业集群	长沙市、湘潭市、株洲市、衡阳市
18	科技服务产业集群	长沙市、株洲市、湘潭市、郴州市
19	旅游业产业集群	长沙市、株洲市、湘潭市、张家界市、岳阳市、衡阳市、湘西自治州、郴州市
20	文化创意产业集群	长沙市
21	健康养老产业集群	湘潭市、怀化市、张家界市、湘西州市、邵阳市
22	现代轻工业产业集群	邵阳市、常德市、怀化市、永州市

3. 湖南省级（含）以上园区基本情况。湖南省144家省级及以上产业园区基本情况面积、主导产业等情况。表3-5是湖南省国家级经开区基本情况，表3-6是湖南省国家级高新区基本情况，表3-7是湖南省综保区基本情况，表3-8是湖南省各市州园区工业2018年发展情况。其他省级高开区和省级经开区以及工业集中区情况见附件。

表3-5　　　　　　　　国家级经开区基本情况（8家）

序号	开发区名称	市州	县区	批准时间	面积（公顷）	主导产业
1	望城经济技术开发区	长沙	望城区	2014.02	617.72	有色金属加工、食品、电子信息
2	长沙经济技术开发区	长沙	长沙县	2000.02	1203.51	工程机械、汽车及零部件、电子信息
3	宁乡经济技术开发区	长沙	宁乡市	2010.11	580	食品饮料、先进装备制造、新材料
4	浏阳经济技术开发区	长沙	浏阳市	2012.03	710.03	电子信息、生物医药、食品
5	湘潭经济技术开发区	湘潭	雨湖区	2011.09	1246	汽车及零部件、装备制造、电子信息
6	岳阳经济技术开发区	岳阳	岳阳楼区	2010.03	816.82	装备制造、食品、生物医药
7	常德经济技术开发区	常德	武陵区	2010.06	1121	烟草制品、机械、新材料
8	娄底经济技术开发区	娄底	娄星区	2012.10	1049	黑色金属冶炼及压延加工、通用设备制造、商贸物流

表 3-6　　　　　　　国家级高新区基本情况（8 家）

序号	开发区名称	市州	县区	批准时间	面积（公顷）	主导产业
1	长沙高新技术产业开发区	长沙	开福区	1991.03	1734.85	先进装备制造、电子信息、新材料
2	株洲高新技术产业开发区	株洲	天元区	1992.11	858	轨道交通装备、汽车制造、生物医药
3	湘潭高新技术产业开发区	湘潭	岳塘区	2009.03	1170.28	新能源装备制造、精品钢材精深加工、智能装备制造
4	衡阳高新技术产业开发区	衡阳	蒸湘区	2012.08	625.4	电子信息、电气机械和器材、通用设备
5	益阳高新技术产业开发区	益阳	赫山区	2011.06	1962.2	电子信息、装备制造、新材料
6	郴州高新技术产业开发区	郴州	苏仙区	2015.02	479	有色金属精深加工、电子信息、装备制造
7	常德高新技术产业开发区	常德	鼎城区	2017.02	378	设备制造、非金属矿制品
8	怀化高新技术产业开发区	怀化	中方县	2006.04	924	生物医药、农产品加工、新能源、新材料

表 3-7　　　　　　　湖南省综保区基本情况（5 家）

序号	开发区名称	市州	县区	批准时间	面积（公顷）	主导产业
1	长沙黄花综合保税区	长沙	长沙县	2016.05	199	保税加工、国际贸易、物流

第三章 湖南产业园区更需要市场化突破

续表

序号	开发区名称	市州	县区	批准时间	面积（公顷）	主导产业
2	湘潭综合保税区	湘潭	雨湖区	2013.09	304.579	保税加工、国际贸易、物流
3	衡阳综合保税区	衡阳	雁峰区	2012.10	257	电子信息
4	岳阳城陵矶综合保税区	岳阳	云溪区	2014.07	297.766	进口产品加工、电子主板装配制造
5	郴州综合保税区	郴州	苏仙区	2016.12	106.61	有色金属加工、电子信息、装备制造

表 3-8　湖南省各市州园区工业 2018 年发展情况

市州	园区工业		
	园区规模工业增加值总额（亿元）	园区规模工业增加值增长率（%）	园区规模工业增加值占规模工业增加值比重（%）
	7046.74	8.9	69.7
全省	1923.18	9.7	77.4
长沙	584.72	8.8	76.1
株洲	739.31	8.4	78.8
湘潭	326.95	9.0	67.3
衡阳	413.77	9.2	79.7
邵阳	951.22	9.0	81.9
岳阳	879.51	8.2	87.6
常德	15.88	10.5	49.7
张家界	405.00	9.1	70.8
益阳	748.26	8.0	80.4
郴州	432.14	8.0	92.5

续表

市州	园区工业		
	园区规模工业增加值总额（亿元）	园区规模工业增加值增长率（%）	园区规模工业增加值占规模工业增加值比重（%）
永州	162.84	8.3	55.8
怀化	361.47	9.1	70.5
娄底	42.22	-4.2	56.8

第三节 湖南省园区产业特色显著

一、20个新兴优势产业特色凸显

2017年11月湖南省政府发布的《湖南工业20个新兴优势产业链行动计划》提出，力争到2020年，全省20个工业新兴优势产业链产值突破17000亿元，占全省工业产值比重达到30%以上。经过2018年、2019年两年的培育，20个新兴优势产业链的建设完成情况见表3-9所示。由于产业统计指标没有这种细分数据，只能做大致的估算，总体目标达成了预期目标的65%左右，其中，工程机械、先进轨道交通装备（含磁浮）、航空航天（含北斗）产业链完成了预期目标的80%以上；自主可控计算机及信息安全（含IGBT）、生态绿色食品、生物医药、先进储能材料及动力电池、新型合金等产业链成长较快，完成了预期目标的75%左右；其他产业链完成了预期目标的60%左右。

所选择、确定的20个新兴优势产业链，既考虑国际发展前沿，又结合我国和湖南省现实发展需要；既能发展壮大湖南特色优势，又可以推进湖南省工业转型升级和创新发展。经过两年的建设，特色优势更加明显，有不少在根技术与根产业中得到了突破，有不少已经拥有了全球核心竞争能力与优势。具体分析如下：（1）20个新兴优势产业链都具有显著的Ⅱ型特色，且化工和陶瓷2个产业链还兼有I型特色；（2）20个新兴优势产业链都具有显著的Ⅱ型自生能力，且化工和陶瓷2个产业链还兼有I型自生能力；（3）工程机械、先进轨道交通装备（含磁浮）、航空航天（含北斗）产业链3个新兴优势产业链具有全球性核心竞争能力与优势，具备打造世界级产业集群的基础与条件；而新材料产业链，包含陶瓷材料、硬质材料、先进储能材料及电动汽车、碳基材料、显示功能材料、化工材料等也完全具备打造成世界级产业集群的可能；（4）自主可控计算机及信息安全（含IGBT）、生态绿色食品、生物医药、先进储能材料及动力电池、新型合金等产业链，具有全国性竞争优势，局部具有全球性核心竞争能力与优势，具有打造国内有重要影响力的产业集群的能力与基础；（5）拥有和局部拥有根技术和根产业做支撑的产业链达到19个。

表3-9　　2019年湖南工业20个新兴优势产业链完成情况

产业链名称及链长	目标定位	目标完成情况	特色与优势结果分析
1.先进轨道交通装备（含磁浮）产业链	（1）产值目标：2100亿元；（2）发展定位：打造世界级轨道交通产业集群，建立世界领先的现代轨道交通产业体系，培育一批具有国际竞争力的跨国企业，逐步发展形成完整的产业链	湖南电力机车产品已占全球市场份额的20%，居世界第一位。2018年，株洲轨道交通装备主导产业总产值达到1250亿元，占全国该产业总产值的40%左右。已形成世界级产业集群	（1）Ⅱ型特色产业和Ⅱ型自生能力；（2）具有全球核心竞争能力与优势；（3）拥有根技术与根产业的竞争优势；（4）属于龙头和核心双重支配性企业；（5）打造世界级产业集群

续表

产业链名称及链长	目标定位	目标完成情况	特色与优势结果分析
2. 工程机械产业链	（1）产值目标：2170亿元；（2）发展定位：打造引领世界工程机械产业发展的研发制造基地，建成世界级产业集群。产业规模、技术及主要产品市场占有率保持全球领先地位	2018年湖南工程机械产业产值1660亿元，约占全国总量的26%；2019年产值超过1800亿元。基本形成世界级产业集群	（1）Ⅱ型特色产业和Ⅱ型自生能力；（2）在路机、泵机、塔吊环卫机械和盾构机等产品细分市场具有全球核心竞争能力与优势；（3）拥有局部根技术与根产业的竞争优势；（4）属于龙头和核心双重支配性企业；（5）可打造世界级产业集群
3. 新型轻合金产业链	（1）产值目标：500亿元；（2）发展定位：打造以国内航空航天、核电装备制造需求为主的高性能轻合金材料生产基地，将长沙建设为国内最尖端轻合金材料的研发和成果转化基地	2019年仅长沙新材料规模工业总产值达到1200亿。拥有铝型材、铝轮毂、铝箔、钛卷带、飞机起落架等一批市场竞争力强的优势产品，新型轻合金产业链已形成相对完整的生产应用产业链	（1）Ⅱ型特色产业和Ⅱ型自生能力；（2）局部具有全球性核心竞争能力与优势；（3）属于龙头与核心双重支配性企业；（4）拥有根技术与根产品；（5）可打造有世界影响的国家级产业集群

第三章 湖南产业园区更需要市场化突破

续表

产业链名称及链长	目标定位	目标完成情况	特色与优势结果分析
4. 化工新材料产业链	（1）产值目标：1500亿元；（2）发展定位：面向国际竞争，提升品质、创新品种、做强品牌，服务于我省工程机械、汽车、轨道交通、新材料、节能环保、医药食品和电子信息等产业的集聚发展和优势集成	湖南是新材料产业大省，总量规模位居全国第一方阵，产业优势明显。2018年，全省新材料企业完成新材料产值突破4000亿元。长株潭地区依托高校和科研院所优势，形成了以先进复合材料、先进储能材料、高性能结构材料为主的产业集群，产值占全省的40%左右；郴州市依托资源优势，形成了先进有色金属材料集聚区；岳阳市依托化工产业优势，打造精细化工材料基地。现全省已形成10个以新材料产业为优势的特色园区（基地）拥有中南大学、国防科大、湖南大学、长沙矿冶院、湖南稀土院等一批重点高校和科研机构；有国家级创新平台6个、省级创新平台60余个；新材料研发从业人员达2万余	（1）Ⅰ型+Ⅱ型特色产业和Ⅰ型+Ⅱ型自生能力；（2）具有全国性核心竞争能力与优势；（3）拥有局部根技术与根产业的竞争优势；（4）属于龙头和核心双重支配性企业；（5）可打造国家级产业集群
5. 碳基材料产业链	（1）产值目标：400亿元；（2）发展定位：打造国内领先、世界先进的航空航天、新能源、高温热处理等领域用碳基材料生产制造产业集群，使湖南成为国内最尖端碳基材料的研发和成果转化基地		（1）Ⅱ型特色产业和Ⅱ型自生能力；（2）局部具有全球核心竞争能力与优势；（3）拥有局部根技术与根产业的竞争优势；（4）属于龙头和核心双重支配性企业；（5）打造国家级产业集群
6. 显示功能材料产业链	（1）产值目标：500亿元；（2）发展定位：打造国际先进的触控显示屏和蓝宝石单晶生长及深加工产业链，建成国内最大的触控显示屏生产基地。		（1）Ⅱ型特色产业和Ⅱ型自生能力；（2）局部具有全球核心竞争能力与优势；（3）拥有局部根技术与根产业的竞争优势；（4）属于龙头和核心双重支配性企业；（5）打造国家级产业集群

续表

产业链名称及链长	目标定位	目标完成情况	特色与优势结果分析
7. 先进陶瓷材料产业链	(1) 产值目标：500亿元；(2) 发展定位：打造技术领先全国、跻身世界先进行列的先进陶瓷产业链，实现由传统陶瓷产业向先进陶瓷转型升级的跨越式发展	名。"十三五"以来承担国家军民融合项目的单位有10家，主要应用于航空、航天、舰船等军用领域	(1) Ⅰ型+Ⅱ型特色产业和Ⅰ型+Ⅱ型自生能力；(2) 具有全球核心竞争能力与优势；(3) 拥有根技术与根产业的竞争优势；(4) 属于龙头和核心双重支配性企业；(5) 可打造世界级产业集群
8. 先进硬质材料产业链	(1) 产值目标：400亿元；(2) 发展定位：建设世界级先进硬质材料研发制造基地，打造全球领先水平的硬质合金及超硬材料产业链，先进硬质材料全球市场份额达到30%以上		(1) Ⅱ型特色产业和Ⅱ型自生能力；(2) 具有全球核心竞争能力与优势；(3) 拥有根技术与根产业的竞争优势；(4) 属于龙头和核心双重支配性企业；(5) 可打造世界级产业集群
9. 先进储能材料及电动汽车产业链	(1) 产值目标：900亿元；(2) 发展定位：打造全球产业最集中、品种最齐全、产业链最完善的先进储能材料及电动汽车产业研发和生产基地，建成世界先进的新能源汽车动力电池总成基地和国内最	湖南目前已有产业链规模以上企业105家，其中先进储能材料及电池企业92家。2018年实现产值620亿元。2019年实现835亿元。基本建成我国重要的产业集群	(1) Ⅱ型特色产业和Ⅱ型自生能力；(2) 具有全球核心竞争能力与优势；(3) 拥有局部根技术与根产业的竞争优势；(4) 属于龙头和核心双重支配性企业；(5) 可打造世界级产业集群

续表

产业链名称及链长	目标定位	目标完成情况	特色与优势结果分析
	为集中的电动汽车生产及应用示范基地		
10. 新能源装备产业链	（1）产值目标：1200亿元；（2）发展定位：建成具有国际先进水平的高端风电装备产业集群和太阳能光伏装备研发生产基地	2019年株洲新能源产值104亿元，2020年将达到260亿元。2019年1-11月底，全省非水可再生能源发电量120亿度，较去年同期增长18.7%	（1）Ⅱ型特色产业和Ⅱ型自生能力；（2）具有全国性核心竞争能力与优势；（3）拥有局部根技术与根产业的竞争优势；（4）属于龙头和核心双重支配性企业；（5）可打造国家级产业集群
11. IGBT大功率器件产业链	（1）产值目标：600亿元；（2）发展定位：进入全球三强	2018年，湖南省电子信息产业规模达2677亿元，其中计算机相关产业规模1662亿元，同比增长11.8%。中国长城生产的国产计算机，核心部件超过一半是湖南制造，目前已形成年产200万台的生产能力。与此同时，以计算机为基础的电子信息、信息安全、人工智能、5G等新兴产业蓬勃发展。2019世界计算机大会在长沙举行。2019年全省移动	（1）Ⅱ型特色产业和Ⅱ型自生能力；（2）具有全球核心竞争能力与优势；（3）拥有根技术与根产业的竞争优势；（4）属于龙头和核心双重支配性企业；（5）可打造世界级产业集群
12. 人工智能及传感器产业链	（1）产值目标：120亿元；（2）发展定位：建成中西部地区重要的传感器产业研发、生产制造基地和示范应用集聚区，形成特色鲜明、具有较强竞争力的智能制造、机器人、		（1）Ⅱ型特色产业和Ⅱ型自生能力；（2）具有全国性核心竞争能力与优势；（3）属于龙头支配性企业；（4）可打造国家级产业集群

续表

产业链名称及链长	目标定位	目标完成情况	特色与优势结果分析
	传感器等重点领域优势产业集群，培育若干国际国内领先的人工智能及传感器骨干企业	互联网产业营业收入达1326亿元，同比增长25.1%	
13. 自主可控计算机及信息安全产业链	（1）产值目标：500亿元；（2）发展定位：建成以信息安全整机为核心的信息安全产业基地，打造湖南信息产业新名片		（1）Ⅱ型特色产业和Ⅱ型自生能力；（2）具有全球性核心竞争能力与优势；（3）拥有根技术与根产业的竞争优势；（4）属于龙头和核心双重支配性企业；（5）可打造世界级级产业集群
14. 航空航天（含北斗）产业链	（1）产值目标：700亿元；（2）发展定位：培育形成覆盖研发制造、通航运营、服务保障的航空产业链，打造国内领先的航空装备制造基地和区域通航运营服务网络。培育航天装备制造产业链，建立卫星地面设备与用户终端制造、卫星应用系统集成及信息综合服务产业链	2018年，湖南省航天产业实现产值104.7亿元，同比增长25.1%；航空企事业单位实现营业收入311亿元，同比增长26.9%，力争到2022年实现航天航空产业主营业务收入突破1000亿元	（1）Ⅱ型特色产业和Ⅱ型自生能力；（2）在中小航空发动机、航天装备、短窗、刹车片和起落架等细分市场具有全球核心竞争能力与优势；（3）拥有局部根技术与根产业的竞争优势；（4）属于龙头和核心双重支配性企业；（5）可打造有世界影响的产业集群

续表

产业链名称及链长	目标定位	目标完成情况	特色与优势结果分析
15. 基因技术及应用产业链	(1) 产值目标：100亿元；(2) 发展定位：培育形成完整的基因产业体系，打造国际一流的基因检测产业链，基本实现向基因强省转变	2018年，湖南省基因技术及应用产业链企业183家，完成主营业务收入28.5亿元，同比增长14.1%。圣湘生物等单位倡议发起的湖南省基因技术及应用产业联盟正式成立	(1) Ⅱ型特色产业和Ⅱ型自生能力；(2) 具有全球性核心竞争能力与优势；(3) 拥有根技术与根产业的竞争优势；(4) 属于龙头和核心双重支配性企业；(5) 在打造有世界影响的国家级产业集群的基础上努力培育世界级产业集群
16. 中药产业链	(1) 产值目标：750亿元；(2) 发展定位：基本形成集中药科研、种植、加工、制造、销售、服务于一体中药产业链，全省中药行业整体实力跻身全国十强	湖南省中药资源蕴藏品种4123种，居全国第二，是全国8个中药材种植基地省份之一。有中药材示范县16个，种植面积达450万亩，玉竹、百合、金银花、茯苓产量分别占全国的80%、70%、60%、60%，吴茱萸产量占全国的40%，厚朴产量占全国的35%。2018年，全省中药产业链规模企业372家，完成主营业务收入571.3亿元，同比增长10.7%	(1) Ⅱ型特色产业和Ⅱ型自生能力；(2) 具有全球性核心竞争能力与优势；(3) 拥有局部根技术与根产业的竞争优势；(4) 属于龙头和核心双重支配性企业；(5) 可打造有世界影响的国家级产业集群

续表

产业链名称及链长	目标定位	目标完成情况	特色与优势结果分析
17. 空气治理技术及应用产品链	（1）产值目标：400亿元；（2）发展定位：在空气污染治理领域的创新能力和产品技术竞争力达到国内领先水平，实现从商用、家用到穿戴全系列空气净化产品以及空气监测产品的产业化	2018年湖南省环保产业产值将达2625亿元。2019年，加强城乡环境基础设施建设，全面启动地级城市生活垃圾分类，推动工业园区污水处理在线监测全覆盖，推进矿业绿色发展和化工、船舶、尾矿库污染治理	（1）Ⅱ型特色产业和Ⅱ型自生能力；（2）具有全国性核心竞争能力与优势；（3）拥有局部根技术与根产业的竞争优势；（4）属于龙头和核心双重支配性企业；（5）可打造国家级产业集群
18. 装配式建筑产业链	（1）产值目标：2200亿元；（2）发展定位：建立集住宅产业化技术研发和住宅部品部件生产、施工、展示、集散、经营、服务为一体，具有国际一流水平的可持续发展住宅产业集群	截至2019年6月底，湖南省累计实施装配式建筑总面积4273万 m^2，装配式建筑占新建建筑面积比例达到18.9%，年生产能力突破3000万 m^2，总产值达到700亿元。2019年完成1856万 m^2，装配式建筑占新建建筑面积比例达到26%	（1）Ⅱ型特色产业和Ⅱ型自生能力；（2）具有全球性核心竞争能力与优势；（3）拥有局部根技术与根产业的竞争优势；（4）属于龙头和核心双重支配性企业；（5）可打造世界级产业集群

续表

产业链名称及链长	目标定位	目标完成情况	特色与优势结果分析
19. 3D打印及机器人产业链	(1) 产值目标：150亿元；(2) 发展定位：打造国际领先的工业级3D打印产业集群，使湖南成为国内乃至国际最顶尖的3D打印系统研发和成果转化基地。提升新型机器人整机集成技术能力，完善关键零部件产业配套体系，构建国内领先优势明显的机器人产业体系	目前拥有人工智能企业近400家，80%以上集中在人工智能应用层，核心产业整体规模约60亿元，年增速在20%以上。2019年长沙雨花的智能工业型机器人及传感器产业链实现营业收入首次超过百亿，达到102亿元，比上年增长了27%	(1) Ⅱ型特色产业和Ⅱ型自生能力；(2) 具有全球性核心竞争能力与优势；(3) 拥有局部根技术与根产业的竞争优势；(4) 属于龙头和核心双重支配性企业；(5) 可打造有世界影响的国家级产业集群
20. 农业机械产业链	(1) 产值目标：1300亿元；(2) 发展定位：国家农机装备制造大省和应用大省	2018年，湖南省农业机械产值480亿元，其中双峰农机产业实现产值占全省的1/3。2019年达到580多亿元，同样双峰占1/3	(1) Ⅱ型特色产业和Ⅱ型自生能力；(2) 具有全国性核心竞争能力与优势；(3) 拥有局部根技术与根产业的竞争优势；(4) 属于龙头和核心双重支配性企业；(5) 可打造国家级产业集群

注释：从产业资源与环境的支撑及产业昨天的结果导向维度的"六格"评判法，从产业链形成过程及产业今天的定位导向维度的"十二格矩阵"评判法和从产业创新发展的潜在空间及未来的发展走向维度的"四格矩阵"评判法。即从产业生态的角度、产业全寿命周期的视角来进行特色优势产业的辨识与判断。

二、"链长"变"群主"未来可期

省领导做"链长。"根据我们的研究,湖南省"十三五"期间培育20个新兴优势产业链的特点与做法值得我们今天继续借鉴的主要有三点:一是突出重点与基础。在20个新兴优势产业链均在制造强省建设12大重点产业中,尤其侧重高端装备制造、新材料、新一代信息技术等领域。这是一批有基础、有龙头企业、有基础研究力量,并具有突破性、颠覆性技术的新产业或产业链。2015年,这20个产业链的总产值为6958亿元,预计到2025年可达到20000亿元。同时,这些产业链均能以核心技术和关键产品为中心,向产业链的上下游、价值链的高端和"微笑曲线"两端进行延伸,对其他相关产业具有较强带动效应,若干领域有望建成世界级产业集群。二是围绕"链"字做文章。按照"一链一策一链长"原则,按省领导—产业链—重点基地与企业—重点产品的逻辑(见表3-10),分产业链制定实施方案,抓产业链建设。由省领导任"链长",建立省领导联系工业新兴优势产业链工作制度,围绕制造强省建设重点产业领域,聚焦20个工业新兴优势产业链,以产业创新为动力,以转型升级、节能环保、提质增效为中心,以建设制造强省为目标,进一步补链、强链、延链,着力形成和巩固一批优势特色产业竞争高地,精心打造一批在全国有影响力有地位的产业集群、产业高地、领军企业和核心品牌,加快构建以先进制造业为核心的现代制造业体系。三是按照"创新驱动开放崛起"的总战略,坚决贯彻落实发展新理念,牢牢抓住振兴实体经济这个重点,为加快推进工业新兴优势产业链发展,出台了《实施意见》与《行动方案》,从提升产业链创新能力、深化产业链融合发展、强化产业链项目建设、加快产业链开放合作、加快产业链人才培养、促进产业链转型升级六个方面提出了相关措施。

表 3-10　湖南省 20 个工业新兴优势产业链调整后的名称

序号	产业链名称
1	自主可控计算机及信息安全（含 IGBT）产业链（或群）
2	航空航天（含北斗）产业链（或群）
3	碳基材料产业链（或群）
4	先进陶瓷材料产业链（或群）
5	化工新材料产业链（或群）
6	人工智能及传感器产业链（或群）
7	新能源及智能网联汽车产业链（或群）
8	新型显示器件产业链（或群）
9	先进轨道交通装备（含磁浮）产业链（或群）
10	新型能源及电力装备产业链（或群）
11	先进储能材料及动力电池产业链（或群）
12	新型合金产业链（或群）
13	生态绿色食品产业链（或群）
14	农业机械产业链（或群）
15	工程机械产业链（或群）
16	5G 应用产业链（或群）
17	生物医药产业链（或群）
18	3D 打印及机器人产业链（或群）
19	环境治理技术及应用产业链（或群）
20	装配式建筑产业链（或群）

省领导做"群主"。进入 2020 年之后，湖南省委、省政府开始在 20 个新兴优势产业链建设达成目标之后，着力谋划构筑若干个新兴优势产业集群调整了 20 个新兴优势产业链。在此基础上，省委政府两办制定发布了《关于进一步提升工业新兴优势产业链现代化水平的若干意见》，提出了如下目标和重点：（1）力争到 2025 年，全省 20 个工业新兴优势产业链产值突破 20000 亿元，占全省工业产值比重达到 40% 以上；（2）

工程机械、先进轨道交通装备（含磁浮）、航空航天（含北斗）产业链成为参与国际竞争的产业集群；（3）自主可控计算机及信息安全（含IGBT）、生态绿色食品、生物医药、先进储能材料及动力电池、新型合金等产业链成为国内具有重要影响力的产业集群；（4）新型能源及电力装备、环境治理技术及应用、化工新材料、先进陶瓷材料、碳基材料、装配式建筑、农业机械等产业链整体实力明显提升；（5）新型显示器件、新能源及智能网联汽车、人工智能及传感器、5G 应用、3D 打印及机器人等产业链占据前沿技术竞争高地。

显然，根据上述研究分析，湖南省可以分三个阶段来打造湖南省的世界级产业集群：第一步，2025 年前，亦即"十四五"规划期间，努力把轨道交通、工程机械、航空航天（含北斗）3 个产业链打造出世界级产业集群；第二步，在 2030 年前，把自主可控计算机及信息安全（含IGBT）、生态绿色食品、生物医药、先进储能材料及动力电池、新型合金等产业链打造出世界级产业集群；第三步，在 2035 年左右形成世界级产业集群的有新型能源及电力装备、环境治理技术及应用、化工新材料、先进陶瓷材料、碳基材料、装配式建筑、农业机械等产业链打造出世界级产业集群。当然，完成第一步目标是"十四五"规划期间的主要任务。从产业成长的成熟度来看，尽管湖南省和全国工业化水平基本同频，已整体进入工业化后期阶段，但工业化中期阶段的任务远未完成。本来，工业化中期阶段要完成三步走，第一步规模经济，第二步质量经济，第三步品牌经济。但湖南省用了很长时间却只走完了第一步，推进了产业规模，而质量经济和品牌经济的建设任务远未完成。所以，在 2020—2035 年的 15 年里，湖南省必须补上发展"质量经济"和"品牌经济"的"关键两课"，全力聚焦先进装备制造业，围绕 20 个新兴优势产业链和即将要构筑的 3 个世界级产业集群，突破六大关键环节，推进"计量、认证、标准、品牌"联动发展,只有这样,才能实现从"制造"到"质造"和"智造"的转变,才能真正建诚"制造强省"和"质量强省"。总之,自 2020 年起的未来 15 年内,推进湖南省的新型工业化的目标是,既要建成 20 个新兴优势产业链,打造好 8 个世界级产业集群,又要实现从"制造"到"质造"和"智造"、从"制造大省"到"制造强省"和"质量强省"的双转变,上好"质量工业"与"品牌工业"这两课。

第四节 湖南省产业园区存在的主要问题

经过 30 多年的建设与发展,湖南省产业园区虽然取得了显著成绩,但是,园区主导产业趋同问题、开发过程的"重量轻质"问题、园区招商的政策依赖性强和要素利用率较低的问题、土地抵押的融资模式弊端问题、隐性债务负担重的问题、园区运管的行政化模式与传统政府包揽的机制问题等严重制约了湖南省园区的发展后劲。如何破解发展瓶颈制约?湖南省委、省政府创新思路,2015 年启动了促进园区转型升级的"135"工程;2017 年,开始了 20 个新兴优势产业链的培育工程;2020 年 7 月,湖南省政府发布了《关于推进全省产业园区高质量发展的实施意见》,全面启动园区市场化改革的工程。经过努力,不少问题得到了缓解。但是,园区运行机制与发展需求的矛盾,产业层次不高、投资主体单一、债务风险较大等痛点问题不是短期内就能解决好的。目前,调研中反映出来的需要解决的新问题还不少,主要有两类。

一、产业园区的问题

湖南省产业园区主要有以下五个问题:

1. 园区标准厂房有待充分利用

据湖南省发改委初步问卷调查，自"135"工程启动以来，各园区共建设标准厂房 6610.7 万 m²，其中社会投资建设 4711.4m²（占比 71%），政府投资建设 1899.3 万 m²（占比 29%）。在已建成的 5111.7 万 m² 中，业主自建自用 2359.4 万 m²（占比 46%），已出租 1986.2 万 m²（占比 39%），已出售 565.8 万 m²（占比 11%），空置 200.4 万 m²（占比 4%），此外，各地 2020 年拟建设面积还有 2400.9 万 m²。调查中发现，目前部分县级园区厂房实际利用率不高，如澧县投资 6.2 亿元建设的 13.9 万 m² 标准厂房，招商不到 4.5 万 m²，年税收不到 300 万元，桃源县有 30 多万 m² 标准厂房基本闲置。

2. 园区债务风险化解难度大

园区开发周期长、投入大、回报慢，易滋生债务风险。据湖南省债管办初步检索统计，截至 2020 年 3 月底，全省园区隐性债务余额 1096.11 亿元、关注类债务 1200.16 亿元，2017 年以来发行的园区专项债券余额 315.15 亿元，三者合计达 2611.42 亿元。从债务监测平台检索情况来看，项目名称中包含标准厂房（不限于"135"工程）的全口径债务余额约 173 亿元。从省发改委初步问卷调查情况来看，各园区自"135"工程启动以来标准厂房总投资 2021.5 亿元，项目目前债务余额 405.5 亿元，其中政府性债务 100.2 亿元。据祁阳县介绍，其获第一轮"135"工程奖补的 13.4 万 m² 标准厂房由平台公司融资自建自持，至今背负 2.7 亿元债务。能否有效化解政府债务，关键看项目收益能否覆盖本息。由于普遍以厂房廉租甚至免租作为招商优惠条件，且很少出售，许多园区厂房造血循环不畅，债务风险日益加剧。

3. 省级园区产业集聚度较低和产业层级不高

许多园区事先未有效结合自身特色搞好产业定位，优势特色不明显，同质化严重,引入企业以简单空间集聚为主,功能上缺乏紧密联系分工。目前省级已批复特色产业园区(园中园)31 家中,24 家集中在长株潭(其中 15 家位于长沙),如长沙高新区的移动互联网特色产业园、株洲高新区的轨道交通装备特色产业园,县域层面类似邵东[轻工产业(五金、打火机)]、双峰(农机产业)等特色园区能形成全国领先市场地位的很少,省内领先的也不多。从调查情况看,全省县级园区中,真正形成产业链的还不到 10%。

4. 园区建运管市场化、专业化程度不高

据湖南省园区办介绍,除长沙高新区中电软件园、湘潭天易经开区柏屹自主创新园、湘潭雨湖工业集中区华夏幸福产业新城等少量园中园由社会资本运营外,省级以上 144 家园区绝大多数仍由园区管委会及所属平台公司运营管理,园区管理去行政化仍任重道远,以编内人员和相对固化的雇员为主,在运营市场化、专业化上存在显著差距,招商往往依赖于比拼土地、税收等优惠政策,引进企业容易候鸟式迁徙,研发、推广、融资等企业服务平台缺失,园区运营效率亟待提高。

5. 省级园区具有核心竞争力的科技创新少

经过 30 多年的建设与发展,湖南省国家级园区的确取得了长足的进步,从湖南省 20 个新兴优势产业链的培育来看,与国家级园区优势产业和龙头企业做配套的县区省级园区基本上处于有自生能力无核心竞争能力的水平。从调查摸底情况看,其一,县区省级园区及其产业兼具初始资源禀赋和后天资源禀赋特色,但后天资源禀赋优势不明显;其二,县区省级园区及其产业选择虽然有自生能力,但缺乏核心竞争力;其三,县区省级园区基本上是靠土地、资本、劳动力"老三要素"支撑增长,人力资本、科学技术和大数据"新三要素"的支撑能力弱,产业普遍缺乏后劲。

二、园区产业的问题

虽然湖南省产业园区的发展取得了令世人瞩目的成就，但是也有看到在一些产业园区仍然存在着"有企业，没产业"，或者有产业集聚，但产业与产业之间缺乏关联度甚至没有关联度，使区域经济效益低下的状况，概括为如下五个方面：

1. 产业定位不清晰

集群发展本身就是十分重视产业之间的联系，加强产业园区集群的外部产业关联，是高层次的集群发展需要。通过与区域外集群，特别是高新技术集群的联系，产业园区也可以清晰地了解到整个行业的发展动态，从而可以不断调整产业的发展与速度。

2. 产业链关联度偏差

不少园区在吸引产业方面盲目追求数量，忽视了它们之间的关联性和相互渗透性，即没有适当引进上下游产生企业集聚带来的规模效应和集聚效应，园区难以形成持续发展的动力。

3. 缺乏技术创新能力

产业的总体层次和水平偏低，在产业园区建设较快发展的同时规模质量仍处于落后水平，对自身高新技术研究和开发的支持力度不够，导致创新能力和技术原创性较差。

4. 产业服务业薄弱

大多数园区在发展产业集群时，只注重发展核心产业本身，形成整个产业集群发展服务的配套建设方面却落下了很多"功课"，导致金融服务、科技研发、市场营销等发展严重滞后。

5. 产业人才普遍缺乏

各园区目前的招商、建设和管理团队都由机关工作人员组成，市场化运营的知识和能力还不足,相对园区"专业化、集群化、高端化、国际化"发展方向,现有的运营团队还远远不能满足园区建设和发展的要求。

第四章
园区市场化改革与高质量发展的基本模型

总体看,我国园区创新突破的关键在于推进园区的市场化改革,实现产业园区的政府公共提供向公私合作的"混合提供"转变,推进产业园区面向国内国际"双循环"市场向专业特色园区和"五链融合"[①]的产业生态群转变。2020年4月9日,中共中央、国务院印发《关于构建更加完善的要素市场化配置体制机制的意见》,进一步提出了经济增长的"五要素论"[②]。特别是党的十九届五中全会,更是提出了"坚持创新在现代化建设全局中的核心地位"。因此,在新时期新阶段,作为市场经济改革的排头兵,产业园区必须适应这些新要求,加快市场化改革与创新发展步伐。

---

① 即创新链、产业链、资金链、人才链、政策链"五链"在产业园区的融合。
② 即土地、资金、劳动力(或人力资源)、技术、数据等五大资源要素。

第一节 产业园区的"物品属性"与提供原理

一、产业园区是一种特殊的社会"物品"

"产业园区"究竟属于什么"物品"?这是我们必须首先要弄清楚的问题。40多年来,人们一直将其视为"公共物品"而采用政府提供也称公共提供的模式。其实,这一观念并非完全正确。在推进园区改革发展的今天,我们必须重新思考与定义"产业园区"这一"物品"的属性,并为园区市场化改革找到理论依据。

迄今为止,在公共经济学中,人们将社会物品一般分为纯公共物品、混合物品和私人物品三类[1]或者是公共物品、俱乐部物品和私人物品三类[2],也有分为私人物品、可收费物品、共用资源和集体物品四类[3]的。不管是分为三类还是四类,实际生活中存在的纯公共物品并不多。物品固有的特点,使它们要么趋近于纯私人物品一端,要么趋近于纯公共物品一端,尽管如此,但更多的情况却是有许多物品兼具两者的性质。"产业园区"就是这样一种物品,它既具有公共物品的性质,又具有私人物品的性质,或者说,产业园区是介于公共物品与私人物品之间的一种特

---

[1] C. V. Brown and P. M. Jackson, Public Sector Economics, Copyright © 1978, by Blackwell Ltd. 34-35.

[2] J. M. Buchanan, An economic theory of clubs, Economica, 32 (February 1965), 1-14.

[3] E. S. Savas, Privatization and Public-Private Partnerships, Copyright © 2000, by Original published by Seven Bridges Press, LLC:44-62.

殊物品。这一物品从集合论的角度看，可以看成纯公共物品集合（集合A）与纯私人物品集合（集合B）的并集（A∪B），A∩B（如图4-1所示）则为混合物品或可收费物品或俱乐部物品。一个显著的特点是，某个产业园区它可以由许多企业同时消费，并不断趋近于容量约束点；超过该约束点之后，对"产业园区"这一混合物品的消费就变得拥挤。于是，政府会对入园企业设置一些条件或门槛，不能让什么企业、什么项目都进"园区"。

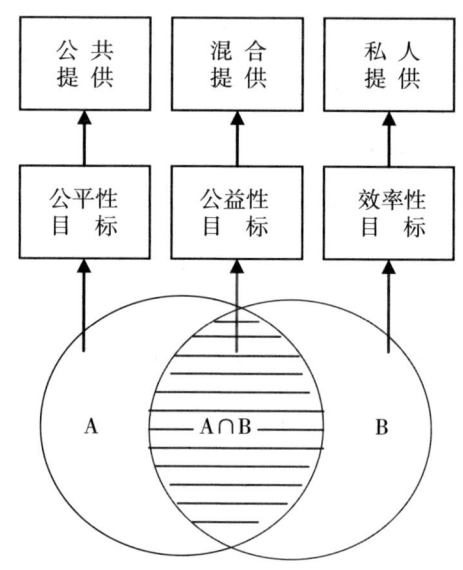

图 4-1　社会物品的分类提供及其目的指向性

这里，我们先对"产业园区"属性进行辨析。第一，"产业园区"这一特殊"物品"具有一定的公共物品特性。在纯公共物品的分析中，人人都是产量接受者和价格调节者（根据他的意愿支付），亦即企业会根据其进入园区与否同其所付出的"代价"做比较。因为，"某某产业园区"已经在这里,而且这个园区所有优惠的条件与政策是给定的(当然个别情形下可以进一步商讨),此其一;其二,政府为了招商引资的需要,一般给定的这个"代价"比非产业园区或某些特定园区要低,且有一定的期限限制。企业若愿意支付这个代价就选择入园,反之亦反。

第二,"产业园区"又具有一定的私人物品特性。在纯私人物品的分析中,人人都是价格接受者和产量调节者(根据他的意愿扩能)。在这一情形下,产业园区的"出价"(如园区厂房买价或租金等)或政策是给定的,一旦约定短期内不会轻易改变;而对于企业来说,入园后企业规模、收益则是随着企业经营的水平而发生改变的,亦即企业会根据园区的"出价"和自己的"收益"做比较,若在园区得到的"收益"明显大于园区的"出价"就会选择入园,反之亦反。

第三,"产业园区"具有俱乐部物品特性。由于产业园区有多大,取决于政府审批的供地面积、"平台公司"提供的基础设施容量、政府或社会机构所提供的有效服务的体量等。所以,在一定时期内,"产业园区"物品提供是有限的,假如某个园区能有效容纳的企业数量为100家,而对于将入园的企业来说,企业数量是无数的,在该园区招商引资未趋近于100家企业这个容量约束点之前,只有1家企业入园和有100家企业入园的政府付费和设施建设支出基本上差不多;一旦超过该约束点之后,哪怕是增加若干家企业数都会导致园区扩规、基础设施容量扩增,园区固定成本支出会大幅增加;实践中一旦出现这种状况,就选择园区扩规或发展"飞地产业园"。虽然产业园区可以不断地扩大,但是,就某个特定的产业园区来说,"产业园区"属于俱乐部物品。

第四,"产业园区"具有"社会先行资本"特性。对于微观企业来说,"产业园区"相当于产业基础设施,属于"社会先行资本"。对于过去来说,水电路气讯消防"六通"是一个产业园区最基本的配套要求,现在则新增加了 5G 基站、新能源汽车充电桩、数据中心、工业互联网等新基础设施配套。而这些设施必须在开展招商引资前就要建好、配套好，有了这些先行资本的配套，才有产业投资的进入或企业的入园。

二、产业园区的"混合提供"模式

由于"产业园区"具有上述四个方面的特性，因此，"产业园区"的提供模式有多种，但不同的提供模式有着不同的目的指向与提供主体。一般而言，如图 4-2 所示，对于共用资源和纯公共物品的提供，要求达成公平性目标。所谓公平性目标，即不存在因定价原因而将低收入者或弱势群体排除在公共物品的消费市场之外，即使存在这种可能，也应以补贴的方式予以预先弥补。因此，纯公共物品的提供一般不收费，即使收费也是象征性的，采用最低价原则；对于纯私人物品的提供，则要求达成效率性目标，尽可能创造充分的市场条件，以实现帕累托最优；而对于介于这两者之间的可收费物品的提供，则主要注重公益性目标，当然也考虑效率性目标。公益性目标要求物品提供者必须以谋求公共利益或社会福利为己任。尽管可收费物品的提供需要收费来维持其连续性，但收费是为了收回投资、弥补经营成本与减少拥挤，并不完全是为了赢利，因而一般采用低价原则，尤其是对于"产业园区"这一特殊社会物品而言。对于企业这一市场主体来说，是否进入园区投资的决策是建立在"产业园区"这一"社会先行资本"基础之上的，一旦"社会先行资本"定价高，则私人物品提供的成本也高，那么在一定的市场价格水平上所带来的赢利空间就小，私人物品提供的效率性目标就难以实现。由于目的指向不同，社会物品的提供主体也必然存在差异。一般来说，纯公共物品理所当然地要由政府来提供，即公共提供，当然这并不排除纯公共物品的私人提供；可收费物品则既可以由政府来提供，也可以通过私人来提供，但多数是通过公私合作来提供，即混合提供；而纯私人物品也理所当然地要由私人来提供，同样，这也不排除私人物品的公共提供。根据这一逻辑，"产业园区"这一特殊物品既可以由政府来提供，即公共提供，也可以由民营社会资本或私人资本提供，即私人提供，但受其俱乐部产品和社会先行资本的特性的影响，最好是采取公司合作的"混合提供"，这是"产业园区"这种特殊物品的最佳提供方式。

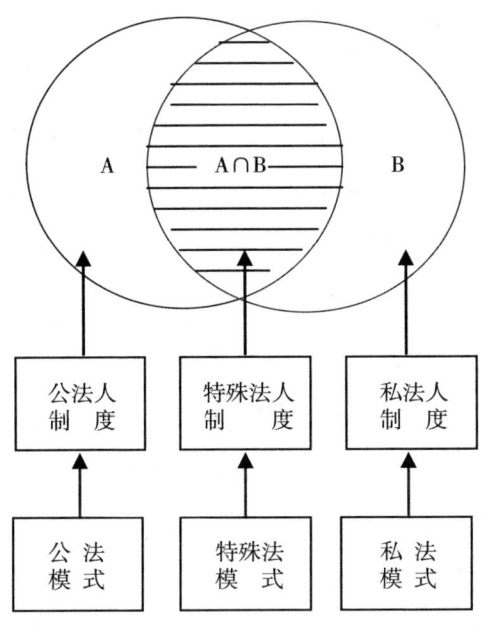

图 4-2　公共提供的法律调整模式与法人制度

三、产业园区的特殊治理结构

不管是社会物品的公共提供还是私人提供抑或是混合提供，它们都牵涉到社会物品提供中的三个基本参与者，即消费者、生产者与安排者

（或称提供者）及其组合。例如，对于"产业园区"这个物品而言，消费者是指所有招商入园的企业，它直接获得或接受社会物品，他们可以是法人，也可以是特定的群体、机构或组织；物品的生产者即园区管委会和园区内提供设施与服务的各平台公司（含国有或民营），它们直接组织生产或者直接向企业提供服务；物品安排者则是指政府，政府进行决策、政府提供土地、政府出台政策等，政府本质上是一个制度安排者或者政务服务提供者，是一种社会工具。

产业园区的市场化改革，显然是基于以下不同的组合与治理模式所做的调整选择。

"产业园区"提供的传统模式。安排者与生产者合一的组合及"一体化"的治理安排。在安排者与生产者为同一主体的情形下，在治理安排上一般表现为"一体化"的单边治理模式，典型的有政府提供或"国有国营"模式等。当然，在此种情形下，极易产生高额的制度成本，即维持和管理层级系统的成本。若安排者是政府，则产生这一成本的可能性更大，表现也更显著。显然，我国"产业园区"这一社会物品的传统模式正是这样一种制度性安排，在这一制度框架下，市场在资源配置中只能发挥基础性作用，主要靠政府及其计划——"有形之手"来配置。

"产业园区"提供的市场化模式。这里有两种模式可供选择：（1）三者彼此不同的组合及"有监管的市场化"治理安排。例如，当政府雇用园区开发商来建设运营产业园区时，政府就是安排者，园区开发运营商就是生产者，而使用建成后的园区的企业就是消费者。在安排者、生产者与消费者彼此分开的公共提供下，既会产生交易成本，也会产生监管成本。此时，既可以通过"有监管的市场化"治理即"三方治理"模式，也可以通过产权分离式的"委托—代理"治理模式来降低交易成本与监管成本。（2）安排者与消费者合一的组合与生产者与消费者合一的组合及其双边治理。在安排者（地方政府）与消费者（入园企业）合一的情况下，易产生交易成本，即聘用和管理独立生产者的成本；在生产者（园区开发运营商）与消费者（入园企业）合一的情况下，他们与安排者之间较易产生信息不对称、信息不完全与信息不真实的问题，而且安排者往往处于不利的地位，因此安排者同样要付出较高的监管代价。因而"双边治理"就成为必要，通过合理的双边治理制度安排使交易成本或监管成本分别得以降低。我国产业园区的市场化改革，可以因地制宜，选择上述两者之一。

若将上述物品提供的参与者组合及治理模式应用到"产业园区"提供上就可以得到产业园区提供的各种制度安排，如表4-1所示，以进一步确定什么该由政府来做，什么该由私人或中介组织来做，为谁而做，做到什么程度或水平，怎样付费等，其目的在于使交易成本与监管成本最小化。

表 4-1　　　　　　　　产业园区提供的具体制度安排

服务安排	安排者	生产者	成本支付者
政府服务	政府	政府	政府
政府出售	消费者	政府	消费者
政府间协议	政府（1）	政府（2）	政府（1）
合同承包	政府	私营部门	政府
特许经营（排他）	政府	私营部门	消费者
特许经营（非排他）	政府和消费者	私营部门	消费者
补助	政府和消费者	私营部门	政府和消费者
凭单制	消费者	私营部门	政府和消费者
自由市场	消费者	私营部门	消费者
志愿服务	志愿消费者团体	志愿消费者团体	N.A.

续表

服务安排	安排者	生产者	成本支付者
有合同承包的服务	志愿消费者团体	私营部门	志愿消费者团体
自我服务	消费者	消费者	N. A.

注：政府（1）和政府（2）指两个不同的政府。N. A. 即不适用。笔者对原表进行了修改。

资料来源：E. S. Savas, Privatization and Public-Private Partnerships, Copyright© 2000, by Original published by Seven Bridges Press, LLC：107.

总体而言，纯公共物品（含集体物品与共用资源）的选择余地最少——仅有政府服务、政府间协议、合同承包和志愿安排四种；私人物品可以选择其中的任何一种安排方式；而可收费物品尤其是产业园区物品则既可以选择政府服务的安排方式，也可以选择合同承包的安排方式，更多的是选择特许经营的安排方式。但是因为人们对政府提供的纯公共物品如教育、公共福利等不尽满意，加上公共预算成本难以真正得到控制，不少地方在产业园区类物品提供方面出现了一种民营提供即"市场化"倾向。当然，物品本身的特性、生产者的可得性、服务的规模经济与范围经济性、政府规模大小以及对"逆向选择"与"道德风险"的控制力等都对公共提供的制度安排与选择有着重要的影响。因此，不管选择哪种制度安排的公共提供都不可能十分完美。

对于社会物品提供的各类制度安排与模式设计都必须服从一定的法律调整模式，在法律的许可范围内进行。但基于不同社会物品提供的法律调整模式是不同的：如图4-2所示，对于纯公共物品的提供一般服从于公法模式来调整；对于私人物品的提供一般服从于私法模式来调整；对于产业园区这类可收费物品则服从衍生于公法模式的特殊法模式来调整。私法属于调整人身、财产和商品交换的领域，其本质是当事人凭意思自治，纯然是权利的自主行使而产生的结果。因而私法规范以权利为基础，是对于个人授予权利与凭意思自治行使权利的规范。而公法规范是以权力为基础，它所注重的是国家或政府通过行使权力保护公共利益，以达到调整国家或政府与个人间的关系。显然，公法规范是命令性、强制性和义务性规范。特殊法虽然衍生于公法，但其所调整的是可收费物品的提供主体——那些从事公益性很强且被置于国家或政府强力保护和监督之下的，既不适于政府直接插手也不适合直接交给私营企业去运营的经营法人之间及其同政府、消费者之间的关系。所以，特殊法介于公法向私法转变以及私法向公法转变的中间法状态，是公法私法化以及私法公法化的具体体现。因而，凡属对私人物品领域的规范应采取私法模式，即对竞争性领域即私人经济领域完全适用私法规制，实行私法人制度，实行意思自治，对合理的逐利行为国家不予干预，以保证私人利益及其竞争秩序。凡属对可收费物品领域尤其是对"产业园区"之类物品的规范就应采取特殊法模式，实行特殊法人制度。但是，现实中我国没有这样的法律法规。这也是我国产业园区市场化改革中必须要探索解决的难题之一。

四、产业园区的"三只手""握手"

在目前缺乏相关法律政策的前提下，要推进"产业园区"的市场化提供，其监督管理与园区运营理论上一般采用"三只手""握手"的调控办法。显然，作为社会的治理重要组成部分的产业园区治理离不开治理的主体，例如政府、社会、企事业单位或机构的作为，亦即社会支撑体系源于社会治理体系。按照哈耶克的"社会秩序构建理论"，人类社会秩序可分为"自生秩序"和"创生秩序"，前者指人们之间的生活习俗、习惯、语言、文字、村规民约等，可以统称为一种"文化"，它是一种心理性契约或自发性规范，且由里到外长久地规范着人们的心态、行为和不完全契约；"创生秩序"是指人们后天构建起来的制度、法律、法规、纪律、合约等，可以统称为"制度"，它是一种行为性契约和强制性规范，且由表及体时期性地规范着人们的社会经济行为与有形契约，如各类合同。显然，人类社会正是基于上述"二维秩序"促进社会有序发展。当把哈耶克的社会秩序构建理论运用到现实"产业园区"物品提供中，就形成了"三维治理结构"，如图4-3所示。"自生秩序"对应着道德、文化即"核心价值观"这一"既有形又无形"的"第三只手""道德之手"——对应图4-3的道德调控；"创生秩序"则对应着制度、法律、法规等"游戏规则"的制定者、裁判员与运动员，就经济领域来说亦即政府和企业，前者代表"有形之手"——对应图4-3中的计划调控，后者代表"无形之手"——对应图4-3中的市场调控，这是从形式分析的角度看，此其一。其二，从政府治理体系规范社会权力运行和维护公共秩序的一系列制度和程序看，一个产业园区的建运管服体系建设与完善，都离不开政府的行政行为、企业的市场行为和公民的社会行为等一系列规范与约束，亦即离不开政府治理、市场治理和社会治理这三个最基本的治理维度及其合作。第一，从政府的角度看，要实现"产业园区"的有效供给，就必须发挥其"有形之手"的作用，专门出台实施促进园区建设与产业发展的支持政策，包括招商引资政策、财税政策、人才引进政策、制度性成本降补政策等。第二，从企业来说，就必须发挥市场——"无形之手"的作用，做好微观企业的资源配置、产品技术和工艺技术的创新发展、产销满足社会需求的产品和服务等。第三，从社会角度看，就必须发挥道德引领——"第三只手"的作用，用社会主义核心价值观规范产业园区全体员工的心态行为，用《中华人民共和国民法典》约束产业园区内外各类行为，形成良好的社会环境。从"三足鼎立"的原理看，只有形成了上述"三只手"的"握手"和"三维调控机制"的"融合"，一个高效的高质量发展的"产业园区"生态才得以形成。

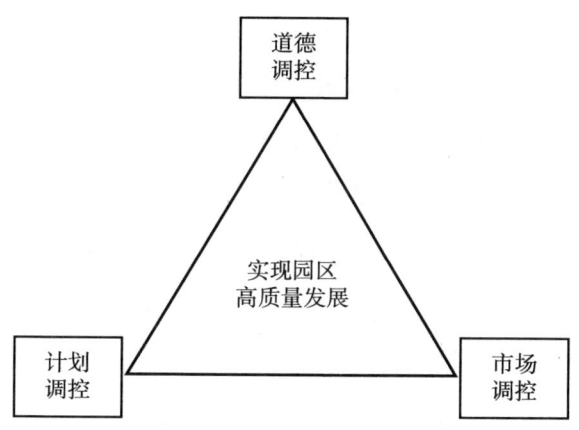

图4-3 "产业园区"的"三维支撑体系"示意图

第二节 产业园区的"市场属性"与非均衡发展逻辑

当我们把产业园区作为一个整体来看时，它是一个俱乐部物品。当我们把它当作一个场景来看，并仔细观察产业园区的内部结构时，它就是一个发达的、拥有着现代产权市场和要素市场，同时给社会提供各种产品或服务的大市场。这一市场有着一般意义上市场的不同特质，其发展路径也有其独特之处。

一、产业园区是市场化程度更高的经济

市场经济是发达的商品经济,市场经济是商品经济发展的高级阶段。市场经济是指通过市场配置社会资源的经济形式。市场经济与商品经济的联系,集中体现在市场机制和市场体系等范畴上。就市场机制而言,商品经济是通过价格、供求、工资、利率、竞争等市场机制来运行的,而市场经济的含义就是以市场机制为基础的资源配置方式,两者有着共同的机制。就市场体系来说,随着商品经济的不断发展,市场的范围必然扩大,不仅有商品、物资市场,而且有资金、技术、劳务、土地等生产要素市场,从而形成一个完整的市场体系。市场体系的形成,既是商品经济发展的结果,也是市场经济发展的表现,二者有共同的内在要求。市场机制、市场体系范畴属于经济运行的机制和手段,而市场经济属于经济运行的体制和模式。商品经济不等于市场经济,市场经济是商品经济发展到一定阶段的产物,是发达商品经济的表现形式和现代形态。市场经济是市场化的商品经济,市场经济是社会化的商品经济,市场经济是货币化的商品经济,市场经济是开放化的商品经济。对于我国来说,产业园区是改革开放的产物,也是社会主义市场经济探索、发展和完善的缩影。毫无疑问,园区经济是市场经济,而且是比园区之外市场化程度更高的经济。由于我国经济从计划到市场并非一蹴而就,而是一个逐步建立、发展和完善的过程,也就是说最开始计划占主导,市场有一点,一段时间之后,市场的因素逐渐增加,计划的因素逐渐减少,到现在,市场对资源配置起到了决定性作用。我国社会主义市场是一个从无到有、从简单到成熟、从初级到高级逐渐发展演变的过程,尽管经过了几十年的发展,到今天仍然有许多不完善的地方,然而毋庸置疑,建立社会主义市场经济,是我国经济发展不可扭转的大趋势、大逻辑。产业园区作

为社会主义市场经济发展的试验田、排头兵,市场化改革不仅是大势所趋,而且改革的力度、节奏都会走在我国市场经济改革的前面,因为园区市场化改革不仅是自身的市场化改革,还要对整体国家市场经济体制的发展起到引领和推动作用。党的十九大明确指出,加快完善社会主义市场经济体制。经济体制改革必须以完善产权制度和要素市场化配置为重点,实现产权有效激励、要素自由流动、价格反应灵活、竞争公平有序、企业优胜劣汰。2020年4月9日,中共中央、国务院印发《关于构建更加完善的要素市场化配置体制机制的意见》。短短一个多月后,5月18日,中共中央、国务院印发《关于新时代加快完善社会主义市场经济体制的意见》。由此可见,我国社会主义市场经济发展道路越走越坚定、越走越宽广。

二、产业园区是一个浓缩版资源配置的"磁力场"

产业园区发展是从非均衡开始的,园区转型发展的目的就是要通过"招商引资、引智"来实现资源配置的均衡。经济学所讨论的均衡,从本质上说是资源配置权力的均衡。权力是一种具体的力量强弱对比,是基于不平等或非对称结构的优势力量显现。从形式上看,资源配置权力集中表现在两个方面,一是对经营要素或经济成长的内生变量的配置上;二是对经营环境或经济发展时空范围的配置上。从前者看,对经济成长内生变量的认识有一个不断深化和内生变量数不断增多的过程。传统经济成长理论重视的是物质资本对经济增长的推动作用,其基本理论模式为"三要素论",即经济成长的内生变量为劳动力、资本与土地;现代经济成长理论则把技术进步看成经济增长的一个重要因素,但用了一个迂回的手法,用"索洛残差"来衡量其作用。其基本理论模式仍然为"三要素论",即内生变量仍为劳动力、资本与土地三个;新经济成长理论则更强调一国的经济成长主要取决于它的知识积累、技术进步和人力资本的水平。其基本理论模式为"四要素论",即经济成长的内生变量尽管也包括劳动力、资本与土地,但起决定作用的是技术、知识与人力资本;而发轫于20世纪80年代中期的新古典政治经济学运动,尤其是新制度主义理论的兴起,经济成长的内生变量又扩张到制度与管理等,其基本理论模型又转变为包含经济因素与非经济因素的"多要素论",即经济成长均是由这些内生变量综合作用的结果。2020年4月9日,中共中央、国务院印发《关于构建更加完善的要素市场化配置体制机制的意见》,更是高屋建瓴地把随着信息技术发展到今天的"大数据"作为经济成长的内生变量,其基本理论模式仍然为"五要素论",即内生变量仍为劳动力、资本、土地、技术、大数据五个。从表面上看,经济学研究的是对这些变量的配置,实质上讨论的是基于均衡目标的对这些资源变量的配置权力与权利的均衡问题。从后者分析,经济发展的环境特别是时空环境对于经济发展的可持续性与累积性十分重要,尤其是在当今全球性自然生态环境发生深刻变化,人与自然和社会和谐相处,共生发展,实现包容性增长呼声高涨的情况下。进入21世纪以来,人们越来越关注"碳减排"的问题,一场围绕"碳排放权"的权力之争已在发达国家和发展中国家展开。这实际上已经涉及一国或地区生存与发展的空间问题,是一场有关资源配置权力的较量。如果说世界是公平的话,那么最基础或最起码的公平应该是人均累计的"碳排放量"的均衡,亦即让所有的国家和民族都能获得均等的"碳排放权"。所以,从这一意义上说,经济学所讨论的均衡更是资源配置权力的均衡。

三、产业园区是对资源或要素配置失衡的"矫正"

一个园区的要素供求均衡关系或资源禀赋状况决定着它的可持续性。在园区要素中,初始资源禀赋包括自然资源(土地)、地理与生态区位、人口资源等,后天资源禀赋包括综合基础设施、市场区位、交通区位、技术与人力资本和金融资本、产业资本、大数据等。园区初始资源禀赋形成园区初级比较优势,初始资源禀赋提供最初优势,而这种优势则通过对高级要素的投资得以加强和扩展;园区后天资源禀赋形成园区高级比较优势,一个园区在初始资源禀赋方面的劣势可以给它带来压力,促使其在高级要素上进行投资。当园区出现严重的资源禀赋要素短缺或过剩时,其经济的对外依存度会显著提高,当然,多数园区相互间日益提高的对外依存度也必然带来市场化不断走向深入。

如图4-4所示,当本地后天资源禀赋要素供给小于本地后天资源禀赋要素需求时,对外开放就成为该地的政策首选,而引进外资、引进技术、引进人才、引进品牌、引进设备、引进经营制度与管理工具、方法等方面,就成为其对外开放政策的主要目的;而当本地后天资源禀赋要素供给大于本地后天资源禀赋要素需求时,促进对外投资,推进产业转移就成为该地的政策首选,资本输出、技术输出、品牌输出开始倾向于初始资源禀赋要素丰富的地区。在这种相应的引进与输出过程中,带来了一个十分重大的经济事件——产业转移。当然,产业转移并不完全是由要素市场失衡和资源禀赋条件差异所引发的。例如,采用"经济杀手战略"获取别国发展红利的有意行为,还有基于国际人道主义的对外援助等。

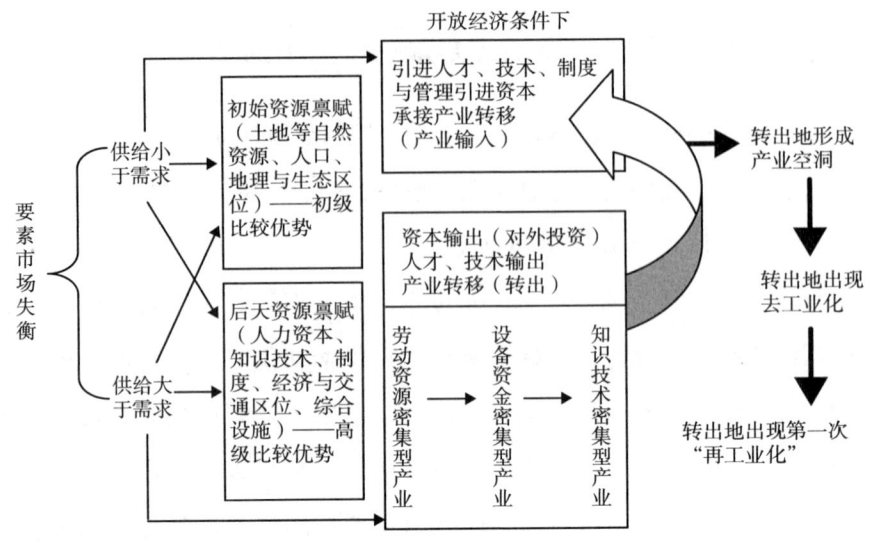

图 4-4　要素市场失衡与产业转移逻辑图

但一个基本的事实是，要素市场失衡和资源禀赋条件差异是导致产业转移的最初动因和可持续性动因。

产业转移有其内在规律：一是产业的梯度转移规律。即由发达国家和地区转向新型市场经济国家和地区，再转向发展中国家和地区，最后转向落后国家和地区。二是产业的竞争性转移规律。根据资本的有机构成，首先，发达国家或地区主动将劳动密集型产业和资源密集型产业转移至初始资源禀赋条件优势的国家或地区，其目的是既获取廉价的资源和廉价的劳动力供给，提高其产品的竞争能力，又把高消耗、高污染留在他国。遗憾的是，这一转移且多由转入地采用"三来一补"的外向型经济方式来积极推进。其次，为了在激烈的国际市场较量中进一步扩张本国或本区域的市场，在第一轮产业转移的基础上，进一步把资金、设备密集型产业转移至市场成长型的国家和地区，引发了较高水平的第二轮产业转移。最后，为了进一步且持久地掌控国际以至全球市场，尽管受到冷战思维和意识形态的影响，但在高悬的红利面前，发达国家或地区还是会把知识技术密集型产业转移到全球特别是发展中的大国，尤其是那些超大规模的国家或地区。但是这次第三轮产业转移，转出的只是部分产业环节特别是产业配套环节（非关键零部件制造与组装环节）的转移，那些掌控高新技术产业和先进制造业的关键环节、全球性品牌、知识产权与标准等，依然牢牢地掌控在转出地的手中，它们依然控制着全球产业特别是其高端环节的核心竞争力和经济话语权。

从传统工业化的视角看，产业工人数量最多、占用空间体积最大的是资源密集型产业、劳动密集型产业和以重化工为代表的资金、设备密集型产业，如图4-5所示，伴随着产业的三轮转移，特别是第一轮与第二轮产业转移，转出地产业不断走向"空洞"，并开始了去"工业化"的进程。随着第一轮与第二轮产业转移的结束和第三轮产业转移的推进，去"工业化"进程基本完成。显然，这一结果必然带来转入地工业化进程步伐加快，以及和已完成工业化国家与地区差距的缩小。问题在于，去"工业化"后，在其他接替性产业尚未大规模发展的前提下，或者全球化进程遭受影响之时，必然导致转出国或地区的产业区的萎缩，工业城市的萎缩，失业的增加，程度严重的有可能危及社会经济稳定，尤其是大国。于是，"再工业化"便成为许多去"工业化"国家的政策选择。

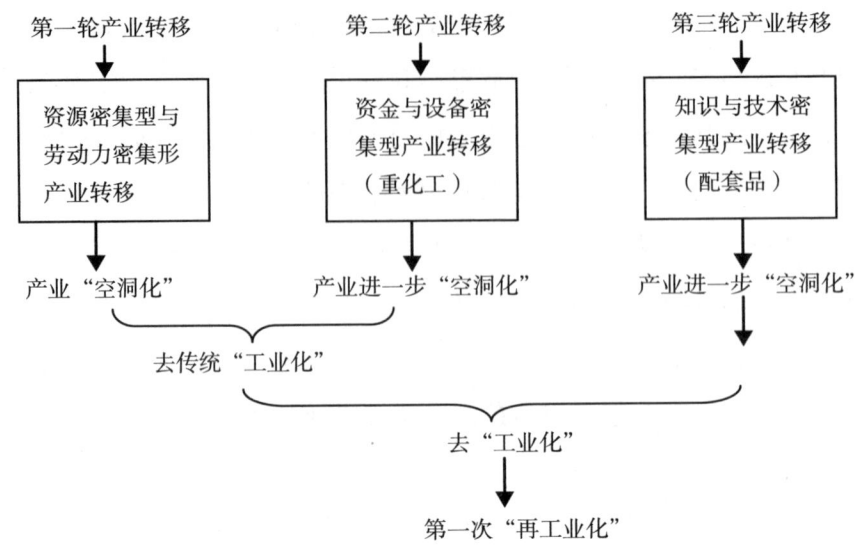

图 4-5 基于产业竞争性转移的三轮产业转移与去"工业化"的关系

第三节 产业园区的产业链共生

园区资源的配置目标一般是打造基于产业链或产业生态所形成的共生共享产业集群,因而必然会受惠于产业链共生理论与产业生态体共享理论。一般来说,产业链是指产业纵向上下游之间产业模块间的关系链,而产业生态指的是产业链与横向服务链(含生产性服务链与生活性服务链)融合形成的产业生态体或生态圈。

一、园区产业的可分性与模块化

园区产业的可分性。作为分工经济演进的结果,模块化组织是产业流程重构的重要内容,其目的是通过整合产业资源,促使产业各环节形成标准化通用接口，不论何种类型的专业化公司进入，都能够有效完成产业目标，提供有效的产品和服务。从某种意义上说，组织的多样性可以视为组织中具有模块化的、相对独立地位经营主体的异质性，也就是说某一模块化组织与其他模块化组织在资源、要素和能力方面有区别。这些单个模块化组织的资源、要素和能力是异质的和不可转移的，这需要通过市场机制来有效地进行配置。从某种意义上说，企业中某一个独立经营单元所拥有的独特的、难以模仿和不可替代的核心竞争优势，正是模块化组织得以存在的前提条件，也是产业可分性边界得以区分的根本。长期看，由于产业被分化为一个个模块化的组织，模块化组织不仅仅是构建一个把资本、资源、有形资产进行组合，按一定规则相互联系的复杂性系统，更重要的是要使每一个模块都具有一种独特的基因或能力，这就要求每一个模块必须按能力要素进行重组，这些能力包括专用性的隐性知识、品牌管理能力、研发能力、市场能力、业务核心化的能力和商业模式的创新能力等，使模块化组织成为能力模块化的组织。显然，不同产业及同一产业的不同环节其能力模块化的组织不同，模块化组织之间的异质化与组织的多样性也由此而生，这些模块化了的新组织会构建自己的价值体系，产业可分性的边界也由此得以界定或区分。若某产业领域企业组织能够构建这样的模块化组织及其价值体系，模块化组织的能力要素作用便可得以发挥。由此可见，企业组织的模块化是对传统产业的M型组织结构和纵向一体化战略的一种扬弃，企业过去按价值链构建的内部组织结构将被突出某种单独能力要素的模块化组织所取代。

园区产业的三大模块。基于这一分析，我们可以把产业区分为"龙头"模块、"七寸"模块与配套模块三大模块。尽管产业链有性质、长短、紧密松散程度等多方面的差异，但一个完整的产业一般可区分为"产业龙头"模块、"产业七寸"模块和产业配套模块三个模块。产业龙头模块把企业与市场、社会特别是消费者连接起来,以市场交易的方式最终实现产业链的整体价值,这是产业链形成的第一个基源。产业七寸模块作为产业链的关键环节,是符合以下两个条件之一的产业模块:(1)知识技术含量最高(且拥有着核心专利或关键技术)、附加价值或增值最大的模块;(2)拥有关键资源抑或是拥有资源储量大、品位高(或品质高或区位优)的产业模块。"产业七寸"模块与原始性创新环节相对接,连接着知识和技术的创新,它是产业链形成的第二个基源。产业配套模块是指随着产业分工的发展,传统"小而全""大而全"企业的内在产业链在外化为外在产业链的过程中,围绕"产业龙头模块",以契约方式连接形成的上、中、下游产品间的社会化的协作配套链。它是连接第一个基源和第二个基源的桥梁。这一桥梁的好坏亦即产业的配套性直接影响着两个产业链形成基源作用的发挥。其内在逻辑联系如图4-6所示。

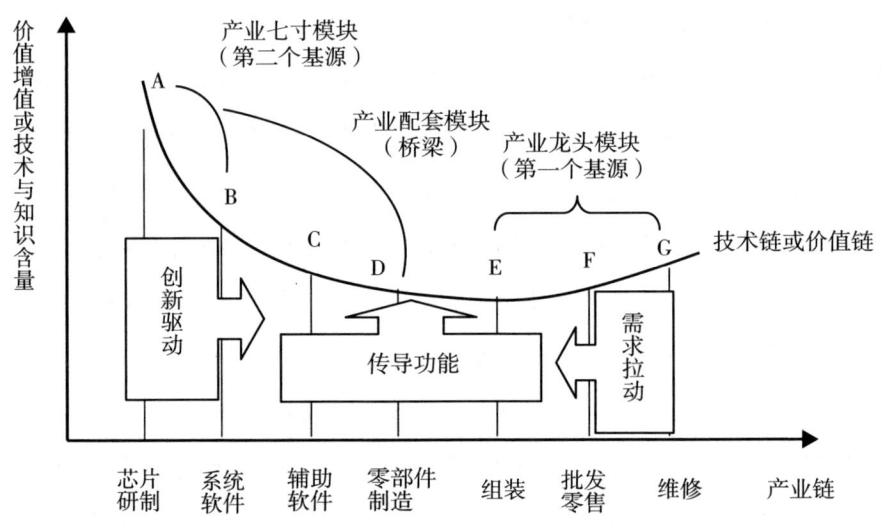

图 4-6 以计算机产业链为例说明的产业链的三大模块与功能作用关系图

第四章　园区市场化改革与高质量发展的基本模型

从产业组织这一中观层面看，产业链是建立在产业内部分工和供需关系基础上的产业生态图谱，其三大部分的主要功能是："产业龙头"模块作为产业链形成的第一基源，决定着产业链的最终规模的大小；"产业七寸"模块作为产业链形成的第二基源，决定着产业链的技术水平与竞争优势；而发挥桥梁作用的产业配套模块则体现了产业链内部分工与供需关系，且主要影响着产业链的成本、效率与竞争能力。尽管从微观企业来说，产业链的培育主要表现在产业的配套类型与配套半径及其所对接的标准上，但从某种意义上说，作为最高水平的近（或零）距离、低（或零）成本的全球化配套将深度影响着一国或地区产业的国际竞争能力与水平。这种水平不仅会促进产业技术的国际化，也会带来综合营商成本（包括土地使用费、税费、综合基础设施条件及其使用费、政府服务的效率、社会中介组织的服务水平与质量、工资水平、劳动力的可得性、产业的配套水平与规模等）的下降。正因为如此，产业链特性在最近几年所发生的深刻变化，基本上是源自产业链的三个环节和两个基点的变化：一是产业链中的价值和利润正在向对价值创造起关键作用的"产业七寸"环节集中；二是"龙头企业"与"产业七寸"环节企业的作用越来越大，它们或共同或独立地通过设立行业标准、共享技术和控制关键资源等多种方式，重新构建产业链和决定其中的组织方式，从而决定着整个产业链的竞争优势和发展命运；三是产业链构成中的关联企业数量既大幅增加，又更为专业化，协同的方式也由过去浅层的市场交易，逐渐发展成为以虚拟运作、产权连接为主要方式的、实现优势互补、资源共享、流程对接和文化融合为特征的深度合作，而且每一个环节上的运作效率对整个产业链的整体效率影响越来越大。从总体上说，上述变化也正是产业链三大组成部分的主要功能得以显著发挥的体现。

二、园区产业模块的功能

按照学者兼企业家施振荣先生的研究，产业价值链一般是一条微笑的"翘嘴线"。如图 4-6 所示，两个微笑的"嘴角"一个是"产业龙头"所处的模块，即图中 E—G 线段；另一个是"产业七寸"模块，即图中 A—B 线段。而微笑的"嘴唇线"正是产业的配套模块，即图中的 A—E 或 B—E 线段。从价值链的"翘嘴线"看，制造链所对应的价值线是一个由高到低的价值"收敛线"，而销售与服务链所对应的价值线是一个由低到高的价值"扩散线"。两者之间的"临界点"即为"龙头模块"生成的起点。在现实实践中，与产业链的"收敛"与"扩散"两段价值线相对应，出现了产业三大模块：产业"龙头""七寸"与"配套"模块，产业链的形成是三大模块综合作用与连接的结果。

产业"龙头"模块的需求拉动功能。从需求拉动作用看，处于"产业龙头"模块的需求是产业链的终端需求，它反映着消费者对完整产品与服务的需求，并从整体上决定着产业链的规模。因而，对于产业"龙头"来说，更多的是追求完整功能产品的规模经济效应与品牌打造。

产业"七寸"模块的创新驱动功能。从创新驱动作用看，处于"产业七寸"模块的供给一般是原始性创新技术与产品的供给，是产业链的初始供给与核心供给，它反映着产业链对关键软、硬部件的供给能力与水平，反映着核心技术或关键技术与知识产权的拥有状况与水平，并发挥着产业链的"最低限制因子率"的作用，从而决定着一国或地区产业的核心竞争能力与优势。从某种意义上说，评价一国或地区产业有无核心竞争能力与优势的一个最显著而且最现实的标准是：该国或地区是否控制着"产业七寸"模块，掌控了多少个产业的"产业七寸"模块。显然，掌控的"产业七寸"模块数越多，其核心竞争能力与优势就越强，反之就越弱;当一国和地区所掌控的"产业七寸"模块数为零时,该国或区域就没有核心竞争能力与优势。由于代表一个国家或区域竞争能力的产业主要是制造业、高新技术产业和战略性资源产业,所以,对产业"七寸"控制能力的竞争也主要表现在先进制造业、高新技术产业和战略性资源产业上。

产业"配套"模块的传导作用。从传导作用看,基于"产业龙头"与"产业七寸"两个模块间(含"产业七寸"模块)的产业配套模块的传导,实质上是两个基点的基于"需求"与"供给"的双向传导,即从右到左的需求传导和由左至右的供给传导。需求传导在理论上是由消费者发出,而实际上是通过"龙头企业"的收集、分析与决策后发出,然后逐级向产业的中、上游环节传导;供给传导在理论上是由知识创新者发出,但实际上也一般是通过"产业七寸"模块的企业发出,然后逐级向中、下游环节传导。在双向传导的过程中,无论从质还是量上,供求传导相吻合的层面就会形成现实中的产业链"供求关系";供给超过需求的传导就会导致"引致需求"或"创新需求",并引发市场创新;需求超过供给的传导就会导致"引致供给",并引发技术改造和产业链创新。但对于发挥传导机制作用的配套模块的企业来说,要在产业链中求得生存与发展,就必须既要专注于价值链中的某一环节,按照"弹性专精"的原理练好企业内功;又要密切与链内其他企业之间的线或网状联系,以整合链内资源,提高企业竞争力。

三、园区产业模块对应的企业

龙头企业。即品牌型企业、销售渠道与网络掌控型企业。作为"龙头企业"必然是处于产业龙头模块中的企业,必须符合以下两个条件:(1)必须是面对终端市场提供完整或整体功能的产品或服务的企业。从产业经济学的角度分析，作为产品的不同特征和形态结合体的产品性态，一般分为产品的结构性态、功能性态、经济性态和社会性态。就产业链的培育而言，产品的功能性态与其关系更为密切。功能是产品的本质属性，是满足社会和消费者需要的各种特性，包括实用的特性、审美的特性、占有的特性、炫耀的特性，等等。一方面，功能既指核心产品的基本功能，也指形式产品（包装、款式、品牌等）和附加产品（售后服务、使用说明、质量保证等）产生的方便、可靠功能，以及沟通、安全感、尊严感等心理满足功能等。这些功能是产品与使用者之间的最基本的关系。另一方面，功能既包括产品的整体功能或完整功能，也包括产品的各零部件所产生的子功能或部分功能。当然，不管是整体功能或完整功能产品，还是部分功能或子功能产品，都具有基本功能、方便功能、可靠功能和心理满足功能等功能，但"龙头企业"所提供的功能必须是完整功能或整体功能，凡是提供部分功能或子功能的企业就不是"龙头企业"。从产品在社会投入产出中的位置，以及产品在产业生产链中的关联关系，可以将产品分为上游产品、中间产品和下游产品，从而就出现了与之相关的上游产品、中间产品和下游产品市场，其中下游产品市场一般被称为"终端市场"，前两者一般称为"中端或中间市场"。作为"龙头企业"，其产品市场必须处于"终端市场"，凡是处于"中端或中间产品市场"的企业就不是"龙头企业"。（2）该企业还必须达到相当的规模。例如，其市场占有率应进入一定的资源配置范围内同行业的前几位（例如前三位），且要求做到以下三个"引领条件"中的一个以上：引领区域内该行业的价格或是技术创新（含产品技术与工艺技术创新）或是企业的制度与管理创新。基于上述两个条件分析，"龙头企业"可以定义为：面向终端市场，提供完整（或整体）功能产品与服务，市场份额居同行前列，且符合引领行业价格、引领行业技术创新和机制（含管理）创新三个引领条件之一的企业。从定性的角度看，"龙头企业"是品牌型公司，它处于"产业龙头"模块，品牌公司的生产一般都是外包的，占用比较少的厂房、原材料、库存等资产，它们大部分的资源都集中在市场扩张、客户服务和品牌推广方面。

核心企业。即知识技术密集型企业、知识产权与标准掌控型企业（对制造业或高新技术产业而言）抑或资源掌控型企业（对资源性产业而言）。核心企业一般处于产业链的"七寸"模块。就先进制造业或高新技术产业而言，核心企业往往是：（1）技术或知识含量最高的企业；（2）价值增值或附加价值最大的企业。如果产业链中某个环节中的企业同时具备特点（1）和（2），则其肯定是核心企业。例如，图4-6中的A、B点所对应的企业。显然，知识技术含量最高的环节是芯片的研制企业和系统软件的开发企业，它对创新的要求最高；其次是辅助软件的开发企业和计算机的销售与维修企业，知识技术含量最低的是计算机的组装企业，它是劳动密集型企业，对创新的要求也最低。从附加价值或增值量来看，附加价值与增值量最高的是芯片的研制企业和系统软件的开发企业，其次是辅助软件的开发企业、零部件的产制和产品的营销企业，附加价值最低与增值最少的企业是组装企业，一般采取OEM的方式来完成。就资源性产业而言，核心企业往往是由资源的储量和资源的品位或品质所决定的资源企业。基于以上分析，核心企业是处于产业链关键环节且符合以下条件之一的企业：（1）知识技术含量最高（且拥有核心专利或关键技术）、附加价值或增值最大的企业；（2）拥有关键资源抑或是拥有资源储量大、品位高（或品质高或区位优）的企业。核心企业是研究开发型企业，它专注于知识、技术与人力资本的打造，是产业竞争能力和区域竞争能力的集中体现。因此，评价一国或地区产业有无核心竞争能力与优势的一个最显著而且最现实的标准是：该国或地区是否控制着核心企业，掌控了多少个核心企业。显然，掌控的核心企业数量越多，其核心竞争能力与优势就越强，反之就越弱；当一国和地区所掌控的核心企业数为零时，该国或区域就没有核心竞争能力与优势。

关联企业。即零部件加工企业、生产聚焦型与质量控制型企业。关联企业是指随着产业分工的发展，传统"小而全""大而全"企业的内在产业链在外化为外在产业链的过程中，围绕"龙头企业"，以契约方式连接形成的上、中、下游产品间的社会化的协作配套企业。它是连接第一个基源和第二个基源的桥梁。这一桥梁的好坏亦即产业的配套性直接影响着两个产业链形成基源作用的发挥。关联企业是制造型企业，它往往专注于制造过程，把大部分的资源分配在固定资产上，它们一般都拥有大量的厂房、设备、制造工人、原材料、库存，实际上，这是一种生产聚焦型企业，它们用于服务客户和打造品牌方面的资源相对较少。

综上，一个产业微观组织链有三类企业：处于"产业龙头"模块的"龙头企业"、处于"产业七寸"模块的"核心企业"和处于"产业配套"模块的"关联企业"。它们的区别如表4-2所示。

表 4-2　　　　龙头企业、核心企业与关联企业的区别

	龙头企业	核心企业	关联企业
所处市场与产业模块	终端市场，产业龙头模块	上游市场，产业七寸模块	上、中游产品市场均可、产业配套模块
所供产品功能	完整（或整体）功能	关键功能	部分功能
市场份额	占据较大的市场份额	占据极大的市场份额	占据较小的市场份额
引领指标	引领行业价格或技术创新或机制与管理创新三者有其一即可	引领行业的技术与产品创新	是创新或价格的接受者与模仿者

续表

	龙头企业	核心企业	关联企业
市场结构条件	有许多中小企业为其配套,所在的市场结构以寡头垄断或垄断竞争为主	企业数量很少,所在的市场结构为完全垄断或寡头垄断	产业内存在许多较小的竞争者,所在的市场结构以垄断竞争或完全竞争为主
企业特性	品牌型企业、销售渠道与网络掌控型企业	知识技术密集型企业或资源密集型企业、知识产权与标准掌控型企业或资源掌控型企业	零部件制造商、生产聚焦型与质量控制型企业

四、园区必有合格的产业集群

基于前述对产业可分性与模块化的分析,我们认为,一个优秀的园区至少有一个或多个产业集群,一个合格的产业集群应该具备以下条件:(1)具有相对较完整的产业模块,至少产业的"龙头"模块和多数配套模块要具备,即使是有缺少的模块也可通过国内或国际贸易获得;(2)符合模块化的经济性要求,它能将生产可能性曲线提高到比非专业化生产更高的水平,而且在不完全市场条件下,它完全是一个异质性资源的结合体,这种异质性可以使之在长期的市场竞争中积累起来的核心知识和能力等要素价值被激发出来,并使企业整体价值获得一种比市场上其他要素提供者更高的收益;(3)符合模块化的技术性要求,它能按能力要素进行重组,这些能力包括专用性的隐性知识、品牌管理能力、研发能力、市场能力、业务核心化的能力和商业模式的创新能力等,使模块化组织成为能力模块化的组织;(4)具有决定性地左右园区产业动向的企业或者称为支配性企业。显然,支配性企业一般是处于产业"龙头"模块和产业"七寸"模块的"龙头企业"和"核心企业"。就"龙头企业"而言,它是通过整体品牌影响与渠道掌控来符合模块化的经济性与技术性要求的,也是从整体品牌影响与渠道掌控的角度来影响或决定产业规模的大小,从而左右产业发展的动向;就"核心企业"而言,它是通过创新与知识产权的影响和专利与标准的掌控来符合模块化的经济性与技术性要求的,也是从创新与知识产权的影响和专利与标准的掌控的角度影响和决定着产业的质量和水平,从而左右产业发展的动向。所以,从产业链及产业可分性与模块化的角度看,我们认为,支配性企业包括"龙头企业"和"核心企业",所以,可以把支配性企业分成四种类型:第一种是"市场或品牌支配性企业"即"龙头企业";第二种是"创新或标准支配性企业"即"核心企业";第三种是"龙头企业"和"核心企业"合一的企业;第四种是包含产业链三大环节,集"龙头企业""核心企业"和"关联企业"于一体的企业。前两种称为专业性的支配性企业,后二者可称为综合性的支配性企业。如果具备了以上四个条件的产业集群就是真正的产业集群,这也是园区作为产业载体而存在的原因。否则,就没有必要。

五、园区产业集群的能力与优势

有自生能力的产业集群。按照林毅夫教授的定义,"自生能力(Viability)"是"在一个开放、竞争的市场中,只要有着正常的管理,就可以预期这个企业可以在没有政府或其他外力的扶持或保护的情况下,获得市场上可以接受的正常利润率"。[①] 很显然,如果一个园区预期不能获

---

① 林毅夫. 自生能力、经济转型与新古典经济学的反思 [J]. 经济研究, 2002, (12).

取社会可接受的正常利润,那么就没有人愿意投资,这样的园区除非政府提供支持,否则就不会存在。

根据传统的微观经济理论,我们可知,在一个竞争的市场经济中,园区是否能够取得正常利润取决于园区能否以最小的成本来生产既定的产量或价值。而为了以最小的成本进行生产,园区就必须按照市场给定的投入品价格选定成本最小的投入要素组合,或者说生产技术。这就是说,假设经济中只存在两种投入——资本和劳动,为了取得自生能力,劳动价格相对低廉、资本价格相对高昂的经济中的园区应当选择劳动相对密集的生产技术,而劳动价格相对高昂、资本价格相对低廉的经济中的园区就应当选择资本相对密集的生产技术。在一个竞争的市场里,园区的经营管理将影响其盈利能力,这是一个公认的命题。然而,一个园区的预期获利能力也取决于其产业和技术选择。一般来说,劳动和资本的相对价格与该经济的要素禀赋结构有关。这里的要素禀赋结构是指一个经济中自然资源、劳动力和资本的相对份额。在不存在政策扭曲的情况下,那些劳动力相对丰裕、资本相对稀缺的经济必然拥有较低的劳动价格和较高的资本价格;反之,那些劳动力相对稀缺、资本相对丰裕的经济则必然拥有较高的劳动价格和较低的资本价格。这样看来,一个经济中的多数园区是否具有自生能力关键取决于该园区在行业和技术上的选择是否与经济的资源禀赋结构相一致。那些选择偏离经济资源禀赋特征的园区——劳动相对丰裕经济中使用资本密集型生产技术或资本相对丰裕经济中使用劳动相对密集型生产技术的园区一般不会具备自生能力。

基于资源禀赋特色的产业集群。由于资源禀赋分为两类:一是初始资源禀赋,即先天性资源禀赋,包括土地资源、地形地貌、地理区位、气候条件、人口多少及生活工作习惯等;二是中高级资源禀赋,亦即后天资源禀赋,包括交通、市场、经济区位、社会服务水平与效率、人力资本、科技水平，法治、政务、商务环境，资源的可获性等。于是，产业集群和园区的自生能力也有两种：一种是产业集群或园区发展中的产品或服务选择与其初级资源禀赋结构相一致所获取正常利润的能力，我们称为"Ⅰ级自生能力"；另一种是产业或区域发展中的产品或服务选择与其中高级资源禀赋结构相一致所获取正常利润的能力，我们称为"Ⅱ级自生能力"。那么，什么是特色产业呢？根据上述自生能力的概念，我们就可以得出，特色产业是指一个园区或产业集群的产业或产品选择与其自生能力相一致，能发挥当地资源禀赋结构优势的产业或产品。由于自生能力有两种，所以特色产业也可分为两类，一类是与"Ⅰ级自生能力"相一致，能发挥初始资源禀赋结构优势的产业或产品，可称为Ⅰ型特色产业；另一类是与"Ⅱ级自生能力"相一致，能发挥中高级资源禀赋结构优势的产业或产品，可称为Ⅱ型特色产业。不管是Ⅰ型特色产业还是Ⅱ型特色产业，只要形成了产业链或者产业生态圈，就可以称为特色产业集群或特色产业园区。

有比较优势的产业集群。所谓比较优势，简单地说，就是要在经济发展的每一个阶段都选择符合自己要素禀赋结构的产业结构和生产技术。在任何国家或区域发展的早期阶段，要素禀赋结构的特征是资本的严重缺乏。

在此条件下，为了推行资本密集型产业优先发展战略，所能做到的仅仅是把有限的资金倾斜地配置到少数几个产业上，其他产业则得不到最起码的资本，结果所扶持的产业，在扭曲价格和国家政策保护下最终因缺乏自生能力而丧失竞争力。而受压抑的产业因为得不到足够的资本，也难以形成有效的竞争力。因而，整个经济缺乏竞争力，就谈不上综合国力或区域综合实力的提高。而且，违背比较优势所形成的畸形产业结构与劳动力丰富的要素禀赋形成矛盾，从而大大抑制了对劳动力的吸收。

所以，经济发展归根到底是要改变资源结构，即增加资本在要素禀赋中的相对丰富程度。如果一个园区的产业和技术结构能充分利用其资源禀赋的比较优势，那么这个园区的生产成本就会低，竞争能力就会强，创造的社会剩余就会多，积累的量也就会大。如果一个劳动资源相对丰富的国家遵循比较优势，发展以劳动密集型为主的产业，由于生产过程中使用较多廉价的劳动力，节约昂贵的资本，其产品相对来说成本就比较低，因而具有竞争力，利润从而可以作为资本积累的剩余量也就较大。而当资本相对丰富、劳动力相对稀缺时，具有比较优势的产业就是资本密集型产业，发展以资本密集型为主的产业就能创造出最多的剩余。要使一个国家或区域在做技术和产业选择时都能够对比较优势作出正确的反应，就需要有一个能够充分反映生产要素相对稀缺程度的价格结构。即在劳动力相对丰裕的禀赋条件下，劳动力价格应该相对便宜；反之，在资本变得相对丰裕的禀赋条件下，资本就相对成为便宜的要素。

由于一个经济的产业和技术结构内生地决定于其要素禀赋结构，那么，欠发达国家要想"真正"赶上发达国家首先就必须使其要素禀赋结构升级，即通过快速的资本积累早日结束资本相对稀缺的局面。"比较优势发展战略"是唯一能够保证国家快速地积累资本的经济发展战略。在"比较优势发展战略"的指导下，它就不需要引进当时世界上最先进的生产技术，因为这些最先进的技术也是资本最密集的技术，它与欠发达国家的要素赋结构并不适合。为了进行技术升级，欠发达国家只需要引进一些比自己现有技术略微先进但在发达国家又不处在前沿的技术。这就使欠发达国家能够比较容易地、低成本地获得新的技术。与之相反，那些推行"赶超"战略的经济则可能需要引进更加先进的技术。这就增加了技术引进的难度，提高了技术引进的成本。许多时候，推行"赶超"战略的欠发达国家甚至需要重新发明发达国家已经发明的技术。由于 R&D（研究与试验发展）往往是非常资本密集的活动，资本相对稀缺的国家难以承担其成本。

第四节 产业园区的生态网络共享

产业生态学家针对产业活动及其对自然系统的影响，通过比拟生物新陈代谢过程和生态系统的结构与功能，特别是物质流与能量流的运动规律，提出了产业生态系统这一概念。在生态系统中，各种生物及生物群落与其无机环境之间，在一定的时间与空间范围内，通过能量转换和物质循环而相互作用，构成一个统一的整体。产业生态系统则是依据这一生态系统原理、基于生态系统承载能力、具有高效的经济过程及和谐生态功能的网络化生态经济系统。因此，产业生态系统是一个由制造业企业和服务业企业组成的群落，它以系统解决产业活动与资源、环境之间的关系为研究视角，在协同环境质量和经济效益的基础上，利用产业结构功能优化实现产业整体效益的最大化。具体来说，在产业生态系统的构建过程中，不可避免地要淘汰那些陈旧设备、高物耗、高能耗、污染严重的产业部门和环境负效应严重的产品。在现代社会工农业生产中大力倡导采用高效、低耗、环境污染小、经济效益高的技术，积极调整产业结构，不断地探索既有利于保护环境又能提高企业效益的经营管理模式，实现国民经济的良性循环与持续发展。

一、园区产业生态

从生态学的角度分析，产业生态系统由产业环境与产业生物群落两部分组成。产业生态环境即指以产业为中心，对产业生产、存在和发展起制约和调控作用的环境因子集合，如产业相关政策、市场需求、经济情况等都是产业环境的一部分。产业生物群落是产业生态系统的核心组成，它是由相互间存在物质、能量和信息沟通的企业和组织种群相对于外来物种所形成的整体，如客户、供应链、生产者、流通者等参与实体。产业生物群落主要由三方面进行表征：种群，是指在一定时空范围内栖居的同种个体的集合群，在产业生态系统中它是指同种企业的集合。物种多样性，泛指特定生态系统中生物群落的物种丰富程度，在产业生态系统中它指不同类型企业的丰富程度。产业价值网，是指生态系统中物质循环、能量流动和信息传递的表现形式，产业价值网的本质是在专业化分工的生产服务模式下，由利益相关者间相互影响形成的价值生成、使用、分配和转移关系及结构。产业生态系统作为一个有机复杂的功能体，具有整体性、竞合性、开放性与丰富性的特征。整体性是指产业生态系统的成员所构成了具有动态联盟性质的统一整体。竞合性是指企业与其对手间既有冲突竞争，又有合作双赢。企业之间通过有效的合作机制来提高企业自身的生存能力与获利能力，以减少和降低产业活动所带来的负面影响，达到节约资源、保护生态环境的目的，最终实现循环经济。开放性主要是指系统内成员的更换与接纳，以及利益集团的重组。一般情况下，社会经济发展水平越高，产业系统的开放程度就越高。丰富性是指系统内产业种类的多样化，多样化程度关系到外界环境变化对整个产业生态系统的影响程度。

二、园区平台经济

2016—2017年，互联网平台企业成为全球经济中最强大、最具创新精神的关键部分。在互联网平台上，呈现出数字化信息的快速流动与大规模社会化协作，融合互联网经济与实体经济，平台本身成为经济与社会的新主角。互联网平台呈现出三个重要特征：一是平台成长到与市场、企业同等重要的位置。二是整个社会中的主导公司形态从产品型公司转向平台型公司。三是技术驱动的互联网平台成为经济、社会与生活中新的资源配置与组织方式。互联网平台连接人们的线上线下生活，由平台企业演化出平台生态或平台经济已是大势所趋。作为一种新兴的经济业态，平台经济以其高成长性、广覆盖性、强渗透性及跨界融合、智能共享等特性，深刻改变着传统经济的生产方式、商业模式和发展轨迹，发展前景极为可观，特别是网上服务类行业的市场发展空间非常广阔。现代平台经济属于数字经济的范畴，代表着数字时代的发展方向和未来。中国已成为全球平台经济版图中的亮眼新星。一揽子支持平台经济健康发展的措施可谓正当其时，旨在维持并快速扩大既有成果，推动我国平台经济再攀新高峰。但它在发展过程中也出现了一些问题，比如政策限制、市场诚信体系缺失、消费者平台意识不够、数据流转和行业准则不规范等，对政府治理提出了新挑战。

平台经济背后的核心驱动力是数字技术，数据已成为诸多平台经济企业最为核心的资产。作为公共品的政务大数据是平台企业发展的重要基础设施，亟须政府部门打破信息孤岛，构建大数据平台，探索具有公共属性的数据资源互联互通、整合汇聚、应用共享。要以信息流为统领，让政府部门与平台企业共享和挖掘生产、流通、消费、服务各环节信息，为政府面向市场"精准施策"、企业面向消费者"精准营销"提供决策信息系统集成服务。同时，互联网平台促进了贸易，贸易深化了分工和专业化，分工和专业化有利于生产。利用新一代信息技术，部分电商企业功能延伸到了生产和制造领域，连接了消费需求和生产供给，实现了需求侧便利和供给侧优化，实现了传统商业活动难以企及的广度和深度，以至效率和效益，这无疑具有连接服务与制造的创新价值。因此，社会各界应着力从资金、技术、人力和品牌等多方面支持它们实现转型，提升经济效益和社会效益。应当看到，中小型互联网平台相对而言规模实力较弱，导致其在金融机构面前面临较高的风险定价。为了解决平台企业初创期面临的融资问题，相关部门要进一步加大力度发展多层次资本市场，鼓励直接融资机构快速规范发展，通过公共信用综合评价系统为中小平台企业提供评级，帮助中小平台企业获取更多的股权融资机会，以促进大众创业、万众创新的蓬勃发展。当然，支持推动互联网平台经济健康发展，政府相关部门既要持续做减法，推进"放管服"改革，也要不断做加法，创新监管方式、构建友好的监管环境和营商环境，给予平台创新一定的政策容忍度和适当的试错空间。同时，要提升监管的效能和前瞻性，制定相应的法规和基本服务标准，营造一个包容有序又充满活力的发展环境。

坚持包容审慎的监管原则，探索建立政府、平台企业、行业协会以及资源提供者和消费者共同参与的分享经济多方协同治理机制。强化地方政府自主权和创造性，做好与现有社会治理体系和管理制度的衔接，完善分享经济发展行业指导和事中事后监管。充分利用云计算、物联网、大数据等技术，创新网络业务监管手段。加快网络交易监管服务平台建设，实施线上线下一体化管理。平台企业要加强内部治理和安全保障，强化社会责任担当，严格规范经营。行业协会等有关社会组织要推动出台行业服务标准和自律公约，完善社会监督。资源提供者和消费者要强化道德约束，实现共享共治，促进分享经济以文明方式发展。引导平台企业建立健全消费者投诉和纠纷解决机制，鼓励行业组织依法合规探索设立分享经济用户投诉和维权的第三方平台。依法严厉打击泄露和滥用用户个人信息等损害消费者权益行为。加强对分享经济发展涉及的专利、版权、商标等知识产权的保护、创造、运用和服务。鼓励金融机构结合分享经济需求,创新金融产品和服务。研究制定适应分享经济特点的保险政策,积极利用保险等市场机制保障资源提供者和消费者的合法权益。鼓励和引导分享经济企业开展有效有序竞争。切实加强对分享经济领域平台企业垄断行为的监管与防范,维护消费者利益和社会公共利益,营造新旧业态、各类市场主体公平竞争的环境。严禁以违法手段开展竞争,严厉打击扰乱正常的生产经营秩序的行为。

三、园区产业共生与共享

四种产业共生。1879年,德国生物学家安东·德巴里首次提出了"共生"概念,此后专家、学者开始广泛运用这一概念与思想。二战后特别是随着信息技术和互联网技术的迅速发展,人类社会已步入"多元共生的时代",许多研究领域为共生理论所拓展。共生关系一般可以通过共生模式来反映,共生模式一般分为共生组织模式和共生行为模式两类:共生组织模式用来描述共生单元间相互作用的强度,包括点共生、间歇共生、连续共生和一体化共生四种。从点共生到间歇共生再到连续共生,其市场化程度逐渐降低,一体化程度却逐步增强,即共生单元之间互动性日益增强、关系日趋密切与稳定。制度经济学把产业组织形态分解为市场、企业、中间体(社会中介)这三类。其中,点共生近似于市场组织形态,一体化近似于企业组织形态,间歇共生与连续共生则介于两者之间,属于中间性的组织形态。共生行为模式,用来描述共生单元间的相互作用方式,它包括寄生共生、偏利共生、非对称性互惠共生和对称性互惠共生四种。理论上说,当共生模式演进为对称性互惠共生模式时,激励作用就会达到最大,并导致共生能量在数值上达到最大,在速度上实现最快,从而促进合作双方的最有效率的共同进化。显然,能否实现这一目标模式,关键取决于激励机制的设计与执行。亦即化解共生主体之间的利益矛盾与冲突的关键在于构成的主体间建立起创新性的、具有激励因素的机制。

现实生活中，影响最为广泛同时也是最常见的共生行为模式是第三种——非对称性互惠共生模式。以企业与个体的配对市场为例，这一模式有以下两个特点：一是以企业与个体的分工为基础，他们之间的合作与共生会带来新的价值增值活动；二是由于共生界面的作用，与个体相比，企业可以分配到更多的价值增值，也就是说，个体与企业在共生价值的分配上是非对称的。这种非对称性导致的后果是企业与个体在财富与实力的积累上存在明显的差异性，并且，这种非对称性持续的时间越久，共生模式就越不稳定，还呈现出不断减弱的趋势，直至共生关系破裂或瓦解。因此，共生模式演进主要取决于两个机制：一个是反映共生关系发展核心动力的共生收益分配机制，另一个是反映共同参与程度的共生界面畅通机制。企业与个体之间共生组织演进的过程，表现为企业与个体提高参与程度的同时，双方的共生度也得到不断加深。企业与个体之间的利益分配，沿着共生模式的演化路径，逐渐趋于共生均衡。为了实现利益最大化，企业与个体之间不断加强协同与合作，促进共生成员之间共同适应、共同促进、共同发展。

根据共生的基本理论，我们得出共生理论在园区产业集群构筑中的应用模式：分离自生、偏利共生、互利共生和一体化共生。其中互利共生和一体化共生分别与非对称性互惠共生和对称性互惠共生相对应。四种共生模式对应的园区产业集群水平与特征如表4-3所示。

表 4-3　园区产业共生模式与园区产业集聚对应特征

共生模式	园区产业集聚水平
分离自生	园区产业有聚无群，即有企业在空间上的集聚，但未形成产业链意义与利益上的产业集群
偏利共生	形成了低水平的、较松散的产业集群，产业链模块之间存在利益偏态分布，多数配套企业被龙头企业或核心企业剥削，产业之间合作不密切。仅仅获取市场交易式园区服务与政府政策
互利共生	形成了中高水平的、较紧密合作的产业集群，产业链模块之间利益分配比较均衡，不存在产业链上下游之间的利益剥削，而且共享着园区生态环境所带来的各种服务与政府利益
一体化共生	不仅形成了高水平的、合作紧密度高的纵向产业集群，产业链模块之间出现了你中有我、我中有你的利益关系，而且与园区内所提供的各种服务（含生产性服务和生活性服务）与政府政策即产业生态体一起构筑起了完整的产业生态圈

共享经济，又称为分享经济，是基于技术手段提升闲置资源利用效率的经济新范式，以平台化、高效化、开放性和分布式为特征，借整合多种资源要素，通过改变资源配置机制（如供给机制和市场交换机制）来盘活存量资源、提升供给效率。共享经济强调所有权与使用权的相对分离，倡导共享利用、集约发展、灵活创新的先进理念；强调供给侧与需求侧的弹性匹配，实现动态及时、精准高效的供需对接；强调消费使用与生产服务的深度融合，形成人人参与、人人享有的发展模式。共享经济鼻祖罗宾·蔡斯女士提出了共享经济的公式：赋闲产能+共享平台+人人参与。随着共享经济的发展，共享形式正从基于有形实物资源的分

享,例如物品共享、资金借贷、二手交易,向无形的基于时间和技能的分享转变,例如知识付费、众包物流、个性化的私人服务等。从资源型共享服务转向了生产型共享服务,从简单的资源共享转向了更深层次的资源供给形态,推动了产业资源的整合和重塑,促使制造、物流、服务、渠道、零售、金融等众多行业出现创新型业态,乃至有利于城市规划布局、建设方式与管理方式的创新,实现规模经济和绿色经济,进而提高社会服务效率和水平,降低信息费用和交易成本,最终提升经济运营效率和经济社会效益,实现供需平衡,减少产能过剩,创造新经济发展模式。从过去几年的情况看,以共享经济为重要代表的新经济,开始成为我国重要的增长动力。

随着物联网与云计算、大数据的持续融合,信息不对称、供需匹配难、资源利用率低等难题在共享经济的兴起中得到解决,而共享经济也随着互联网金融技术及其配套技术的蓬勃发展而进一步成熟,成为一种举足轻重的新兴业态。当前中国共享经济的发展,为社会提供了新的经济动能的同时,在促进大众就业、社会闲置资源利用上也做出了巨大的贡献。未来,随着政策的进一步适配与跟进、业内平台的合规水平提高以及用户普及意识越趋成熟,共享经济也将迎来更加良好的发展环境[①],中国共享经济发展也将保持稳步向前的态势。在 5G 技术来临的背景下,共享经济将面临技术升级阶段。包括人工智能、大数据、云服务等新技术的应用,也将进一步推动共享经济平台在运营、服务、监管等方面的全面升级。新技术在共享经济的落地,将实现对资源运转效率的进一步优化,持续推动共享经济的发展。

---

① 2017 年 7 月,国家发展改革委等八部门研究编制了《关于促进分享经济发展的指导性意见》,并报经国务院同意后印发。

第五章
产业园区市场化改革与湖南的探索

综观中国改革开放的进程和市场经济体制改革完善的过程，各种产业园区层出不穷，成为社会主义市场经济的探索者、先行者和实践者。从改革开放伊始设立的"经济特区"，到20世纪80年代相继成立的"经济技术开发区""沿海经济开放区"和"高新技术产业开发区"，再到90年代初期陆续出现的"国家级新区"，以及到近年来各地陆续揭牌的21个"自由贸易试验区"。产业园区先行先试、以点带面，不仅在经济体制改革中发挥"试验田"作用，在对外开放中发挥重要"窗口"作用，也反映了中国社会主义市场经济发展的历史轨迹，诠释了中国持续推进改革、扩大开放的坚定步伐。

第五章 产业园区市场化改革与湖南的探索

第一节 园区改革是我国改革开放的先行区

一、产业园区曾为改革的"试验田"

我国的改革具有"渐进式改革"的基本特征,这是一种降低改革成本、减少改革阻力的方式选择。先在一个地方试验,有成功经验了,再向全国推广;如果不成功,对社会经济的影响也不大。所以最初选择的就是计划经济最薄弱的地区,开始市场经济的实践。"经济特区"就是在"摸着石头过河"的理念下,构成了中国"渐进式改革"的重要实践模式与载体。这种改革方式不仅以创建"经济特区"的方式开启了中国制度变迁的历史进程,而且以不断创造新的经济增长极的方式,如各种"经济技术开发区""国家级新区"和"自由贸易试验区"的建立,推动中国改革开放向纵深发展。产业园区的具体名称、类型不同,且设立于不同时期,但肩负着"将改革开放进行到底"的共同使命。这些产业园区取得的成就是改革开放以来我国实现历史性变革、取得历史性成就的生动缩影。从开辟第一个与世界市场对接的"经济特区",到各种"经济技术开发区""沿海经济开放区"和"国家级新区"的设立,中国不仅仅打开了"一扇窗",更是打开了"一扇门",让中国了解世界,让世界了解中国。党的十八大以来,中国提出"一带一路"倡议,对标国际最高标准、最好水平,设立了"自由贸易试验区"和"粤港澳大湾区"等,表明中国改革开放的步伐没有停止,并且逐步升级,也折射出改革开放的路径和时间表。1979年,中国改革开放的第一声春雷在深圳蛇口炸响,众多突破旧有观念与体制的举措喷薄而出,辐射全国。此后,"深圳人"开始用"深圳速度",缔造了一个关于"深圳特区"的奇迹。从敲响土地拍卖"第一槌"、发行新中国第一张股票、建立第一个出口工业区……从1979年到1984年这短短5年间,仅深圳蛇口一隅就创造了多项全国第一。1992年,中国改革开放又开启了崭新篇章。1979年,深圳经济总量仅为1.97亿元,人均GDP是606元,不足香港的1%。2018年,深圳经济总量达2.42万亿元,首次超越了2.4万亿元的香港。"改革开放40年,中国最引人瞩目的实践是经济特区。全世界超过4000个经济特区,头号成功典范莫过于'深圳奇迹'。"英国《经济学人》杂志曾这样评价。改革开放40多年来,深圳、珠海、汕头、厦门、海南5个经济特区,实行特殊政策和灵活措施,为改革开放和社会主义现代化建设作出了巨大贡献。近年来,中国经济特区和园区的经验不断"走向海外",尤其在"一带一路"沿线国家和地区,众多发展中国家纷纷开始仿效中国的发展模式。世界银行高级经济学家曾智华在接受媒体采访时曾表示,这是对中国"先试点、后推广"的发展模式的认可,代表着中国软实力的上升。

二、产业园区必将成为深化改革的先行者

2020年,突如其来的新冠肺炎疫情给全球经济带来巨大冲击,在贸易保护主义、"逆全球化"加剧的严峻形势下,我国毫不动摇地推进市场化改革,提出深化供给侧结构性改革,充分发挥我国超大规模市场优势和内需潜力,构建以国内大循环为主体、国内国际双循环相互促进的新发展格局。2020年4月,为深化要素市场化配置改革,促进要素自主有序流动,提高要素配置效率,进一步激发全社会创造力和市场活力,推动经济发展质量变革、效率变革、动力变革,中共中央、国务院印发了《关于构建更加完善的要素市场化配置体制机制的意见》。强调破除

阻碍要素自由流动的体制机制障碍，扩大要素市场化配置范围，健全要素市场体系，推进要素市场制度建设，实现要素价格市场决定、流动自主有序、配置高效公平，为建设高标准市场体系、推动高质量发展、建设现代化经济体系打下坚实制度基础。2020年5月，中共中央、国务院出台了《关于新时代加快完善社会主义市场经济体制的意见》。我国将坚持稳中求进工作总基调，坚持新发展理念，坚持以供给侧结构性改革为主线，坚持以人民为中心的发展思想，坚持和完善社会主义基本经济制度，以完善产权制度和要素市场化配置为重点，全面深化经济体制改革，加快完善社会主义市场经济体制，建设高标准市场体系，实现产权有效激励、要素自由流动、价格反应灵活、竞争公平有序、企业优胜劣汰，加强和改善制度供给，推进国家治理体系和治理能力现代化，推动生产关系同生产力、上层建筑同经济基础相适应，促进更高质量、更有效率、更加公平、更可持续的发展。

进入新时代，国家着力构建产业园区开放发展新体制，发展更高层次的开放型经济，加快形成国际竞争新优势，充分发挥产业优势和制度优势，带动地区经济发展。以供给侧结构性改革为主线，以高质量发展为核心目标，以激发对外经济活力为突破口，着力推进国家级经开区开放创新、科技创新、制度创新，提升对外合作水平、提升经济发展质量，打造改革开放新高地。一是坚持开放引领、改革创新。充分发挥国家级经开区的对外开放平台作用，坚定不移深化改革，持续优化投资环境，激发对外经济活力，打造体制机制新优势。二是坚持质量第一、效益优先。集聚知识、技术、信息、数据等生产要素，推动质量变革、效率变革、动力变革，提高全要素生产率，促进产业升级，拓展发展新空间。三是坚持市场主导、政府引导。充分发挥市场在资源配置中的决定性作用，更好发挥政府作用，弘扬企业家精神，激发市场活力和创造力，培育经济发展新动能。

三、产业园区的市场化改革方向

我国产业园区的管理模式要秉承新公共管理的理念，依据新公共管理理论对园区的管理机构——管委会及产业投资公司的组合形式进行分析，强调其本身的政府职能和市场属性，并针对园区管理机构的角色定位和角色转变问题进行探讨。同时，在对园区运营效果评价时，一个很重要的方面是管理绩效评价，从管理机构工作效率和效果、管理制度体系的科学性合理性、公众满意度等三方面来进行。这都是将园区管委会置于富有竞争意识的组织运营部门来进行的。与此同时，在对园区运营模式控制和持续改造研究中，从对园区管委会的角色转换及传统的流程改造两个角度进行探讨研究，从而促使园区管理模式更具有现代经营理念。

产业园区是产业的重要载体，伴随着产业的发展不断进化，目前已从初级阶段发展到较为成熟、高级的阶段，核心标志是"以平台化战略为理论指导""产业生态+园区""以投资为主要盈利模式""产品注重交流空间和氛围打造"。进入新时代，以"经济速度换挡期、结构调整阵痛期、前期刺激政策消化期"为主要表现形式的经济新常态对产业园区的发展也将产生影响。这样的形势下，产业园区在不断转型：（1）开发主体市场化。产业园区开发一般有政府主导型、政企合作型、企业主导型三种开发模式。随着国家对地方政府资金、土地使用约束的增强，政府在园区开发中的地位正在弱化，企业则扮演着越来越重要的角色。（2）产业定位精准化。随着经济发展日渐成熟及竞争的日趋激烈，园区的产业定位只有更加精准化，才能为招商、制定政策等环节的工作打好基础。（3）要素配置软性化。与以往企业主要关注土地价格、税收和财政补贴不同，现在对劳动力、知识与技术、政府服务、社会服务等软性要素的配置更加看重。（4）产业发展生态化。园区产业形态向生态化方向演进，一方面各类产业主体能够紧密关联，有机融合，另一方面园区本身也深度介入企业发展中。（5）园区产品迭代化。产业园区的产品形态也经历了多次更迭，当今园区产品是具有主题性的核心交流空间与组团式交流空间相融合，配套空间氛围较强，具有突出园区主题的旗舰性建筑产品。（6）基础配套社区化。园区要从基本生活需求、安全需求、文化教育需求、休闲娱乐需求、社交需求等各个层面满足入园企业员工的需要。（7）园区服务中介化。目前的企业经营需要科技、金融、人才、财税、法律、管理咨询等各类专业化服务，这些服务仅仅依靠园区运营公司是不可能实现的，必须依靠专业化中介机构。（8）园区政策个性化。随着园区企业的需求多样性变化，园区政策也需要根据受众类别、产业特点、发展阶段进行个性化设计。（9）招商体系专业化。要从传统的"全员招商""三同招商"向专业化组织、专业化人员、专业化渠道转变。（10）盈利模式多样化。由传统的"物业租售模式"向"服务模式""投资共生模式"转变。（11）融资渠道结构化。由"自有资金、银行贷款、销售回款"的传统方式向股权融资、信托、资产证券化等结构化融资方向转变。（12）园区竞争平台化。园区间的竞争，将不再是单纯的"区位、交通"等要素间的比拼，而是平台间品牌、资源、商业模式与产业生态的竞争。（13）投资参与跨界化。产业园区领域的参与者已经不局限于原有的政府，产业地产商、房地产商、制造业、互联网、投资等行业的企业纷纷涌入，参与跨界打劫。（14）产业园区虚拟化。以互联网为代表的新经济正在蓬勃发展并对各行各业进行了深度的改造，产业园区亦改变一贯重资产的特点，将会出现越来越多的虚拟化产业园区。

在园区"迭代升级"的过程中，企业扮演着越来越重要的角色，包括园区规划、招商引资、企业服务等许多职能从政府剥离出来，一些平台公司、园区运营公司应运而生。让政府做自己擅长的事，企业擅长的事交给企业来做，政府通过购买服务或其他方式，与企业开展更加紧密的合作，进行更好的互动，共同推动产业园区转型升级。在这个过程中，产生了一批优秀的产业园区运营公司，湖南金荣企业集团有限公司就是众多企业中的佼佼者。

第二节　产业园区的政府提供转向混合提供

一、产业园区的政府提供与管委会模式

在我国早期的园区发展过程中，政府一直扮演着绝对主角。地方政府通过组建管委会并让其全面负责园区的开发运营事务，推进园区的快速发展，国内的各类产业园区也因此在短短数年之内，实现了数量从零到万的跨越，累计规划建设面积更是突破了数万平方公里，仅国家级经开区和高新区合计贡献了全国超过20%的GDP，园区经济已成为国家和地方经济的强力引擎。随着国内经济发展水平的快速提升，市场正在快速成为资源配置的主导力量，尤其在实施"转变政府职能，深化简政放权""发挥市场在资源配置中的决定性作用"等改革不断深化的新形势下，园区开发的政府主导模式也在快速发生变化，越来越多的市场机构正化身为新时期产业园区建设的主力军。园区管委会的政府职能也在逐步向行政管理、政策制定、发展调控等管理工作回归。越来越多的产业园区按照"小机构，大服务"和"精减、统一、效能"的准政府体制，贯彻"强化决策，突出管理，市场服务"和"机构政企合一，职能政企

分开，管理政社分开"的理念，在决策和管理上体现政府的强力领导，在经营服务上挖掘和发挥市场的功能，建立"决策机构一元化，管理机构行政化，服务机构企业化"的扁平式直线职能型管委会组织结构。有的园区实行以"一站式服务""一个窗口收费""一个部门执法"为主要内容的管委会封闭运行机制。实行园区财政单独核算，采取"划分收支，核定基数，超收分成，风险共享，一定几年"的财政管理体制，这样有利于调动园区发展的积极性；综合管国土规划部门授权职能到管委会，对园区内国土规划、土地资源配置、地政执法进行理；建设、环保部门授权职能到管委会，依法对建设项目报建、招投标、施工许可证、合同管理、工程监理、建设工程竣工验收和环境保护等进行管理。

纵观园区开发建设的市场化探索历程，在过去几十年政府主导的产业园区建设历程中，以中关村发展集团、张江高科、招商蛇口等为代表的一批市场化运作的国有平台公司，通过学习借鉴国外先进经验、自助实践探索和创新示范，担当了园区市场化开发建设的探路者。这些平台公司在产业园区开发建设上积累了丰富的经验，各自形成了特色的发展优势，它们不仅为所在地区园区快速发展做出了巨大贡献，也引发了一轮全国各地园区管委会学习的热潮，一大批新的国有平台开发公司随之诞生，同时也为后来更多民营企业的进入打下了基础。随着国家在园区发展方面政策的不断放宽，越来越多的企业响应政策号召，积极谋求进入产业园区建设领域。老牌的国有平台公司积极寻求外延式扩张，努力向周边延伸不断扩大开发范围，向周边扩张受限的则走出去"圈地"，通过合作及合资创办的主冠名园区的形式，积极参与其他地方的产业园区开发建设，输出先进开发建设经验。这个过程中，其中的一些佼佼者，形成相对固定的园区运营模式和发展格局，品牌输出模式成为全国其他园区学习借鉴的典范。但实践中更多的园区是引入市场方法，但并未改变公共提供的模式。这个阶段，多数园区采取以下几种模式：（1）组织上采用平台公司与园区管委会办公室"两块牌子、一套班子"，公司副职以上负责人由政府委派，具体管理人员和信息化、水、电等专业人员均从社会上招聘，组建一支精于管理和运营的专业团队，这样既可以将政府意图贯彻到产业园建设发展中，又能借助专业人才实施园区市场化运营。（2）积极推进资产证券化，争取上市融资，彻底解决园区资金瓶颈。有的组建或引进若干项目经营公司。例如，控股培训公司。利用园区的基础设施，和地方科研院所合作，开展园区专业人才订单培训、校企人才对接工程、外包人才批量化培训工程等业务；又如，参股风险投资公司。凭借信息优势，带头对园区企业进行风险投资，可以吸引外部更多的风险投资基金。（3）外包广告服务、市政养护、餐饮、酒店、物业管理和商业设施项目，引进社会上有专业、成熟的管理企业，不仅能为园区企业提供优质服务，提升园区整体功能，还分担了园区开发建设公司的职能，使得公司能够集中精力进行招商和建设，为园区发展服务。

二、产业园区的公私合作与混合提供

基于第四章的分析研究可知，"产业园区"整体是一个复杂的俱乐部物品，但观察其内部结构，至少这一"俱乐部物品"又由以下三类产品体系集成：（1）为园区内企业与员工提供各类政务服务、义务教育、公共医疗机构等公共物品；（2）提供公益性的水、电、路、气、讯、消防等传统基础设施和5G、数据中心、产业互联网、充电桩等新型基础设施配套；（3）为企业提供配套的标准厂房、物流、金融、科创、教育培训、电商场景等生产性服务和吃、住、文化娱乐、保健、养生等生活性服务。显然，上述三类产品提供中的第一类是公共物品，完全是政府的职责，必须由政府提供；第二类是公益性物品可以采取公共提供和公私合作的混合提供;第三类完全属于私人物品,可以采取私人提供的方式。随着我国市场经济体制改革的不断深化,特别是按照"让市场在资源配置中发挥决定性的影响和更好地发挥政府作用"的要求,产业园区需要进一步市场化,将适合市场配置的全交由市场,此其一。其二,我国地方国有平台公司的高负债率导致政府隐性债务的负担加重,为加快国有平台公司的转型,也需要规模性引入民营社会资本,以降低其债务率。在这一背景下,最近十年来,我国一批民营的园区运营公司开始发力,它们已在珠三角、长三角、环渤海经济圈和成渝经济圈开发运营多个城市产业集群综合体,并与各地合作通过输出品牌和管理,影响力与日俱增。而且,随着民营社会资本的进入,公(政府或园区管委会)私(民营社会资本)合作的"混合提供"模式成为主导。

第三节 产业园区混合提供的湖南探索

近年来,湖南省凭借"过渡带""接合部"的优势,在创新引领开放崛起战略引领下,逐步打造中西部地区承接产业转移高地,下活了陆海内外联动、东西双向开放的大棋。数据显示,近年来湖南全省累计承接产业转移项目超过1.6万个,投资总额约1.7万亿元,每年带动城镇新增就业70万人以上;2019年对外贸易突破4300亿元大关,创历史新高,41.2%的增速位列全国第一。作为承接产业转移的主战场,湖南园区2019年实现技工贸收入增长9.3%,达4.8万亿元。但与此同时,园区产业同质化严重、产业链集聚度不高、园区运营效率低、债务风险日益加剧等传统政府包揽模式下的园区运行机制与发展需求矛盾日益凸显,严重制约了园区发展后劲。如何破解发展瓶颈制约?近年来,湖南部分园区先行先试积极推进市场化改革,有效破解了发展瓶颈,为全省园区市场化改革、促进园区高质量发展积累了经验、提供了示范。2020年,湖南省人民政府在总结湖南金荣集团采用公私合作的混合提供产业园区取得成功经验的基础上,将湖南金荣集团的成功探索总结提升为"PBOS模式",并向全省推广。为此出台了《关于推进全省产业园区高质量发展的实施意见》(湘政发〔2020〕13号),明确把全面启动园区市场化改革列为重点任务予以推进,全面推进园区经济高质量发展。

一、产业园区的混合提供与市场化放权

2020年7月,为深入贯彻落实党中央、国务院加快产业园区改革创新的战略部署,推动园区市场化建设运营,进一步降低政府债务风险、加大招商引资力度、提高土地利用效益、强化产业建设能力,促进全省园区高质量发展,结合湖南金荣集团的成功探索,湖南省人民政府专门出台了《关于推进全省产业园区高质量发展的实施意见》(湘政发〔2020〕13号)。该行政法规规定:园区市场化建设运营,是指由独立法人或专业机构为园区发展提供设计、建设、招商、运营等一体化、专业化、市场化服务的行为。国有企业、民营企业、外资企业、混合所有制企业以及相关专业机构等多元市场主体,均可参与园区市场化建设运营。为此提出以下具体政策性举措。

一是优化审批服务。对园区市场化运营项目全面实行全科帮办代办。位于已开展区域评估范围内的市场化运营项目,可按照相关规定实施告知承诺制和简化有关审批手续。对结构形式简单的工业厂房建设工程规划许可、建筑工程施工许可等多个审批事项实行并联审批、联合勘验、联合审图和联合验收。

二是活化园区资产。实行工业标准厂房产权分割和预售许可模式。

工业生产及非生产性用房可参照商品房相关政策办理不动产权转移登记，满足一定条件的可以申请预售许可证进行预售；标准厂房类工业用地、通用类研发用地除配套设施以外的物业，按照经批准的设计图纸，在公共部位明确、满足房屋独立使用的条件下，可按自然层、部位等进行出租、出售，并依法办理产权。经依法批准，符合转让条件的节余工业用地可以分割转让。

三是允许平台自主经营。在不改变土地使用性质和确保国有资产保值增值的前提下，通过综合评估，允许园区运营机构采用资产重组、租赁经营、合资合作、二次开发、项目嫁接等方式盘活土地、厂房等存量资源，对盘活存量资源带来的新增收益，允许园区运营机构和园区按照《中华人民共和国公司法》、《中华人民共和国合伙企业法》、《中央行政事业单位国有资产配置管理办法》（财资〔2018〕98号）等有关法律法规和政策规定进行分享。

二、强化园区土地要素保障与活化

一是园区市场化建设运营项目优先纳入市县供地计划，各地可根据实际用地需求报批新增用地或使用周转用地，凡符合土地利用总体规划和城乡规划，符合产业政策和建设用地标准，不占永久基本农田和生态保护红线的，不受计划指标限制。

二是工业用地采用招拍挂方式出让（先租后让），出让底价和成交价格可按照不低于所在地土地等别对应的工业用地最低价执行；研发用地采用招拍挂方式出让（先租后让），在确定出让底价时可以基准地价评估法为主、市场比较法为辅；支持工业用地带方案出让和标准地出让等多种方式；利用空余或闲置工业厂房、仓储用房等存量工业用地资源进行改造，不改变用途，仍兴办工业项目的，可以实行协议出让，不再增缴土地价款；存量工业用地经批准提高容积率和增加地下空间，且不改变土地用途的，不再增收土地价款。

三是鼓励直接或通过售电公司参与市场化交易，优先执行市场化交易合同，享受市场化降价红利。鼓励在政策许可范围内发展冷、热、电三联供等综合能源，降低用能成本。鼓励与上游供气企业协商议价开展直供试点，由城燃企业代输，或供需一方自建或合建输气管道保障供气，各级政府对重点用气企业给予适当补助。

三、加大产业园区资金、人才保障力度

一是扩大融资渠道。支持符合条件的重点项目采用"专项债券+配套融资"的组合方式保障资金需求；支持符合条件的园区开发建设主体申请发行企业债券融资，申请首次公开发行股票并上市；支持有条件的园区探索资产证券化途径，开展基础设施领域不动产投资信托基金试点；对于符合条件的市场化运营项目，省产业发展引导基金可按市场化原则参与投资，支持政府性融资担保公司积极提供融资担保，稳步推进省、县两级财政信贷风险补偿机制，适度扩大试点范围；鼓励金融机构制定专项融资方案，对产业园区市场化运营项目以供应链、产业链、信用链为基础进行整体授信，提供中长期、大额度的优惠利率贷款。探索政府、园区、政策性银行和社会资本共同出资设立园区市场化运营专项基金，在合法合规的前提下实行"投贷结合""债贷投结合"等多种融资模式。

二是加大财政支持。优先支持符合条件的市场化运营项目申报国家、省预算内基建投资专项资金和国家、省有关补助资金。按政策落实省"135"工程升级版奖补政策。支持市场化招商引资企业租赁"135"工程标准厂房，对新租赁标准厂房面积在 $5000m^2$ 以上、租期三年以上的投产企业，根据当年实缴租金情况给予一次性奖补。按市县上划省级增值

税、企业所得税当年增量的40%对市县给予奖励，奖励资金由市县统筹安排用于产业项目建设和园区发展。

三是提升人才政策。支持科研院所、龙头企业或第三方运营机构牵头，整合全国高端智库资源，组建产业融合发展智库联盟。支持第三方运营机构组建引智联盟。对引进的高端人才，纳入芙蓉人才行动计划支持范围，优先推荐申报国家级人才计划，按规定享受住房补贴、配偶及子女安置、科研经费扶持等政策。对引进的高端运营团队按照一事一议给予奖励或资助，团队高管和核心技术人员享受相关人才优惠政策。

四、创新招商模式实行市场化专业招商

鼓励园区引进、培育、组建专业化招商公司，支持通过购买服务等方式，推行第三方招商。支持在粤港澳大湾区、长三角、京津冀等发达地区搭建面向全省园区的市场化招商平台、产业转移综合服务机构或科技创新前移平台，鼓励龙头企业或第三方机构参与建设运营。根据在湘落地企业数、项目产值或成果转化情况，以后补助方式，按照属地原则，对上述平台运营单位给予资金支持与奖励。鼓励地方出台招商工作考评细则，建立招商贡献奖、工作绩效——薪酬挂钩制等激励机制，探索对招商特殊人才实行特岗特薪、特职特聘。鼓励有关协会和咨询、银行、保险、基金、会计师事务所、律师事务所等机构利用客户资源、信息网络优势，参与招商引资工作。对成功引进优质产业项目的社会专业机构和个人，可按照有关规定给予相应奖励。鼓励园区培育和引进一批市场化科技中介服务机构，支持服务机构建设集技术转移、投融资、价值与风险评估、供需对接、知识产权等的"一站式"科技服务平台。

第四节 "双激励模式"与"双机制"探索

一、民营平台主导

近年来,湖南部分园区先行先试积极推进市场化改革,有效破解了发展瓶颈,为全省园区市场化改革、促进园区高质量发展积累了经验、提供了示范。典型案例有祁阳经开区、江华工业园等。

自2017年以来,祁阳县主动求变,确立市场化办园方向,将产业链建设列为一把手工程,创新"135"工程实践,探索"政企合作、园企共建"取得了明显成效。祁阳县的具体做法是,与民营企业湖南金荣集团签订协议建立战略合作关系,将园区交由该集团建设招商运营。金荣集团与祁阳园区的合作实践,突出规划、建设、运营、共享的市场化模式,简称"PBOS"模式,其主要做法如下。

一是PBOS模式的政府提供合理地价,企业自建、合资共建和园企共建厂房,以及企业出资购房的机制设计,能够形成有效的产权激励和利益激励。既能够加快资金周转速度、减轻政府债务负担、提高供地积极性,又能够激发企业节约使用土地、提高土地利用效率的主动性,还能确保项目可持续开发、加快产业落地速度。

二是PBOS模式的"八大服务体系""十六大服务平台"、湖南——粤港澳和长三角两大产业转移综合服务中心的建设,大大畅通了要素信息渠道,提高了信息公开透明充分的程度,为建设和完善要素自由流动、价格灵活反应、竞争公平有序的市场运行机制,发挥了非常重要的作用;也为政府资源共享、企业资源共享、社会资源共享、大数据资源共享等提供了优质服务平台。

三是PBOS模式的具有核心竞争力的市场化招商、市场化运营和社会化服务的市场运作方式,能够极大地激活土地、资本、技术和劳动力等要素所有者和使用者的创造力和市场活力,能够提高要素的配置效率和园区产业发展质量变革、效率变革、动力变革的水平。

概况起来说,PBOS模式较好地解决了四个问题,走出了一条新路。

一是解决了政府办园区负债发展"难持续"的问题①。在国家严控地方政府债务风险的政策环境下,祁阳县引入社会资本参与建园和运营,大大减轻了政府债务压力,为园区发展注入了新动力。园区开发效率大大提高,债务风险有效控制。

二是解决了入园企业轻资产无抵押"难融资"的问题。入园企业特别是小规模企业原以租赁厂房为主、可抵押资产少,现以成本价购置厂房形成优质固定资产,通过金荣集团担保,银行按评估价授信,企业所获贷款除支付厂房款外,还可用于生产经营②。

三是解决了大型国有或民营集团参与园区管理和发展"难契合"的

---

① 一方面建得快,交付时间短。项目实施实行设计采购施工运营(EPC+O)一次招标,从建设到企业入驻生产,10万m^2园区仅需要10个月左右,比常规模式加快一倍。祁阳科创园1.1期自2018年6月起12个月建成,1.2、1.3期预计10个月建成,今年8月交付使用。另一方面销得快,回款周期短。厂房由运营商负责招商营销,边建边销,边支付边回款。祁阳高新区党工委书记刘诚介绍,科创园1.1期工程造价2亿元,可回收资金2.6亿元,目前已回款1.43亿元;1.2、1.3期工程造价2.57亿元,可回收资金3.2亿元,目前已收定金0.63亿元,通过滚动开发可实现专项债券、"135"工程奖补、土地出让金等约2亿元投入撬动15亿元投资。

② 如湖南大晶新材料有限公司2019年6月开工、10月投产,购买祁阳科创园标准厂房1453.16m^2,总价438.85万元,获厂房贷款306万元,银行授信200万元;祁阳县合力塑胶有限公司2019年3月开工、11月投产,购买祁阳科创园标准厂房3045.15m^2,总价735.31万元,获厂房贷款513万元,银行授信350万元。

问题。大型国有企业或民营企业具有资金成本、产业资源和运作经验优势,如何参与产业园区管理和发展,需要理顺合作关系。祁阳县相继出台《关于推进园区市场化改革高质量发展总体方案》《推进园区市场化运营服务若干办法》等"1+X"组合政策,引进民营资本投资建设运营"园中园",从 EPC+O 总承包入手实施,明确各方权利义务,政府立足政策支持、环境优化、考核评估,不缺位,不越位,将具体规划、建设、招商、运营等事务充分交给市场,并以金荣集团为主平台开展市场化、专业化招商,较好地解决了原有空置厂房招商和新建厂房建设招商运营问题[①]。

四是解决了园区市场化专业化管理水平"难提高"的问题。不同于园区管委会和平台公司的行政式管理,由金荣集团专业提供园区市场化运营服务,围绕主导产业优化园区配套体系,通过对接外部资源和平台,与园区合作打造了科技创新、智慧园区、投融资服务三大专业化服务体系。目前,已导入创投风投、银行金融、科技孵化、知识产权、商协会等平台资源,协助科创园入驻企业融资,有效降低入驻企业运营成本。

PBOS 创新模式在祁阳科创产业园区的实践充分表明,该模式对园区产业高质量发展具有积极作用。在短短两年多的时间里,因为推行 PBOS 创新模式,祁阳科创产业园区规模工业总产值由 180 亿元提升到 350 多亿元,税收由 3.5 亿元提升到 7.6 亿元,规模工业企业由 79 家增加到 169 家,建成了 24 万 m^2 标准厂房,完成了 37 万 m^2 标准厂房的招商。

---

① 如科创园第 1 期 10 万 m^2 标准厂房只用 3 个月时间全部预定,围绕主导产业引进上下游企业,快速形成产业集聚。已初步形成轻纺制鞋、新能源新材料、先进装备制造等优势产业,2019 年引进链条型企业 65 个,节约土地 1500 余亩,平均投资强度 500 万元/千 m^2、产出效益 30 万元/千 m^2。东峻纺织、俊邦纺织、大联纺织等龙头纺织企业,3 年可形成产值过 100 亿元产业链。

可以说，金荣集团 PBOS 创新模式对祁阳科创产业园区的高质量发展发挥了非常重要和不可替代的作用。

二、产权与收益分配"双激励"导致的"双层经营"

从理论角度看，土地、资本、技术和劳动力等要素向园区有序流动和有效集聚，能够促进园区产业高质量发展。所有者或使用者市场化配置要素的积极性和创造力，有利于推动要素向园区有序流动和有效集聚。要素产权有效激励机制、收益分配有效激励机制、完善的市场运行机制和健全的法治监管机制，能够激发和规范所有者或使用者市场化配置要素的行为。土地、资本、技术和劳动力等要素的权益得以维护和保障的制度安排，有利于形成产权有效激励机制。其中，维护和保障土地要素权益的制度安排，尤为重要。土地要素的所有者是国家或集体，土地要素的使用者是园区企业，土地权益能否合理界定，直接影响国家和园区企业的利益。地价过高，土地所有者的权益虽然能够保障，但园区企业的资本和技术等要素权益，则会因为过高的地价而受到损害，不利于资本和技术等要素向园区的有序流动和有效集聚。地价过低，尽管园区企业的资本和技术等要素的权益有保障，但土地所有者的权益会受到损害，政府为园区提供土地要素的积极性会受到压抑。PBOS 创新模式提出的政府以合理地价为园区提供土地，以企业自建、合资共建和园企共建三种方式建设厂房，以建设成本价向企业销售厂房，使企业获得厂房物业的市场运营方式，既能够维护土地所有者和使用者的权益（因为地价合理），也能通过合约的形式维护建房者的权益，从而能够激发房地产要素市场化配置的活力，形成产权有效激励机制。

土地要素资本化为股份，由土地所有者（国家或集体）持有；技术要素资本化为股份，由科技工作者持有；劳动力资本化为股份，由劳动者持有，与资本所有者持有的资本股份一道，形成风险共担、利益共享的制度安排，有利于维护各方的权益和提高他们市场化配置要素的积极性。园区企业将它的资本同土地要素、技术要素和劳动力要素有机结合，生产商品的价值和剩余价值。国家、企业、劳动者和技术人员作为要素所有者，以各自持有的股份共同参与剩余价值的利润分红，土地所有权的权益、资本所有权的权益、劳动力所有权的权益和技术所有权的权益，都能得到保障。这是一种保障全要素权益的制度安排，能够激发全要素所有者市场化配置要素的积极性、主动性和创造性，形成全要素产权有效激励机制。PBOS创新模式应在房地产产权有效激励机制的基础上，创新制度安排，构建全要素产权有效激励机制，激励全要素向园区有序流动和有效集聚，推动园区产业发展质量变革、效率变革、动力变革。

相对于入园企业严格地按出资比例设置股权形成"股份制企业"来看，上述产权激励和收益分配激励更像是合作制或者说是"合伙制"。所以，从按照政企分开、政资分开的原则，加快推进园区平台公司转型，建立现代企业管理制度的要求来看，金融企业入主的产业园区实际上形成了"统""分"结合的"双重经营体制"——"股份制+合伙人制"的"统""分"结合的"双层经营"制度，即（1）从微观企业内部看，招商入园的分散企业内部主要实施"股份制"，以资本为纽带进行公司治理，保证股东利益最大化；（2）从产业园区混合提供的角度即中观的角度看，开展园区建设运营管理服务的平台公司与提供土地与政策支持的政府、入园企业、入园打工的工人、科技服务者等主要采用"合伙人制"，以要素合作为纽带进行园区生态与网络的构筑，按照"互惠互利"和"一体化共生"的原则促进园区资源配置效率的极大化。

三、市场运行与法治监管"双机制"的建立

完善的市场运行机制指的是要素自由流动、价格灵活反应、竞争公平有序的市场机制。如果园区市场开放有序，不存在障碍要素自由流动的体制机制，价格能够灵活反映区内要素的稀缺性和配置效率，那么园区市场运行机制就是完善的。在灵活反应的价格引导下，要素从富余且配置效率低的区域，有序流动到稀缺且配置效率高的园区，实现要素的有效集聚。这是完善的园区市场运行机制能够推动要素有效集聚，促使园区产业高质量发展的道理。不过，要素自由流动、价格灵活反应和竞争公平有序的市场环境，取决于信息公开透明充分的程度。信息公开透明充分程度高的市场环境，市场运行机制的完善程度越高；否则越低。PBOS创新模式以它特有的产业化定位、市场化运营、社会化服务方式，为社会提供公开透明充分的信息，畅通要素流动渠道，从而能够提高园区有效集聚要素的能力和水平。

PBOS创新模式通过实地产业调研，提炼产业资源信息、技术资源信息、市场资源信息和人力资源信息；依据一主导产业、一特色产业、若干辅助产业的原则，为园区定位产业差异化、特色化的发展模式；依靠金荣集团建设的湖南——粤港澳产业转移综合服务中心和长三角产业转移综合服务中心及其服务平台，通过产业链招商、行业商协会招商、产业集群招商等市场化招商和运营形式，畅通各种信息渠道，实现资本、技术等要素向园区有序流动和有效集聚。同时，PBOS创新模式以它完善的社会化服务体系，导入创投风投、银行金融、供应链金融等，为资本要素和金融要素的自由流动提供全方位的信息渠道。可以说，PBOS创新模式确实是一种以信息公开透明充分为着力点，提升市场运作核心竞争力，不断完善园区市场运行机制的好模式。

合法维护要素产权及其收益，是产权激励和利益激励能够有效发挥作用的基础；依法消除不利于市场运行的各种因素，能够促进要素自由流动和公平竞争。也就是说，只有不断完善园区的法治监管机制，才能增强园区集聚要素和提升要素利用效率的能力。PBOS 创新模式十分重视园区法治环境建设，积极协助地方政府制定更具针对性的产业培育和扶持政策，促进产业落地园区；积极引入智慧园区管理、知识产权等平台资源和社会服务，为园区提供工商注册、用工、知识产权保护等方面的法律保障。在此基础上，PBOS 创新模式还需要结合中共中央、国务院《关于构建更加完善的要素市场化配置体制机制的意见》，协助政府为园区土地、资本、技术要素的市场化配置、劳动力要素的有序流动和数据要素市场的培育等方面，提出更有针对性的政策法规，维护要素的产权及收益，完善市场运行机制，推动要素有序流动和有效集聚，促进园区产业高质量发展。

第六章
PBOS 模式的探索与解构

> 金荣集团自 2002 年起,以科技孵化为切入口,进军产业地产领域。以湖南麓谷科技孵化器有限公司的身份,开启了民营资本进入产业园区,作为产业投资与运营商的探索,18 年来的实践探索,首创了"PBOS"模式。而且,以 2020 年为新起点,积极主动紧跟党和国家发展战略,结合社会主义市场经济和湖南园区改革发展的省情与特点,以"推动园区市场化改革,实现经济高质量发展"为方向,以 PBOS 模式为根本,搭建更加完善的创新平台,构筑更加优良的产业生态,服务于湖南"三高四新"战略,推进现代化新湖南建设。

第一节　金荣集团 PBOS 模式的探索过程

湖南金荣集团创建于 1996 年，秉持"诚信是金、创新为荣"核心价值观，以"报效社会、壮大企业、成就员工"为使命，以坚守"敬畏之心、仁爱之心、进取之心"为行为准则，紧跟党和国家发展战略，结合市场经济特点，顺时应势、转型发展，由最初的国际贸易转型为以产业园区投资、开发、建设、招商、运营，科技企业孵化，产业投资为主营业务的大型股份制民营集团企业，是"中国民营企业 500 强""湖南民营企业 50 强""湖南企业 100 强"企业。

湖南金荣集团党委书记、董事长李文金 1959 年出生于湖南醴陵，历任湖南省第十二届人民代表大会代表、湖南省第九届政协委员、湖南省工商联副主席、长沙市工商联副会长、湖南省民营科技实业家协会副会长、湖南省教育基金会理事、湖南省光彩事业促进会副会长，现任湖南省工商联顾问委员会副主任、湖南省民营经济研究会副会长。曾获"团中央跨世纪青年人才""湖南省青年突击手""全国关爱员工优秀企业家""长沙市十大杰出经济人物""湖南省优秀中国特色社会主义建设者""长沙市优秀党务工作者"等荣誉称号。

1996 年 12 月 3 日，李文金、刘梅荣率领一个十几人的团队在长沙高新技术开发区注册成立湖南金荣企业集团有限公司（前身长沙金荣科贸有限公司），开始了金荣的白手起家之路。1997 年，公司从南非进口的"KORO"轮南非铁矿石首航抵达北仑、蛇口、湛江三港，为金荣集团赚得第一桶金，首开国内"一船卸三港"铁矿石进口商业运作范例。1998 年至 2000 年，公司先后与柳钢、湘钢、涟钢、新钢、重钢、安钢、宝钢等大型钢铁公司建立起矿石贸易合作,并与上述公司开展钢材销售合作,成为湖南境内首屈一指的矿产原材料代理供应商和钢材销售代理商。其间,为满足日益增长的业务需要,公司先后在重庆成立了重庆金骏商贸有限公司,在荷兰收购了三湘欧陆有限公司,主要配合国内钢材销售和国际资源采购;并在1999年将"长沙金荣科贸有限公司"变更注册为"湖南金荣科贸有限公司"。经过五年的努力和积累,公司于2001年成功获得国家外经贸部授予的"外贸进出口经营权",进口矿石数量超过400万吨,占全国铁矿石进口量的1/10,成为湖湘商贸王国内备受瞩目的一支奇兵劲旅。"创新"为金荣集团在强者如林、竞争激烈的铁矿石进出口市场上赢得了一席之地。2003年11月,湖南金荣企业集团有限公司正式获准成立。2005年,金荣集团跻身"中国民营企业500强"。2008年,金荣集团全面转型产业园区投资、开发、建设与运营。

一、初试阶段(2002—2008年):成为产业地产运营商

2001年12月,金荣集团收购长沙高新区火炬城,打造为中小企业提供集成服务的金荣科技园,注册全国第一家民营科技孵化器——湖南麓谷科技孵化器有限公司。从2002年开始,金荣集团以湖南麓谷科技孵化器有限公司作为产业投资与运营主体,构建了专业开发运营团队,面向科技型中小企业,实施科技企业集成服务产业化战略。围绕科技型中小企业在办公、研发、生产、生活等方面的需求,以"孵化—加速—形成产业"的功能结构和建设体系为导向,以科技孵化区、研发(中试)区、产业区、企业总部区和园区配套服务区等主要功能区为阵地,以园区企业服务中心为服务平台,致力于建设和完善"基础服务、政策服务和专业服务"三大园区服务体系:(1)基础服务:主要是围绕物业管理、招商服务、商务服务、信息平台、物流系统、企业社区等开展;

(2)政务服务：主要是与政府的政策和职能进行对接，为园区企业提供在行政审批、产业政策、财税政策、人才政策、科技咨询、公共技术平台等方面的支持；(3)专业服务：主要是利用市场资源，与第三方专业机构进行合作，为园区企业提供金融服务、财务顾问、管理咨询、人力资源、知识产权、法律服务等支持。2005年3月，金荣麓谷国际工业园规划方案通过评审，为湖南省第一家由民营企业采用市场化建园、招商、运营服务的科技产业园区。2006年9月，金荣麓谷国际工业园签约长沙众益电子电器有限公司，宣告成功引进第一家入园企业；2006年10月，金荣麓谷国际工业园正式开工建设。

二、转型阶段（2008—2020年初）：ECP+O 新模式探索

2008年，风头正劲的金荣集团作出战略性调整：缩减矿石原材进口，将手中积储的大量价格仍在持续猛涨的钢材抛售一空。这在当时看来不可思议的举措却被随后爆发的金融风暴证明：金荣集团神奇地成功脱险。此后，金荣集团全面转型产业园区投资、开发、建设与运营。2010年9月，签约株洲云龙总部科技园项目；2010年10月，金荣科技园、麓谷国际工业园"创业服务中心"投入运营；2010年11月，《湖南麓谷科技创业种子基金管理办法》开始实施，种子基金引导资金1000万元人民币，用于帮助园区企业发展。2011年11月，望城金荣科技园项目在"2011中国（湖南）民营经济投资洽谈会暨海内外华商湖南行"开幕活动上签约，金荣扬州科技园启动。2012年2月，李文金董事长荣获长沙高新区2011年度"优秀企业家"称号，金荣集团被授予"重点企业突出贡献奖"；2012年4月，株洲云龙总部经济园举行开工奠基仪式；2012年5月，麓谷科技国家级科技企业孵化器举行授牌仪式，成为目前湖南省唯一一家民营国家级科技企业孵化器；2013年10月18日，集团

公司搬迁新址——"金荣·央谷金座"。广州岭南V谷启动。2014年11月14日，金荣集团入选湖南省民企百强企业。2015年11月中旬，湖南麓谷科技孵化器有限公司被国家工信部评为"首批国家小型微型企业创业创新示范基地"，是湖南省获得该殊荣的四个示范基地之一，成为湖南省唯一一家民营获得该示范基地的民营企业。2016年10月18日，启动常德经开区孵化器与众创空间运营升级；2017年，创新"政企合作，园企共建"的ECP+O新模式。2017年6月，金荣集团进入祁阳电子信息产业园，提供农电商、众创空间、孵化器、智慧园区和物业管理等服务。3年时间，农电商平台方面，建设了约5000m^2的服务中心，引入电商相关入驻企业69家，入驻电商服务机构32家。举办各类电商培训班44期520多个班，参与人数达到13960人次。打造了农产品上行推广体系，人才培训体系，县、乡、村三级物流体系，乡村旅游示范体系，公共服务体系，生产标准化及溯源体系，成果展示支撑体系，品牌塑造体系；建设了覆盖县域22个乡镇（街道办）、560个行政村（社区）的全域物流体系，下行快递包裹中的90%到达县物流分拨中心后，在48小时之内完成包裹派送，日包裹配送达3000单。农电商工作获"全国电子商务进农村综合示范县"绩效评价第一名。孵化器方面，至2019年5月30日，孵化企业64家（在孵企业中有28家已申请专利，占在孵企业总数的43.75%）；建设了智慧园区、智慧餐厅等园区配套设施。2017年12月18日，"政企合作，园企共建"EPC+O模式建设运营的祁阳经开区祁阳科创园奠基。2018年6月27日，金荣集团签约长沙金霞经开区金霞军民融合产业园区项目并举行开工仪式。该项目一期投资4亿元，建筑面积15万平方米，重点以军民融合产业为主导，引进以电子信息、智能智造、新能源、新材料的科技创新企业，通过构建科技孵化、产业加速、企业总部和园区运营服务平台，以实现金霞经开区向科技创新的全面转型升级。2018年7月21日，由金荣集团牵头的湖南产业招商经理人联盟发起大会在金荣·财智会客厅举行。来自金荣集团、华夏幸福、亿达中国、五八小镇、联东U谷、中建兴业、麓谷实业、长沙中电软件园、湖南新长海、园区天下网、湖南天易集团、辉宏集团、株洲高科、湖南妙盛、湖南善上律师事务所、园区互联平台等十几家国内知名产业地产企业、平台机构的24位产业招商职业经理人作为联盟共同发起人参加会议。2018年7月27日，湖南北卡国际创新中心揭牌仪式在长沙市高新区金荣·麓谷国际工业园举行。湖南省科技厅党组书记童旭东与金荣企业集团董事长、湖南北卡国际创新创业服务有限公司董事长李文金共同为中心揭牌。长沙高新区党工委副书记、主任谭勇主持揭牌仪式。2019年4月16日，由湖南省人民政府指导，湖南省商务厅主管，湖南省人民政府驻广州办事处、湖南省人民政府驻深圳办事处、湖南省工商联支持，湖南金荣企业集团有限公司投资建设运营的湖南—粤港澳产业转移综合服务中心授牌仪式在深圳五洲宾馆举行。2019年4月17日湖南—粤港澳产业转移综合服务中心启动运营。2019年8月15日，由中共祁阳县委、祁阳县人民政府主办，祁阳经济开发区、湖南金荣集团、湖南—粤港澳产业转移综合服务中心承办的"祁阳融入粤港澳大湾区承接产业转移大会暨百企入园签约仪式"在祁阳举行。2019年10月，金荣集团启动为中小企业提供投融资专业服务的白马朝驰公司。2019年11月8日，金荣集团在湘潭高新区投资开发的百万方墅级产业园——金荣湘潭国际工业园全面启动。项目规划总面积600亩，由多层标准厂房生产区、总部景观独栋办公区、创新企业高层孵化区、商务写字楼研发区，智能生活配套服务区及智慧园区运行管理服务中心"五区一中心"构成，将开启湘潭4.0工业时代，成为高端、智能、园林化产城融合智慧园区样板。2019年11月13日，金荣集团与澧县政府签订《产业发展战略合作框架协议》。金荣·澧县科创产业园项目按PBOS模式建设、招商和运营,三个月时间内已经完成了6.5万m^2的招商。2019年11月,金荣集团与株洲渌口区以EPC+O模式合作的金荣渌口科创产业园启动调研。金荣·株洲渌口科创产业园(标准厂房三期)总建筑面积约18万m^2,由企业独栋研发楼、单层厂房、一字形厂房、L形厂房、综合服务楼"五区三功能"构成,以新材料、装备制造、机械加工、电子信息为主要产业定位,将打造为智能、科技、生态、高端的综合性智慧园区。2019年11月,金荣集团荣列湖南省工业和信息化厅、湖南省企业和工业经济联合会对外发布的"2019湖南企业100强"榜。2019年12月8日上午,湖南省政府领导召集金荣集团董事长李文金听取EPC+O模式专题汇报,明确要求湖南省发改委牵头组织科技厅、商务厅等相关省直部门组织调研,拿出优化方案在全省推广,以市场化方式推动县域经济高质量发展。2019年12月10日,湖南省发改委会同省科技厅、省商务厅专程赴祁阳县调研EPC+O模式。永州市发改委,祁阳县委、县政府等相关领导和负责人陪同调研。2020年2月18日,金荣集团与永州经开区以EPC+O模式合作的金荣永州智能装备产业园在"2020年永州市产业项目集中开工签约仪式(第一次)"上签约。项目位于永州经开区长丰大道与潇湘大道交汇处,规划总建筑面积约23万m^2,第一阶段将引进生产企业100家,入驻孵化小微企业100家,实现就业人数8000人左右,实现年产值60亿元左右,成为推动永州市经济高质量发展的重点项目。2020年2月27日,金荣集团与邵阳县以EPC+O模式合作的邵阳县红石生态科技园开工奠基。金荣·红石生态科技园总建筑面积50万m^2,由产业展示文化区、多层标准厂房生产区、独栋企业办公区、智能生活配套服务区及智慧园区运营管理服务区五个功能区构成,以电子信息、皮具箱包、轻纺服饰、新型材料、农副产品加工为主要产业定位,将打造为智能、科技、生态、高端的综合性智慧园区。

三、升级阶段（2020年初以来）：PBOS模式定型与推广

2020年3月3日，湖南省产业园区建设领导小组印发了《2020年湖南省产业园区工作要点》。文件明确要在全省推广金荣集团创新探索出的EPC+O+V模式。2020年3月11日，湖南省人民政府副秘书长陈仲伯在听取了金荣集团董事长李文金关于EPC+O+V模式汇报后，建议完善优化模式，将模式命名为PBOS：P（Plan）规划即科学定位，B（Build）建设即合作共建，O（Operation）运营即市场运作，S（Share）共享即共享发展。原来的EPC+O+V是PBOS模式中B（Build）的一部分。2020年3月9日，金荣集团与贵港市人民政府在线上签订《贵港市产业发展战略合作协议》和《贵港市产业园区产业定位规划服务协议》。贵港西江产业园占地500亩，总建筑面积60万m^2，拟分两期开发。一期占地面积296亩，建筑面积31万m^2，总投资9亿元，规划16栋独栋厂房，23栋标准厂房，以及4栋生产生活配套用房。2020年3月27日，金荣集团与慈利县签订《慈利县产业发展战略合作协议》和《慈利县产业园产业定位规划服务协议》。金荣·慈利科创产业园位于慈利工业集中区核心地带，地处县城东郊，澧水南岸，G353国道张家塔检测站西侧。项目占地258亩，总建筑面积23万m^2，总投资约5亿元。2020年4月30日，金荣集团与岳阳市经开区签订《产业发展战略合作框架协议》。金荣·岳阳科创产业园占地190亩，总建筑面积23万m^2，由一字形厂房、工字形厂房、日字形厂房、综合服务大楼两功能四区域组成。围绕装备制造、新材料、电子信息、生物医药的产业定位，将打造成为集人才、技术、科技、政策、交通等优势资源于一体的国家级经开区23万m^2智能智造基地。2020年7月1日，金荣集团与华容县人民政府签订

《PBOS 模式产业发展战略合作框架协议》。金荣·华容科技创新创业园地处华容县城东郊三封寺镇新铺村,规划用地约 94 亩,总建筑面积约 7.8 万 m^2,总投资 2.7 亿元,以纺织服装为主导产业,以通用设备制造为特色产业,以食品加工、医药卫材、电热能源为辅助产业,致力于打造成湘北地区智能制造产业新高地。2020 年 7 月 16 日,湖南—长三角产业转移综合服务中心举行授牌仪式。这次活动也是"2020 湖南—长三角经贸合作洽谈周"昆山专场活动内容之一。湖南省商务厅、省委台办、省工信厅、省工商联、省政府驻沪办,各相关合作市州、产业园区、县市区,长三角经济圈各有关商协会、企业家,湖南金荣集团高管约 100 人参加活动。授牌仪式由湖南省商务厅副厅长王庭恺主持,省商务厅厅长徐湘平为服务中心授牌并讲话。2020 年 7 月 16 日,湖南省发改委等九部门联合发文《湖南省加快产业园区市场化建设运营的若干政策》,明确要推动园区市场化建设运营,进一步降低政府债务风险、加大招商引资力度、提高土地利用效益、强化产业建设能力,促进全省园区高质量发展,为金荣集团 PBOS 模式加快落地提供了政策支持。2020 年 8 月 4 日,金荣集团与郴州北湖区政府、郴州经开区签订《PBOS 模式产业发展战略合作框架协议》。2020 年 8 月 31 日,金荣集团与洪江市人民政府签订《PBOS 模式产业发展战略合作框架协议》。2020 年 12 月 10 日,金荣集团与衡南县人民政府签订了《PBOS 模式产业发展战略合作框架协议》,以 EPC+O+F 的新模式合作建设运营产业园区,开启 PBOS 升级版的实践。

第二节 PBOS 模式解构

一、PBOS 模式总览图

作为市场化改革与探索的"操盘手",PBOS 模式概括为:以科学的定位和规划为龙头引领园区高质量发展,以合作共建厚植园区发展的基础,以市场化运营打造园区发展的整体竞争力,以共享发展为园区可持续发展注入持久动力,构建园区服务"平台生态体"、实施"PBOS"模式,为园区高质量发展提供强大动力。如图 6-1 所示,PBOS 模式的内涵如下:

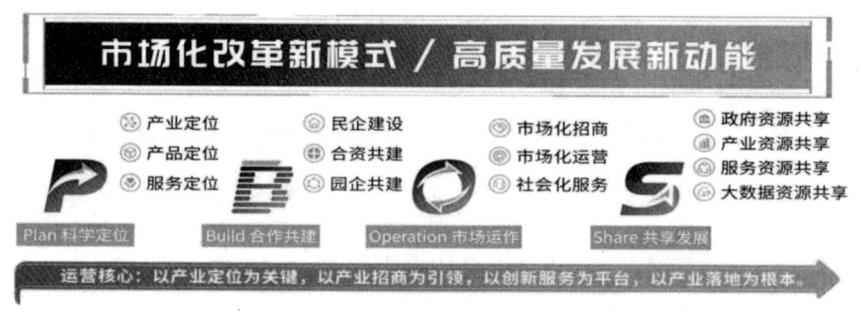

图 6-1 PBOS 模式的平台生态体示意图

(1) P(Plan)——规划:以科学的定位和规划为龙头引领园区高质量发展。科学的定位与规划,是产业园区建设发展的前提,对产业园区发展具有引领作用。所谓产业规划,主要包括产业发展现状和特征的分析、产业发展目标和发展定位、产业发展重点方向、产业空间引导和产业发展政策等。产业园区规划是园区建设的龙头，规划决定园区建设规模、方向和品位，所以园区在基础建设过程中也始终坚持"规划先行"的指导原则。产业园规划是产业园全面、系统、长远的发展计划，是对园区产业发展、空间布局、土地开发、招商引资、运营管理等全局性、长期性、基本性问题的研究分析，是未来一个时期指导产业园健康发展的行动纲领和路线图。产业园区规划是园区发展的蓝图，其决定产业园建设规模、发展方向和档次。产业园发展必须坚持"规划先行"的基本理念。

金荣集团PBOS模式结合不同地区的产业资源、自然资源、技术资源、市场资源、人力资源，将政府的前瞻规划与企业的市场敏锐性结合起来，根据市场调研结果，遵循一主导产业、一特色产业、若干辅助产业的原则来确定园区的产业定位、产品定位、服务定位，实现产业的差异化、特色化发展。根据不同的生产工艺、发展阶段、发展水平和企业需要配置不同的标准厂房、孵化楼、总部大楼，进行产品规划设计定位，提供孵化链、产业链、产业集群等环境和创投风投、银行金融、供应链金融、智慧园区管理、科技孵化、知识产权、国际创新服务、社会化服务等服务平台。

（2）B（Build）——建设：以合作共建厚植园区发展的基础，合作共建是园区建设的创新形式。园区建设有企业自建、合资共建和园企共建三种形式，包括EPC（工程总承包方式）、2P（公私合作方式）、独立投资方式等。通过整体一次招标，解决园区规划、设计、建设、招商、运营、服务等一揽子需求，大大提高工作效率，彻底解决政府园区建设周期长问题。常规形式建设10万 m^2 标准厂房需要24个月左右，园企共建形式仅仅需要10个月左右，大大缩短了建设周期、工程造价，提升了资金周转效率和产业落地速度，提高了土地利用率，实现了土地集约使用。企业以成本价购买厂房。政府不向企业直接供地，减少了土地的浪费，提高了土地利用率。金荣集团根据产业定位和不同企业的需求，进行区别化的园区规划设计，根据企业的不同发展阶段，引导其入驻众创空间、孵化器、加速器、总部基地等不同载体，使土地容积率达到1.6—2.5，实现土地集约化使用。

（3）O（Operation）——运营：以市场化运营打造园区发展的整体竞争力。市场运营是PBOS模式的核心竞争力，包括强大的产业招商能力、产业培育能力和企业服务能力，具体包括市场化招商、市场化运营和社会化服务等。在湖南省商务厅的指导下，金荣集团建设运营了湖南—粤港澳产业转移综合服务中心及湖南—长三角产业转移综合服务中心两大PBOS市场化招商平台，打造了一支近千人的专业招商团队，开展产业链招商、行业商协会招商产业集群招商，实现在园区开工建设前就完成20%以上的预招商，到园区建成时即完成80%以上的招商。湖南—粤港澳产业转移综合服务中心在2019年共引进120家企业到湖南投资发展，总投资近100亿元，其中以电子信息、新材料、智能制造、生物医药器械等产业为主，市场化招商成效初见。2020年上半年虽受疫情影响，但仍然引进118家企业入湘投资。2020年7月刚刚启动运营的湖南—长三角产业转移综合服务中心开局良好，长三角中心将与粤港澳中心联动推动华中、华东、华南三地产业资源融合，以市场化方式促进湖南产业高质量发展。2020年计划可完成100多家企业的招商。湖南大晶新材料有限公司是一家专业从事锂电池电解液及相关材料研发、生产、销售和服务为一体的高科技企业，公司2019年6月入驻园区，2019年10月就顺利投产。企业安置就业60余人，年产值可达1.5亿元。公司负责人宋善林对自己将工厂从东莞搬到祁阳高新区的决策十分欣慰，引来八家上下游企业到园区考察，有两家企业已确定合作意向。

（4）S（Share）——共享：以共享发展为园区可持续发展注入持久动力。整合市场资源，构建多方共享的合作机制——政企合作、银企合作、创新合作、国际合作和服务机构合作。通过政府资源共享、企业资源共享、社会资源共享、大数据资源共享等，实现各方获益，多方共赢，构建新型的共享发展关系，推动地方经济长期可持续高质量发展。金荣集团秉承"诚信是金、创新为荣"的核心理念，以"报效社会、壮大企业、成就员工"为使命，励精图治，开拓进取，实现了企业的稳定快速持续发展。不仅注重集团内部利益相关者包括投资者、经理层和企业员工的利益分配，更注重集团外部主要利益相关者的利益；尤其是特别关注与政府及其园区、入园企业、招商对象、债权人、社会公众等关系的处理。产业园区内按照"一体化共生"的要求打造园区产业生态圈，园区外按照"互利共生"的要求打造利益共同体。进入新时代，金荣集团以产业经营与资本经营为依托，全面实施企业品牌、文化、人力资源发展战略，矢志打造"科技服务集成，园区经济连锁，标准化经营管理"的科技孵化与园区经济国内第一品牌，缔造金荣集团旗下多个具有知名度、美誉度和忠诚度的产业或产品品牌，做最有社会责任感和使命感的民营企业，为国家经济再度腾飞做出卓越贡献。

二、从"EPC+O+V"模式到 PBOS 模式

"EPC+O"模式的形成：EPC 原为工程建设总包模式，包括设计、采购、施工。金荣集团创新加入 O（Operation），形成了"EPC+O"模式。EPC+O 模式由运营方牵头统筹，通过一次招标，确定产业园区的建设、施工、招商、运营单位。这一模式在缩短建设工期，降低建设成本，加快产业落地方面卓有成效，对湖南省推进"产业建设年""制造企业

进园区""承接粤港澳大湾区产业转移"等做出了实际贡献。

从"EPC+O"模式到"EPC+O+V"模式。金荣集团在实践中不断优化"EPC+O"模式。2019年，金荣集团整合资源，计划引入基金（V）来盘活政府已建成的存量、闲置园区资产，解决建设园区的资金问题，减轻政府债务负担，将"EPC+O"模式优化为"EPC+O+V"模式。2020年，湖南省产业园区建设领导小组印发《2020年湖南省产业园区工作要点》，明确了"湖南省产业园区要全面启动市场化改革，引入社会资本开发运营园区，探索推广 EPC+O+V 等市场化运营模式"。

将"EPC+O+V"模式优化完善提升为 PBOS 模式：2020年初，EPC+O+V 模式优化、完善为 PBOS（定位、建设、运营、共享）模式，PBOS 模式不仅包含了 EPC+O+V 模式的全部内容，而且进一步丰富了金荣集团建设运营园区的内涵，更加全面、准确地总结和提炼了多年来金荣集团的成熟做法和成功经验。

PBOS 模式简介。P（Plan 规划/定位）：这是园区运营的前提。根据市场调研结果，结合园区现状，对园区进行产业定位、产品定位、服务定位。B（Build 建设）：园区投资建设方式，包括 EPC（工程总承包方式）、2P（公私合作方式）、独立投资方式等。O（Operation 运营）：包括产业招商、产业培育和企业服务。S（Share 共享）：主要是整合市场资源，构建政企合作、银企合作、创新合作、国际合作、服务机构合作关系，制定各方合作与共享机制。

三、PBOS 模式的特点与学理逻辑

园区市场化改革，关键是抓好"PBOS"，即 Plan（规划）、Build（建设）、Operation（运营）、Share（共享）四个关键节点市场化的有机结合，在加快发展的同时化解好风险。科学定位，通过更贴合本地实际和市场

需求的规划设计避免资源闲置浪费;合作共建,通过引入社会资本更好解决园区建设资金来源;市场运作,通过一体化招标、产业链招商、专业化服务等方式加快产业落地成长;共享发展,通过资源整合提升园区整体配套水平和综合实力。从经济学的角度看,PBOS模式具有三个突出特点。

1. 通过更贴合本地实际和市场需求的规划设计避免资源闲置浪费。将政府的前瞻规划与企业的市场敏锐性结合起来,根据市场调研结果,结合园区现状,认真开展产业定位、产品定位、服务定位,确定主导产业和适配的基础设施,科学规划园区布局和设计多层、独栋等不同类型的厂房产品,能有效提高资源利用效率,如科创产业综合体项目1.1期和1.2/1.3期容积率分别达1.32、1.37,均显著高于一般园区(0.8左右)。对入园企业而言,相比低价租赁,花钱购置厂房也会更精打细算。

2. 通过引入社会资本更好解决园区建设资金来源。充分发挥社会资本积极性,丰富投资运营模式,减轻政府筹资压力。一是在EPC+O模式下,政府让利以成本价(有投资、税收等后期考核条件)引导入园企业购买标准厂房,由运营方负责营销,大大加快厂房租售和建设资金回笼,回收成本和开发收益,滚动用于后续开发,不新增平台公司债务;二是在社会资本独资或合资开发运营模式下,融资及相关风险由社会资本承担或分担,政府在法律法规范围内给予政策支持。从金荣集团在省内参与开发的12家园区15个项目情况来看,建成及在建项目投资112.4亿元,新建厂房524.3万m^2(含筹建100万m^2)、盘活存量厂房42.4万m^2,其中6个为独资开发,1个与当地平台公司合资开发,8个由当地平台公司投资、以EPC+O模式实施,通过多种合作模式,较好地促进了当地园区建设资金难题的破解。

3. 通过一体化招标、产业链招商、专业化服务等方式加快产业落地成长。将厂房建设、产业招商、园区运营等适于市场化、专业运作的具体事务整体委托运营商，加快产业落地和成长。实行设计采购施工运营一体化招标，厂房建设速度快、标准高，企业可拎包入驻，快速投产，降低经营风险，也有利于提升园区承接产业转移的竞争力。金荣集团介绍，其专业招商团队围绕园区定位开展产业链招商，资源丰富，机制灵活，能在开工建设前完成20%以上预招商，园区建成完成80%以上招商，且能为入驻企业提供各类基础服务和增值服务，助力企业成长壮大。

从学理看，PBOS模式的最大理论依据是将园区的政府"有形之手"的配置主要变成市场这只"无形之手"的配置，解决好"无形之手"与"有形之手"的"握手"。经济体制改革是全面深化改革的重点，核心问题是处理好政府和市场的关系，使市场在资源配置中起决定性作用和更好发挥政府作用。

四、PBOS模式运营要点

1. 以定位为关键。PBOS模式分三个层次来定位：一是产业定位。根据市场调研情况，为产业园区明确定位。根据党委、政府对产业规划发展的要求，从区位优势、市场条件、人力资源出发，结合当地产业资源、科技创新能力、产业发展现状进行定位。二是产品定位。结合产业特点，收集企业需求，导入设计团队，明确切合市场需求的产品定位。三是服务定位。制定企业综合服务平台方案、企业孵化平台方案、配套设施方案，考虑不同的产业特点及产业发展水平，结合园区区位环境及服务水平，根据不同的服务对象，进行服务定位。

2. 以招商为引领。只有招商先行才能拉动产业园区的后续建设和运营，强大的招商平台和团队是招商引领战略的前提和必备条件。招商渠道有：一是区域招商，面向粤港澳大湾区、长三角地区、京津冀地区、长株潭地区、金荣园区。二是商协会招商，依托湖南省工商联各异地商协会、各地州市驻粤港澳台、京津冀、长三角区域商协会招商。三是产业链招商，包括半导体产业链及上下游产业、智能制造产业、生物医药产业等。四是孵化链招商，包括大学、科研院所、本地企业、国际孵化、离岸孵化。招商方法有：一是产业链招商，以产业集群为主，以产业配套为辅。二是孵化链招商，开展产业孵化和培育，通过孵化培育实现产业加速。三是龙头企业招商，以龙头企业为中心，引进龙头企业上下游配套企业。四是补链招商，结合当地企业情况，发展壮大本地企业，进行补链招商，实现产业集群。金荣集团自有300人专业招商团队，通过产业招商经理人联盟联合推动，针对产业进行专业培训。开展招商策划推广，进行产业、产品策划包装，运用新媒体渠道持续推广，对接活动推进落地，根据产业园特点，制定符合企业发展的入园政策，对符合政策的给予相应奖励。以效果为导向的实效考核机制，制定针对性招商奖励政策。金荣集团为湖南产业招商经理人联盟主席单位，该联盟由14家产业地产24位产业经理人发起，有485位产业招商经理人聚集，有两大招商平台，开展了一系列富有实际成果的招商活动。

3. 以创新服务为平台。金荣集团构建四链一圈创新体系，一是产业链服务，制订产业链项目咨询服务方案，推广执行，提供产业链招商、商协会招商以及销售代理，为企业从生产到销售的供应链提供全套解决方案，对接上下游资源。二是孵化链服务，为孵化企业提供创业培训咨询、工商税务代办、项目路演与投融资对接、产业政策研究、创业辅导，以及专利申请，知识产权保护，科技成果鉴定、转化与交易等孵化服务。三是服务链打造，开展企业服务项目推广与运营，组建团队自营和通过合作共建导入平台推广销售。为企业成长提供项目的运营服务、商务服务、科技服务、金融服务、政策申报等专业的一体化园区服务。四是创新链服务。开展金融创新：项目融资、并购重组、投资基金，资产管理。助力技术创新：打造工业设计创新平台。推进国际创新：打造国际双向孵化器、国际交流合作、国际科技成果转化，构建企业成长生态圈。金荣集团打造了八大创新体系，包括规划咨询体系、科技创新体系、投融资创新服务体系、国际创新服务体系、产业招商服务体系、社会化运营服务体系、基础服务体系、大数据运营服务体系，为园区、企业提供系统、有效的解决方案。

4. 以产业落地为根本。园区建设，最终要以产业落地、发展、壮大为目标。金荣集团围绕企业做服务，围绕产业做文章，推动企业与园区精准对接，让企业找到适合自己的园区，让园区找到适合自己的企业，在较短时间内培育起适应自身实际，具有自身特色的产业集群。比如，2017年，祁阳电子信息产业园，湖南省第一批"135"工程，13万 m^2 标准厂房空置三年多。金荣集团接手后，半年内完成了9家企业的招商，现已全部入驻并投产，2018年产生税收500多万元。2018年7月，规划65万 m^2，1.1期10万 m^2 标准厂房一年内建设完成，半年内完成全部招商，引进粤港澳产业转移企业50余家入驻，预计投资总额超过20亿元，年产值约10亿元，年税收超过3000万元以上，创造就业岗位2000多个。

五、PBOS 模式的四个核心内容

1. 建设平台。构建市场化建设、招商、运营"政企合作"平台，为园区产业发展、企业成长壮大，地区经济发展提供平台载体。

2. 营造机制。建立以市场化为导向，使政府行政运行机制围绕市场转，贴近园区企业服务的机制。政府重在政策制定、规划引导、产业培育上发力,把市场机制和政府作用更好地发挥出来。

3. 整合资源。整合产业集群、科技创新、金融创新、社会化服务和大数据等资源,实现资源共享,优化配置,提高园区发展动力。

4. 算经济账。从一定意义上说,市场经济是算账经济。要为企业算发展账,企业到园区来,不仅要营利,还要有长足的发展;要为政府算效益账,地方产业要发展,经济总量要增长,财政收入要增长,要能从园区、企业获得更多的税收,为改善民生、发展社会事业、推进长远发展打好基础;平台公司提供专业服务,要有与其付出和贡献相匹配的收入。对比 PBOS 模式前后各类数据指标变化,制定符合各方利益的合作方式,让各方在园区发展中实现互利共赢。

案例:金荣澧县科创园

金荣澧县·高新区科创产业园是由湖南新澧州投资发展有限公司投资开发建设的综合性、花园式厂房园区,是澧县高新区与金荣集团共同打造的 EPCO 项目。园区由孵化楼、生活配套用房、企业独栋厂房、一字形厂房、H 形厂房构成。园区定位为承接粤港澳及长三角产业转移配套基地,以轻工纺织、电子机械为主导产业,以食品医药为辅助产业,以建筑新材为特色产业,打造两主一辅一特新高地。园区占地面积 345 亩,一期规划建设占地 128 亩,建筑面积约 14.8 万 m^2。项目整体建成后将聚集 1000 余家轻工纺织、电子机械、建筑新材等配套企业,形成千亿级产业聚集群。金荣澧县科创产业园项目按 PBOS 模式建设、招商和运营,5 个月时间内完成近 10 万 m^2 的招商。金荣集团将加快推进项目建设,争取在三年时间内完成 40 万 m^2 标准厂房建设,实现 200 亿元以上工业产值;五年内完成 70 万 m^2 标准厂房建设,实现 300 亿元以上工业产值,为澧县工业经济贡献新的增长点,为澧县产业高质量发展提供新动能。

六、PBOS 模式落地的五点要求

1. "一把手"亲自抓。推进产业园区市场化改革与转型发展对于县域省级园区和工业集中区来说,都是事关破解县域经济发展、县域工业化与城镇化以及有效化解政府隐性债务的大事,涉及国土用地、基础设施建设、财政税收、制度性交易成本等招商引资、引智政策,需要县市区党政"一把手"亲自抓。这有三大好处:一是有利于确保政令的畅通。"一把手"亲自抓,在一定程度上提高了"一把手"的责任心,"一把手"职责进一步明确,在一定程度上减少甚至避免了一些工作责任上的推诿扯皮现象,有利于最大限度地展现"一把手"的个人领导才能,充分发挥领导个人的主观能动性。二是有利于工作的强力推进。"一把手"是一个地区、一个部门的核心,由于"一把手"亲自披挂上阵,亲自组织考察,亲自制定方案,亲自召集会议,亲自协调部门间利益,亲自确定责任划分,能使工作有序、强力地得以推进,效果明显。三是有利于"一把手"能力提升。由于"一把手"必须事事亲历亲为,一方面使"一把手"能力水平、知识结构、领导艺术等方面的不足——暴露出来,逼着领导进行自我修炼、自我完善。另一方面,"一把手"在工作中亲历亲为,将自身理论与实践充分结合,强化学以致用,有利于迅速提升"一把手"解决实际问题的能力和水平。当然,"一把手"亲自抓并不等于事事包揽,在工作中要特别注意工作性质,注重强调每一个班子成员的岗位职责。不能把本属于某个副职的本职工作由"一把手"代劳。避免领导个人权力欲极度膨胀,容易产生"家长制""一言堂"的现象,久而久之,滋生了腐败思想。也可以考虑严格实行倒查问责,坚持民主集中制原则,建立健全议事规则、监督体系和科学评价体系,完善各级党委(党组)议事规则,将实施"一把手"亲自抓与贯彻落实民主集中制相结合,坚持集体领导与个人分工与结合,切实做到优势互补,才能最终形成合力,达到预期效果。特别是,上级党委政府对下级提出"一把手"亲自抓的本意,就是"达不到要求拿你'一把手'是问",这就无形中加重了"一把手"的担子。

2. 市场化意识。主要包括运营市场化,把该由市场来运作的都交给市场、企业来做,政府主要负责宏观政策的出台、产业发展的引导、规划的组织。招商市场化,只有招商先行才能拉动产业园区的后续建设和运营。强大的招商平台和团队是招商引领战略的前提和必备条件。产品市场化,对市场充分调研是产品是否符合市场需求的先决条件。金荣集团经过充分市场调研和丰富产品经验,不断优化产品切合市场需要,为产业落地提供坚实基础。服务市场化,企业进园区后需要系统的企业服务,帮助企业成长。有些地方政府没有这方面的服务经验、服务资源和人才储备。金荣集团以智慧园区系统为平台,提供线上线下相结合的优质、系统园区服务。

3. 协同推进。传统的园区建设运营,部门各自为政,不仅没有形成合力,有时还会因为协调不畅影响园区建设周期和运营质量。PBOS模式打破传统建设运营模式,对之前的建设运营参与各方进行重新"洗牌"。在推进中始终以产业为导向,以发展为目标,园区建设、招商、服务一体推进。因此,必须加强各部门的协商配合,克服各自为政。各部门都应放下自身"利益",从地区发展全局出发,不能紧盯自己的"一亩三分地",为园区发展提供服务。坚持"专业、精准、效率"导向,打破行政壁垒,提升部门与园区资源整合、职能融合、政策聚合力度,形成"企业呼叫、园区响应、部门联动"的快速反应机制,推进产业园区建设发展。

4. 共享发展。产业园区内按照"一体化共生"的要求打造园区产业生态圈，园区外按照"互利共生"的要求打造利益共同体，促进政府、运营商、企业捆绑式合作，建立资源共享、利益共享长效机制，让政府、企业、平台等各个方面在园区发展中共享成果。在园区发展中，政府获得更多的税收，企业获得更好的发展、赢得更多的利润、实现更好的发展，平台公司获得与自身提供的服务相匹配的收益。引导园区强化资源整合，通过多途径、多层次的合作，形成"1+1>2"的叠加效应。紧紧围绕共享发展的价值追求，在创新中推进合作共赢，不断优化共享发展新生态。创新发展理念，努力营造共享发展的文化氛围，树立敢于合作、共享发展的文化理念，鼓励园区内部企业、服务机构等主体强化合作意识，强化内部合作。强化资源整合，大力聚集共享发展基础要素。积极引导园区加快推进创新创业孵化器等载体，以及研发设计、实验验证、检测检验等创新服务平台和设备共享、教育培训等设施设备建设。推进智慧园区建设，以大数据为抓手，紧紧围绕主导产业、重点企业以及重点设施设备，通过数据挖掘，形成大数据资源，加快搭建园区企业大数据服务体系，打造共享发展的信息化平台，引导企业广泛利用各类共享资源促进自身发展，获取共享福利。

5. 高质量目标。高质量发展，不仅看产值，还要看税收；不仅看总产值，还要看亩均产值；不仅看当前，还要看产业长远发展；不仅看企业数量，还要看企业质量；不仅看外在规模，还要看内在关联，是否形成完整产业链条、是否形成产业聚集。必须树牢"精明增长、产城融合、服务至上"的新理念，围绕"打造园区升级版、优化产业生态圈、营造一流软环境"目标，推动园区转型升级，实现质量变革、效率变革和动力变革。注重精准，围绕产业链引进项目，围绕产业链引进投资规模大、科技含量高、辐射带动效应强和成长性好、外向度佳的企业和项目。按照土地产出效益、安全生产、环境保护三大评价体系，科学盘活低效资产，持续助推产业升级。

第三节 PBOS 模式运营优势

一、PBOS 模式的"2363"操作流程

流程如图 6-2 所示。

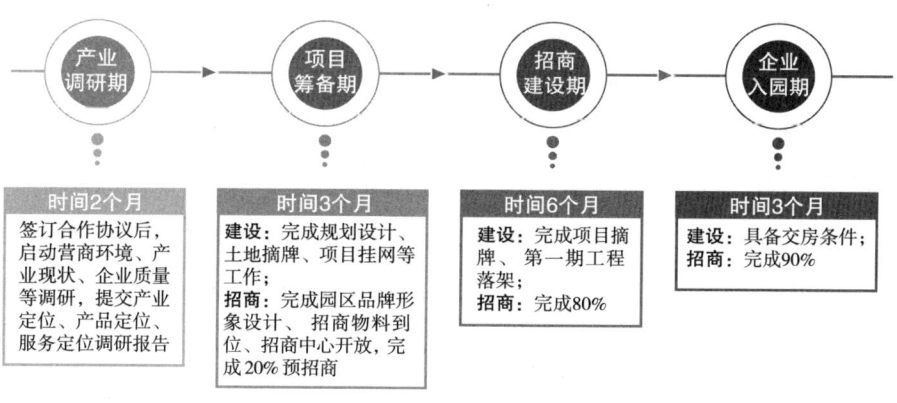

图 6-2 PBOS 模式的操作流程

"2"：2 个月的产业调研期。签订合作协议，启动市场调研，提交产业发展研究报告。

"3"：3 个月的项目筹备期。完成规划设计、土地摘牌、项目合同挂

网等工作和一期工程 20% 预招商。

"6"：6 个月的建设招商期。第一期工程主体封顶，完成 80% 招商。

"3"：3 个月企业入园期。一期工程建成交房，企业入驻，完成 90% 招商。

二、PBOS 模式的"四链一圈"（园区发展生态圈）

产业招商链：根据产业调研情况进行区域产业定位。基于区域规划、"一主一特一辅"的产业定位，建立对接产业上下游以及产业链延伸、聚集路径，重点在长三角经济圈、粤港澳城市群开展产业转移招商，线上产业链招商，实现延链、强链、补链。

科创孵化链：依托国家级科技企业孵化器平台、国家级众创空间建设运营经验，在园区构建"众创空间—孵化器—加速器"的全链条孵化体系，为众创空间、孵化器获取相应资质。

双创服务链：为入园企业提供创业孵化的全方位服务，包括种子基金、创投风投、创业培训、上市辅导、财税服务、商业计划书辅导、知识产权运营、高新技术企业认定等双创服务。

运营服务链：从园区和企业实际需求出发，提供智慧园区管理、园区物联网管理平台建设运营、园区物业服务、园区生活配套服务（智慧餐厅、生活超市、员工公寓）等综合服务。

三、PBOS 模式两大招商平台

1. 湖南—粤港澳产业转移综合服务中心。湖南—粤港澳产业转移综合服务中心是由湖南省商务厅主管，湖南省人民政府驻广州办事处、湖南省人民政府驻深圳办事处、湖南省工商联支持，湖南金荣企业集团有限公司投资建设运营的以承接粤港澳大湾区及珠三角地区产业转移为重点,集投资和人才引进、科技成果转移、湘企出海等功能于一体的综合服务平台。湖南—粤港澳产业转移综合服务中心以政府支持、市场运作的方式,通过数据分析和匹配,提供园区展示、招商空间、产业调查与研究、企业入湘等四大类服务,为企业解决前期投资选址及后期发展问题,为政府和园区实现产业链精准招商。

2. 湖南—长三角产业转移综合服务中心。湖南—长三角产业转移综合服务中心是由湖南金荣企业集团有限公司建设运营,湖南省商务厅主管,湖南省科技厅、湖南省工商联、中共湖南省委台湾工作办公室、湖南省人民政府驻上海办事处支持,以承接长三角产业转移为重点,集投资和人才引进、科技成果转移、湘企出海等功能于一体的综合服务平台,是湖南省商务厅1+3招商平台之一。湖南—长三角产业转移综合服务中心将对接长三角区域产业资源,与湖南—粤港澳产业转移综合服务中心联动,推动华中、华东、华南三地产业资源融合发展。

四、PBOS模式的"八大"服务体系

要将"四链一圈"这一理念真正落到实处,还需要一系列、标准化的运营服务体系。金荣集团通过"八大运营服务体系"为科技企业孵化提供系统、有效的解决方案。

1. 规划咨询服务体系。产业规划:区域产业调研、产业政策研究分析、产业发展规划建议;园区规划:空间规划布局、业态分布建议、产品设计建议;服务规划:服务创新产品的规划与设计。

2. 科技创新服务体系。科技创新服务载体建设:科技孵化器、众创空间、知识产权交易中心。服务内容:工业设计创新服务、技术成果交易与转化、知识产权服务、产学研联盟。

3. 投融资创新服务体系。项目融资:融资渠道、融资计划、融资模

式。并购重组：并购整合计划、财务风险分析、资本投资计划。投资基金：产业基金、科技创投基金、种子基金。资产管理：公司上市，资产证券化。

4. 国际创新服务体系。包括国际技术成果孵化与转化、国际技术交流与合作和国际创新人才引进。

5. 产业招商服务体系。营销策划：制定营销策略、定价策略和渠道策略。整合推广：推广策略、媒体运营、活动执行。租售代理：制定招商销售方案、团队组建与培训、企业大数据营销、产业链招商、商协会联动。

6. 社会化运营服务体系。政策服务：政策咨询、行政审批、项目申报。专业服务：工商代办、财税代理、信息咨询、法律服务、人力资源服务、管理咨询。党群服务：党支部建设、团支部建设、工会建设。

7. 基础服务体系。商务服务：园区巴士、票务代理、物流快递。生活服务：餐饮娱乐、酒店住宿、生活超市。物业服务：安防管理、保洁管理、设施管理、能源管理。智慧餐厅：智能结算、营养定制、智慧管理。

8. 大数据运营服务体系。园区企业大数据平台：企业信息、政府信息、市场信息。智慧园区运营管理：园区 App。园区服务电商平台：B2B、B2C。

五、PBOS 模式的十四大创新平台

"金荣集团·雅创园区标准化服务运营体系"已通过 ISO9001 服务质量体系认证。依托旗下国家级科技企业孵化器——湖南麓谷科技孵化器有限公司、科技部认定的国家级众创空间品牌——麓风创咖，以园区服务中心为平台，为园区中小微企业提供基础服务、政策服务、专业服务、

商务生活配套服务。同时成立了核心服务联盟机构，为企业提供增值服务，包括为企业提供科技创新、融资担保、创业投资、创新设计、一带一路国际市场拓展、技术合作等服务，全方位满足中小企业成长发展过程中的服务需求。

1. 国家级中小企业公共服务平台。金荣集团积极倡导和参与科技创新服务领域，致力构建"科技园区、科技服务、科技投融资"产业体系，探索"集成化、标准化、专业化"的创新服务模式。金荣集团根据科技型中小企业的实际需求，构建了以"基础服务、政策服务、专业服务"为主要内容的科技孵化服务体系，建设了国家级创业服务平台，为中小企业提供信息、技术、创业、培训、融资等公共服务。金荣集团已累计服务中小微型企业超过1000家。2014年，获国家工信部"国家中小企业公共服务示范平台"权威认定。

2. 中小企业创新成长和资本运营全链条服务平台。湖南白马朝驰企业管理顾问有限公司（以下简称"白马朝驰"）是雅创科服旗下专注于中小企业创新成长和资本运营全链条服务的专业服务商，下辖培训事业部、投融资事业部和领投基金三大事业部，核心业务包括培训培育、咨询顾问及领投基金三大业务板块。白马朝驰可为中小企业提供产业定位、战略选择、商业模式创新、商业计划书表达、投融资路演会、企业路演呈现、圈子融资、投资机构股权融资、政策性资金申报、债权融资、被并购融资、四板挂牌、上市路径规划、并购重组等十四大范畴的创新服务，服务产品包括"培训培育、咨询顾问、领投基金、综合解决方案"四大类。

3. 智慧园区。智慧园区运用物联网、云计算、多媒体等现代信息技术，通过为园区管委会、企业和员工提供多维度的管理与服务，全面提升园区形象与竞争力，实现智慧园区与实体经济融合发展，是具有整体性、创新性、生态性、个性化、特色化的运营管理体系。金荣集团智慧园区已逐步形成"1+2+3"的设计框架服务体系,即"一个门户":统一门户网站;"两大中心":物联感知中心、大数据分析中心;"三大平台":招商大数据平台、运营服务平台、数字孪生平台。祁阳高新区是湖南省首个信息化管理改革试点园区。祁阳高新区智慧园区项目由祁阳高新区联合金荣集团按照 PBOS 模式倾力打造,目前在优化园区发展环境、推动园区高质量发展方面已取得显著成效,是具有祁阳特色的 PBOS 样板园区。

4. 麓风创咖。麓风创咖依托"麓谷孵化"自身管理园区,通过建立众创空间与园区企业互动的模式,为园区产业发展选苗、育苗。麓风创咖由创业咖啡馆和创客空间组成,采用开放合作、发展共赢的理念,面向全社会招引创业项目,提供全方位、一条龙的创业辅导服务。除为创业者提供免费场地和配套服务外,主要通过多种形式的培训、辅导、创业比赛和各类活动,推广创业文化,培育创业能力,发掘投资项目。麓风创咖已形成交流平台、创新孵化器、创业培训、天使投资"四位一体"的创新创业服务体系,着力为大学生创业、小型微型企业创业创新构建公共服务平台。金荣集团麓风创咖是创业项目的集聚地、创业活动的集中地、创新思维的发源地,并致力成为湖南创新创业服务机构的标杆企业。2014 年,被国家科技部授予"国家首批众创空间"荣誉称号。

5. 国家级小型微型创业创新基地。金荣集团旗下的麓谷孵化器以科技型中小企业和科技创业者为服务对象,可为科技型初创企业和创业者提供创业场地,并提供创业初期政务、政策、辅导、资金等全方位的创业支持。为规范各项服务流程,提高服务水平和效率,麓谷孵化器对服务体系进行了标准化的梳理,制定了标准化的工作模式和服务流程,并通过了 ISO9001 标准化服务体系认证。2020 年,麓谷孵化器已成功助力上千家小微型企业成长，上百家企业进入加速器，旗下投资运营的产业园区，已成为中小企业尤其是小微型企业集群诞生基地。2015 年，麓谷孵化器被国家工信部授予"国家级小型微型创业创新基地"荣誉称号。

6. 国家级科技企业孵化器。金荣集团旗下的湖南麓谷科技孵化器有限公司（以下简称麓谷孵化器），是国内最早的一批民营科技企业孵化器，先后被湖南省科学技术厅和国家科技部火炬中心认定为湖南省科技企业孵化器和国家级科技企业孵化器。麓谷孵化器在省、市、高新区各级政府和主管部门的关心和支持下，始终坚持以科技型中小企业和科技创业者为服务对象，发挥地处长沙国家高新区的区位优势和辐射作用，依靠重点高校、国家级科研院所等科技资源，初步形成了"政府指导+市场运作"的科技企业孵化模式，孵化基地面积已运营 5 万 m^2，新建基地面积 3 万 m^2，截至 2020 年底，在园科技型中小企业共 189 家，是湖南省最大的民营科技企业孵化器。

7. 湘台中小企业合作服务平台。为落实"互联网+"国家战略，促进中小企业转型发展，顺应新一轮全球科技革命和产业变革大势、引领经济发展新常态，推动湘台中小企业和互联网产业健康发展，金荣集团利用"互联网+"打造了湘台中小企业合作服务平台。通过搭建湘台产业平台，整合两岸资源，实现资源共享，共同推动交流合作。可为台湾中小企业开发大陆市场提供桥梁和孵化基地，同时也为湘企学习台湾企业的先进技术、管理经验、创新理念提供"一站式"服务平台，帮助湘企开拓市场，共同推进合作区域间经济稳步增长。

8. 智慧餐厅。智慧餐厅是基于物联网和云计算技术为餐饮店量身打造的智能管理系统，通过客人自主点餐系统、服务呼叫系统、前台收银系统、预定排号系统以及信息管理系统等显著节约用工数量、降低经营成本、提升管理绩效。2019 年 12 月 12 日，祁阳电子信息产业园配套智慧餐厅正式营业。用餐者可通过绑定商家微信公众号，在线了解餐厅的整体情况，通过智能服务功能，在线排队、等位、下单，大大节约了企业员工就餐时间，智慧餐厅为用餐者提供了更加便利的生活服务。智慧餐厅后台管理系统可为商家提供专属营销方案、游戏互动、活动宣传、会员管理、数据分析、扫码支付等功能服务，通过为管理者实时推送经营数据，建立会员管理制度，帮助餐厅经营者进行营销方案精准实施，为餐厅经营者节约成本、提高效率。

9. 电子商务公共服务中心。比如祁阳县电子商务公共服务中心（以下简称服务中心），建筑面积约 $5000m^2$，配有中央空调、办公桌椅、网络、电脑等公共设施设备，现有电商相关入驻企业 69 家，入驻电商服务机构 32 家。服务中心作为祁阳县电子商务公共服务实体，立足扎根于农村，服务电商相关企业及创业者，为入驻企业及创业者提供摄影美工、品牌培育、创意设计、文化包装、运营推广、平台建设、移动互联等系统性全面电商服务，为意向或正在从事电子商务事业的人士提供一对一的电子商务技能培训、客服托管、订单协管、后期技术维护、技术升级更新、数据挖掘、货源提供、分拣发货等电商创业一站式服务。

10. 金荣商学院。金荣商学院是金荣集团政策研究、战略研究、市场研究、产品研发、人才培训的专设机构。主要为集团重点园区运营与服务主业，提供商业模式创建、理论产品与知识产品的创造、管理团队的培训建设等服务。学院下设"金荣产业地产研究院""园区企业家俱乐部（私董会）"与"中坚研习社"等分院与社团组织。企业家俱乐部以园区中小微企业主为主要服务对象，致力搭建企业家联络与活动服务平台；金荣产业地产研究院，主要为园区建设提供智力资源；中坚研习社以园区企业中层骨干为主要服务对象，建立增进交流、研讨工作、专业培训、考察学习、共同提升的服务平台。金荣商学院是园区运营与服务产品的创研中心,是企业家沟通、交流与合作的社群平台。

11. 中德科学技术转移中心。中德科学技术转移中心是受德国梅克伦堡——前波美拉尼亚州和长沙市科技局共同委托、由中德两国的企业共同建设、为中德中小微企业开展技术交流与合作的公共服务平台,由湖南中德科技孵化器有限公司管理和运营。自2016年2月组建以来,已有来自德国、瑞士和土耳其等国家的精密加工、新材料、汽车零部件等领域的欧洲企业落户湖南,并帮助湖南的本土企业将产品成功地打入欧洲市场。中德科学技术转移中心是湖南省长沙市首个专注于中德两国中小企业间开展技术与商贸合作的服务平台。

12. 知识产权服务联盟。湖南知识产权服务联盟由省知识产权信息服务中心、省知识产权交易中心和湖南金荣企业集团有限公司联合发起成立。联盟秉承"服务公众、服务企业、服务社会、服务政府"的宗旨,以提升知识产权服务机构的竞争力、抗风险能力和持续发展能力为目标,促进联盟成员单位的自身发展,为社会提供知识产权创造、运用、保护和管理的相应服务。联盟广泛吸收和集聚省内外的优势资源,联合国内知名的知识产权代理、咨询、评估、鉴定、培训、战略预警的服务机构、高校、行业组织和软件企业,通过战略合作的方式,为湖南企业和公众提供全方位的知识产权服务。

13. 创新中心工业设计创新服务平台。湖南北卡创新中心工业设计创新服务平台由湖南省产业技术协同创新有限公司、长沙高新区管委会、湖南雅创科技服务有限公司三方联合共建,并成立湖南北卡国际创新创业服务有限公司作为运营主体。平台全面落实国家、省、市相关政策精神,以"政府引导、国际合作、院校联动、市场运营"的模式,整合各类创新资源,以企业需求为导向加强工业设计创新和成果推广应用,彰显国际视野与区域品牌影响力,加快湖南省工业设计产业快速发展,推动优势产业的跨越升级。

14. 中小企业核心服务机构。金荣集团旗下湖南雅创科技服务有限公司运营的中小企业公共服务平台，2016年经湖南省经信委专家评审，被认定为湖南省中小微企业核心服务机构。中小企业公共服务平台致力为中小企业提供公益性、基础性科技服务，促进中小企业产学研用协同创新和科技成果转移转化；通过为中小企业提供信息、技术、融资、管理、培训、法律、市场开拓、创业辅导等创新服务，致力为中小企业转型升级、高质量发展保驾护航。

第七章
PBOS 模式的价值提供与推广

如何统筹推进化解债务风险与实现高质量发展，是摆在园区管理和运营者面前的紧迫而现实的问题。PBOS 模式可以破解目前园区的难点、堵点；PBOS 模式可以让园区"专精特新"；PBOS 模式可以让园区"多快好省安"。

第一节　PBOS模式破解目前园区的难点、堵点

后疫情时代如何统筹推进化解债务风险与实现高质量发展，是摆在园区管理和运营者面前的紧迫而现实的问题。总体来看，经过几十年的探索，产业园区取得了长足的发展，但也面临一些新挑战。主要有：一是功能发挥方面，标准厂房有待充分利用。二是债务风险方面，化解力度有待加大。三是转型升级方面，产业集聚层次有待提升。许多园区事先未有效结合自身特色搞好产业定位，优势特色不明显，同质化严重，引入企业以简单空间集聚为主，功能上缺乏紧密联系分工。在各级园区中，真正形成产业链的不多。四是招商运营方面，市场化、专业化有待提速。目前园区绝大多数仍由园区管委会及所属平台公司运营管理，园区管理去行政化仍任重道远，以编内人员和相对固化雇员为主，在运营市场化、专业化上存在显著差距，招商往往依赖于比拼土地、税收等优惠政策，引进企业容易候鸟式迁徙，研发、推广、融资等企业服务平台缺失，园区运营效率亟待提高。

为充分应对上述挑战，就要相应升级换代打造园区升级版，着力提高厂房使用效益、化解债务风险、强化产业集聚、优化运营管理，进一步引入市场机制，推进园区持续健康发展。一些园区痛点凸显，发展受限，一直实施政府主导的开发模式，平台公司独资开发运营，园区运行机制与发展需求矛盾日益凸显，产业层次不高、投资主体单一、债务风险较大等痛点严重制约了发展后劲。为破解园区发展困境，一些园区主动求变，引入PBOS模式，确立市场化办园方向，积极顺应产业为转移

趋势，立足区位优势，将产业链建设列为一把手工程，探索"政企合作、园企共建"。短短的时间内，园区就焕发生机，实现跨越。

从实地调研和座谈讨论情况来看，PBOS 模式运营园区，突出 Plan（规划）、Build（建设）、Operation（运营）、Share（共享）市场化的有机结合，较好地解决了四个方面的实际问题，在统筹发展和化解债务风险的平衡中走出了一条新路子。一是解决了政府办园区负债发展"难为继"的问题。在国家严控地方政府债务风险的政策环境下，平台公司举债建设并运营园区的老路越来越窄，资金筹措困难，存量债务也无力化解。引入社会资本参与建园和运营，大大减轻了政府债务压力，为园区发展注入了新动力。园区开发效率大大提高，债务风险有效控制。一方面建得快，交付时间短。项目实施实行设计采购施工运营（EPC+O）一次招标，从建设到企业入驻生产，10 万 m² 园区仅需要 10 个月左右，比常规模式加快一倍。另一方面销得快，回款周期短。厂房由运营商负责招商营销，边建边销，边支付边回款。在不增加平台公司债务的同时，显著改善了产业基础设施，有利于抓住产业转移机遇，壮大园区经济。二是解决了入园企业轻资产无抵押"难融资"的问题。三是解决了大型国有或民营集团参与园区管理和发展"难契合"的问题。四是解决了园区市场化专业化管理水平"难提高"的问题。

园区市场化改革，关键是抓好 PBOS 即 Plan（规划）、Build（建设）、Operation（运营）、Share（共享）四个层面市场化的有机结合，在加快发展的同时化解好风险，其模式主要有四个特点。

1. 科学定位，通过更贴合本地实际和市场需求的规划设计避免资源闲置浪费。将政府的前瞻规划与企业的市场敏锐性结合起来，根据市场调研结果，结合园区现状，认真开展产业定位、产品定位、服务定位，确定主导产业和适配的基础设施，科学规划园区布局和设计多层、独栋等不同类型的厂房产品，能有效提高资源利用效率。对入园企业而言，相比低价租赁，花钱购置厂房也会更精打细算。

2. 合作共建，通过引入社会资本更好解决园区建设资金来源。充分发挥社会资本积极性，丰富投资运营模式，减轻政府筹资压力。一是在 EPC+O 模式下，政府让利以成本价（有投资、税收等后期考核条件）引导入园企业购买标准厂房，由运营方负责营销，大大加快厂房租售和建设资金回笼，回收成本和开发收益，滚动用于后续开发，不新增平台公司债务；二是在社会资本独资或合资开发运营模式下，融资及相关风险由社会资本承担或分担，政府在法律法规范围内给予政策支持。

3. 市场运作，通过一体化招标、产业链招商、专业化服务等方式加快产业落地成长。将厂房建设、产业招商、园区运营等适于市场化、专业运作的具体事务整体委托运营商，加快产业落地和成长。实行设计采购施工运营一体化招标，厂房建设速度快、标准高，企业可"拎包"入驻，快速投产，降低经营风险，也有利于提升园区承接产业转移的竞争力。以金荣集团运营园区为例，其专业招商团队围绕园区定位开展产业链招商，资源丰富，机制灵活，能在开工建设前完成 20% 以上预招商，园区建成完成 80% 以上招商，且能为入驻企业提供各类基础服务和增值服务，助力企业成长壮大。

4. 共享发展，通过资源整合提升园区整体配套水平和综合实力。通过整合政府、企业和市场资源，发挥各自优势，构建共赢局面。园区平台公司向金荣集团按厂房租售情况支付佣金，并参股园区工业企业和孵化器企业。政府获得产业发展、税收增加、就业增加、基础设施完善等经济社会效益，运营商获取承包项目利润、投资收益、营销佣金、新增财税收入地方留成部分奖励等回报，入驻企业得到平价优质厂房资产、专业服务平台、产业配套等发展资源。

第七章 PBOS模式的价值提供与推广

案例:象牙塔旁的"双创谷"——金荣麓谷国际工业园

金荣麓谷国际工业园位于长沙国家高新技术开发区——麓谷,由湖南金荣企业集团有限公司旗下麓谷科技开发,总占地300亩,总建筑面积约34万m^2,总投资10亿元人民币。作为湖南首家"独立产权式"企业发展基地,麓谷国际工业园具有为企业提供包括投资融资服务、企业战略管理咨询服务、财务管理服务、人力资源开发与管理服务、科技服务、物流服务、商务服务等内容的"全程服务"功能。园内还建有麓谷国际留学人员创业园、虚拟科技研发中心、博士后科研工作站、大学科研开发中心、网上技术市场等创业技术平台。服务企业600余家,就业人数15000人,年产值超过30亿元。被工信部认定为国家小型微型企业创业创新示范基地。

服务内容:湖南第一个民营"独立产权式"园区基地,提供园区从产业规划、园区建设、园区基础物业服务、企业金融服务、园区商务服务到产业招商等"全托管"服务。组建长沙高新区党工团建第二联组,组织园区企业开展党建、群建工作。2006年,为满足创业型的中小企业对生产经营场地日益增长的需求,湖南麓谷科技孵化器有限公司开发了麓谷国际工业园,作为科技型高新技术企业的发展基地。项目总体分三期开发,规划三个区(生产厂房区、创业孵化区、生活配套服务区),按分期实施、稳妥推进、滚动开发的原则进行建设,总建设周期为5年。其中生活配套服务区约2万m^2,生产厂房区约25万m^2,创业孵化区约7万m^2。

麓谷国际工业园北临大河西主干道桐梓坡路,离长常高速、319国道、长沙西三环、高新区管委会均不到2公里。园区内员工宿舍、公寓、食堂、会所、商务中心等设施齐备,为园内企业提供完善的生活、后勤、商务方面的一站式服务,有效地降低了入园企业的运营成本。麓谷国际工业园依托国家科技扶持政策和市场资源,为科技企业提供创业集成服务,建立了基础服务和专业服务两大平台。其中,基础服务平台包括物业、商务、信息、会展、社区、物流等服务内容,专业服务包括金融服务、科技咨询、技术支持、行政综合、人力资源和创业投资等服务内容。园区享受国务院、省、市政府以及高新区优惠政策,对园内高新技术企业实行挂牌无费管理。园区已引进医疗器材、生物医药、电子电器、软件开发、新材料等行业企业120余家。园区东倚麓谷生态绿地,自然环境优越。园区坚持"以人为本""以自然生态保护为中心"的开发原则,将防护绿地、公园、广场、居住区公共绿地作为整体进行开发布局,整个园区绿地相互连接成一个有机整体,园区绿地率达35%,充分体现了园区开发与自然环境的和谐统一。麓谷国际工业园紧邻湖南大学城。中南大学、湖南大学、湖南师范大学等全国首屈一指的高等学府和科研院所汇集于此,是园区企业的人才宝库,是高新技术企业发展的坚强后盾。

第二节　PBOS模式让园区"专精特新"

一、专在专业人干专业事

无论是产业投资还是园区开发,都是极具专业性的事情,产业园区开发涉及规划定位、开发建设、招商引资、运营服务等多个环节,是一项复杂的系统工程,不是政府大包大揽就能做好的,也不是一个单纯的实体企业就能够从事的领域。产业投资的目的是分享企业成长的红利,培育新的利润增长点,园区开发商并不完全懂实体企业的发展规律。专业的人就应该做专业的事，在园区建设与运营中，政府主要是提供土地资源、制定宏观政策、进行产业规划等，园区运营商扮演好投资开发、运营、服务的角色，实体企业则大力发展实业，彼此合作却并不过多干预，实现多赢。

PBOS模式的一个显著特点是突出政府、园区运营商、园区企业之间的分工与协作。政府不再大包大揽，花了大量人力、财力、物力却收益甚小；园区企业专注于产品开发生产和品牌打造；园区运营商则负责为政府及园区企业提供一体化、市场化、专业化的服务。过去政府运营园区模式也强调服务，但不专业，更没有做一体化的细分。一般建房子归建房子的，卖房子归卖房子的，运营归运营的，物业管理归物业管理的。PBOS模式的特点就是与生产的产品、产区的供给、企业的需要、做什么产品相结合，为设计、施工、招商、运营提供专业化、一体化的服务。

PBOS模式运营的三个特点，一是突出了定位，二是突出了服务，三是形成了有效的模式。PBOS在金荣集团发展实践中，成为全省的样板和一个标杆。具有了较强的战略谋划能力、招商运营的能力、企业服务的能力。

二、精在招商与产业生态培育

从一定意义上讲，产业园区开发的过程就是招商和产业生态培养的过程。过去，一些地方政府为了加快园区发展，通过税收优惠、基础设施配套和公共服务等举措进行全面的招商引资，创造了许多"经济奇迹"和"财富神话"。然而，随着园区行业形势的更迭与发展，传统的坐地招商、政策招商早已不再对企业有太多的吸引力，在不断更新的经济环境和竞争要求下，开始暴露出诸多的问题。PBOS模式创新招商模式，改政策招商为市场化招商，改单一的企业招商为产业招商，培育产业生态，改"捡到篮子就是菜"式的无选择式招商为围绕"产业链"招商，把招商的过程变为延链、补链、强链的过程。

招商引资的本质是资源整合，亦即园区的资源或者说一个区域的资源与投资者投资行为结合与交换的过程。投资者是来发展产业的，发展产业就一定要产生收益。

招商三要素。第一个要素是区域发展的经济要素，园区有什么资源优势，有什么比较优势，这是基础。不能离开园区的基础谈招商，每个基础优势都不一样，所以一定要分析本地的比较优势是什么。比如，在长沙的高新区发展移动互联网产业园，基于两个比较优势：第一，湖南有人才；第二，相较其他城市成本低。当时只有不到100家企业，而园区发挥比较优势，只用了五六年的时间，现在是上万家，产值过千亿元。第二个要素是投资商的整合能力，投资者要到园区来，要整合园区的资源。怎么样激发投资者的投资欲望和投资的动力，是招商引资的一个核心环节。实际上也是一个资源的整合和效益最大化的过程，是内部资源和外部资源怎么有效匹配的问题。第三个要素是合作共赢。园区招商最终有一个利益平衡机制，作为园区来讲，运营机构要算大账，算长远的账，作为投资商必须考虑园区的承受能力。

招商三部曲。第一是价值认同，通过深入对接沟通，形成一个共同的目标。第二是共同的理念，思想是一种交换资源配置的过程，是一种利益的博弈和交换，通过深入沟通、对接找到结合点和平衡点。第三是形成双赢的协议，形成利益的共同体。

要提升招商能力，第一是要定位好，科学地定位、有的放矢。PBOS模式P就是定位，定位是一个很重要的顶层设计。这样就不是大海捞针地去招商，而是有的放矢，瞄准一个产业，比如，移动互联网产业、工程机械产业，不是泛泛盲目地去招商，突出产业链招商、主题招商、点对点的招商。上市公司每天都有公报、研报、公告，要从多如牛毛的报告当中发现要招商的目标。要有战略的分析，到底这个行业500强在哪里？行业的前10强在哪里？上市公司在哪里？第二是拓展渠道，扩大招商的网络，把覆盖面扩大。金荣集团做了很好的尝试，充分利用粤港澳大湾区、长三角招商平台等。要充分利用各种社会资源，特别是商会、协会、联盟、中介机构或者办事处、乡友、战友、学友。要把渠道拓宽，要以商招商，特别是龙头企业，比如，浏阳开发区，蓝思科技就可以围绕它的供应链招商，实际上就是一个专业的招商。因为企业到了一个很大的体量以后，也可以带动其他的企业，包括长沙经开区的汽车，许多汽车厂商在做，达到一两百万辆汽车的规模后，自然就会围绕配套件形成一个氛围。同时，内外结合，培育产业生态，在一个县一个区，不仅要向外，而且要向内，内外结合。培育新兴产业，培育中小企业是很重要的任务。中小企业是最大的客户，也是最重要的客户。这些中小企业往往是本土企业，如果没有这些本土企业，外面的企业是进不来的。外面的大企业有可能就是通过这些中小企业一个影响和嫁接过来，有些大企业就为了收购一个小企业，或者为小企业提供一些配套，还有一些有些联系就可以引进来。要高度重视本土企业的培养，不是把狼引进来，把羊都吃掉，而是要把外面的狼引进来，来带动当地的发展。实际上作为园区，作为运营机构，既要重视区外的企业，更要重视区内的企业，既要重视大企业，更要重视中小企业。

产业生态培育。产业生态需要有适宜的土壤、适宜的温度、适宜的养分。比如，小企业最困难的时候是在初创阶段，最大的问题是缺钱。只要能够降低产业的成本，提供专业化的服务，就能对企业产生一定的吸引力。产业生态中有一个很重要的问题，是要提供全方位、全过程、全要素的服务。物业管理综合配套，包括智慧园区、停车配套，生产性服务，物流仓储人才、财务、审计。PBOS模式的服务对象更多的就是初创型的企业、成长型的企业。PBOS模式以个性化服务中小企业，初创期就进孵化楼，了解成长期企业的成长痛点是什么，围绕痛点来突破。从资金、人才、设备等方面全方位、全过程、全要素地提供服务，帮助初创型、成长型企业尽快成长。

三、特在园区定位与产业链谋划

产业定位是指某一区域根据自身具有的综合优势和独特优势、所处的经济发展阶段以及各产业的运行特点，合理地进行产业发展规划和布局，确定主导产业、支柱产业以及基础产业。PBOS模式充分考虑园区的资源禀赋、区位优势、产业基础、区域分工协作以及产业升级和产业转移等因素，对产业园区进行科学产业定位和产业链谋划。

关于园区定位。第一，从战略上来进行谋划，分析区域经济发展的基础，资源禀赋和比较优势和发展的特色，明确主导产业和主攻方向，战略上要有高度，战略谋划得准，谋划得好，见效就快，发展就好。第二，做产业规划，在战略谋划的基础上，把产业的规划做好。对一个县来讲，搞一组主导产业范围比较大，搞一个是最好的，这样主攻方向就明确了。战略上明确主导产业链，明确发展路线图，才能把产业链谋划好。

产业链谋划主要是"两库两图"：现状图、远景图，项目库、企业库。今后要发展什么样的项目，将来要引进什么样的企业，围绕产业链思考应当具备的强项，应当补充的弱项，应当延伸拓展的部位，找准产业链的各个环节。

四、新在机制与力量

PBOS 园区运营探索建立了一种全新的园区运营模式,有效激发了园区发展的各种要素和资源,为园区发展注入了强劲动力。比如,土地运营机制创新方面。园区土地运营有两个层次,第一个层次是一级开发卖地。这其中又包括两个方面:工业性用地和一般经营性用地。一般经营性用地占工业性用地的 1/3 左右时,是基本平衡的,也就是说 100 亩中有 30 亩左右的经营经用地基本上能够弥补工业用地的损失。但经营性用地特别是房地产用地是一锤子买卖,工业性用地则可以长期培育产生税收。这是当前和长远的关系问题。第二个层次是经营房地产。这其中又分三个方面,一是进行二级开发及建造标准厂房、工业园区、住宅楼,这实际上是深度开发;二是深度开发后卖房。三是卖服务,为企业提供一体化、市场化、专业化的服务。

园区发展的四种力量。第一是市场的力量。无论是园区建设还是园区运营,市场都起决定性作用,园区运营要面向市场、研究市场、把握市场。成熟的市场经济,政府是收益人,完全的市场经济是不需要干预的,但政府引导与市场结合的市场经济能克服市场本身的弊端。所以园区运营既要做市场的守护者也要做引导者、参与者、支持者、合伙人。第二是资本的力量。发挥资本的杠杆作用,经营企业的企业,可以利用资本的力量去推动。在推进过程中,还可以通过经营企业找到利益的最大化。比如,5 年前湘江新区投了十几亿元,撬动了 100 多亿元的社会资本,引进了十几家基金公司,项目投资额达到 4.5 亿元,在长沙的项目有 80 多个。第三是速度的力量。市场经济没有速度也不行,速度就是效益,这里的速度是指有质量的安全的速度。作为经营来讲,就是要迅速、积极地扩张。在大力推广市场化改革的时候,速度更有价值。建设需要速度，招商也需要速度，产业发展更需要速度，把速度提上来，见效就快，见效快，信心就足，就可以给政府信心，给企业信心，给社会信心。第四是知识的力量。能力有多大，舞台就有多大。金荣集团要建设一个学习型、创新型、高效型的企业，外抓园区的拓展，内抓素质的提升。

第三节　PBOS 模式让园区"多快好省安"

一、PBOS 模式具体价值

PBOS 模式的核心价值主要有以下五个方面。

1. 依托市场资源，解决政府园区建设资金

（1）政府以建设成本价向企业销售厂房，企业通过银行按揭贷款，解决企业购厂房资金，使项目公司形成稳定的现金流。银行愿意为园区建设提供项目贷款资金支持。

（2）通过组建 PBOS 园区基金、引进银行资金，解决园区建设资金；通过招商引进产业，盘活政府平台公司的存量厂房，实现资产的保值增值，化解政府债务。

（3）通过银企合作，破解企业融资难的困局。

2. 提高土地利用率，实现土地集约使用

（1）企业以成本价购买厂房。政府不向企业直接供地，减少了土地的浪费，提高了土地利用率。

（2）金荣集团根据产业定位和不同企业的需求，进行区别化的园区规划设计，根据企业的不同发展阶段，引导其入驻众创空间、孵化器、

加速器、总部基地等不同载体，使土地容积率达到1.6—2.5，实现土地集约化使用。

3. 缩短园区建设周期，加快企业落地

（1）通过整体一次招标，解决园区规划、设计、建设、招商、运营、服务等一揽子需求，大大提高工作效率，彻底解决政府园区建设周期长问题。

（2）"EPC+O"模式，从建设到完成园区企业入驻，10万m^2园区仅需要10个月左右的时间，常规模式需要24个月以上。

4. 由政府政策招商，转向市场招商

（1）强大的招商团队。金荣集团拥有300多人的专业招商团队和500多人的招商合作伙伴。金荣集团能在园区开工建设前完成20%以上的预招商，到园区建成，能完成80%以上的招商。

（2）强大的招商平台。在湖南省商务厅主管和领导下，金荣集团在粤港澳大湾区前沿地——深圳市南山科学园年投入800多万元打造了1000m^2的湖南—粤港澳产业转移综合服务中心，以承接粤港澳大湾区产业转移。2020年，金荣集团正在商务厅指导支持下，在上海、昆山建立长三角产业转移服务中心。

（3）产业链招商与产业集群招商。

5. 由政府运营园区，转向市场化服务

（1）金荣集团站在企业和产业角度，协助地方政府制定更具针对性的产业培育和扶持政策，促进产业落地，从企业招商谈判到入园生产仅需三个月的时间。

（2）金荣集团为园区企业解决吃、住、行、乐和党团活动、产业服务、商务服务，导入创投风投、银行金融、供应链金融、智慧园区管理、科技孵化、知识产权、商协会交流等平台资源与增值服务，助力企业健康高速成长。

二、PBOS 模式的抽象价值

PBOS 模式的抽象价值主要体现在五个字:"多""快""好""省""安"。

1. "多"——招商信息多,招商渠道多,承接项目区域多

依托湖南—粤港澳产业转移综合服务中心、湖南—长三角产业转移综合服务中心两大招商平台和专业化的招商团队。以政府支持、市场运作的方式,通过数据分析和匹配,提供园区展示、招商空间、产业调查与研究、企业入湘等四大类服务,为企业解决前期投资选址及后期发展问题,为政府和园区实现产业链精准招商。以承接产业转移为重点,集投资和人才引进、科技成果转移、湘企出海等功能于一体,推动华中、华东、华南三地产业资源融合发展。

近年来,金荣集团开展产业链招商、行业商协会招商、产业集群招商等多种招商方式,2019 年仅一个招商平台就引进 120 家企业到湖南投资发展,总投资近 100 亿元,其中以电子信息、新材料、智能制造、生物医药器械等产业为主,市场化招商成效初见。2020 年上半年虽受疫情影响,但仍然引进 118 家企业入湘投资。2020 年 7 月刚刚启动运营的湖南—长三角产业转移综合服务中心开局良好,长三角中心将与粤港澳中心联动推动华中、华东、华南三地产业资源融合,以市场化方式促进湖南相关产业高质量发展。

案例:县域经济的"格桑花"——焕发活力的祁阳高新区

祁阳高新区(原经开区)自 1996 年创建至 2017 年,一直实施政府主导的开发模式,平台公司独资开发运营,经过 20 多年建设,园区运行

机制与发展需求矛盾日益凸显，产业层次不高、投资主体单一、债务风险较大等痛点日益凸显，严重制约了发展后劲。祁阳高新区在2016年度全省产业园区综合评价排名第53位，在永州市产业园区考核排名第3位。当地干部也反映，受限于上述因素，祁阳的区位和资源优势、承接产业转移潜能未得到充分发挥。

近年来，祁阳县主动求变，确立市场化办园方向，积极顺应产业转移趋势，立足区位优势，将产业链建设列为一把手工程，创新"135"工程实践，探索"政企合作、园企共建"。2017年5月与民营企业湖南金荣集团签订协议建立战略合作关系，将园区交由该集团建设招商运营，经过两年多的实践检验，祁阳县则取得了园区"翻番"的骄人成绩：从2016年到2019年，祁阳经开区规模工业总产值由180亿元增至300亿元，税收由3.5亿元增至7.6亿元，规模工业企业由79家增至157家，在全省和全市产业园区综合评价中分别由2016年度的第53位、第3位上升至2018年度的第22位、第1位。产业集聚加速，目前已初步形成轻纺制鞋、新能源新材料、先进装备制造等优势产业，2019年引进链条型企业65个，节约土地1500余亩，平均投资强度500万元/平方千米、产出效益30万元/平方千米。东骏纺织、俊邦纺织、大联纺织等龙头纺织企业，未来3年可形成产值过100亿元产业链。高新技术产业主营业务收入占比高达75%，2019年园区成功转型为高新区。与此同时，实现地方政府债务不升反降，成功走出了一条化债转型高质量发展之路。

2. "快"——建设速度快，招商签约快，项目入园快

PBOS模式产业调研期仅为2个月，签订合作协议后，启动营商环境、产业现状、企业质量等调研，提交产业定位、产品定位、服务定位调研报告。项目筹备期仅为3个月，完成规划设计、土地摘牌、项目挂

网等工作；招商：完成园区品牌形象设计、招商物料到位、招商中心开放，完成20%预招商。建设招商期仅为6个月，完成项目摘牌、第一期工程落架，完成80%招商。企业入园期仅3个月，具备交房条件时，招商完成90%。

通过整体一次招标，解决园区规划、设计、建设、招商、运营、服务等一揽子需求，大大提高工作效率，彻底解决政府园区建设周期长问题。园区建设有企业自建、合资共建和园企共建三种形式。常规形式建设10万m^2标准厂房需要24个月左右，而园企共建形式仅仅需要10个月左右，大大缩短了建设周期、工程造价，提升了资金周转效率和产业落地速度。市场化招商方面，金荣集团在湖南省商务厅领导支持下，打造了一支近千人的专业招商团队，实现在园区开工建设前就完成20%以上的预招商，到园区建成时即完成80%以上的招商。运用PBOS模式强大的市场化招商平台有利于导入全国优势产业资源和科技成果。按照产业链和产业集群招商，使产业落地时间由常规的2年以上缩短为1年以内。

3. "好"——招商企业质量好，模式综合效益好

比如，在市场化手段推进下，从2016年到2019年，祁阳县园区规模工业总产值由180亿元提升到300亿元，税收由3.5亿元提升到7.6亿元，规模工业企业由79家增加到134家，培育了5个主导产业。特别是2019年建成24万m^2标准厂房，完成37万m^2标准厂房的招商，引进企业65家，园区形成"一区三园"发展格局，建成面积5.3km^2。园区先后获评国家级新型工业化产业示范基地、省双创示范基地、省创新创业带动就业示范基地、省发展开放型经济优秀园区。2019年，园区成功转型为高新区，获评2项省政府"真抓实干成效明显奖"；连续3年获评省政府开放崛起"真抓实干成效明显奖"。

4. "省"——节省财务成本、节省用地成本、节省建设成本

PBOS 模式建设运营产业园区,每 10 万 m^2 可减少 8000 万元左右的综合成本。比如,将园区建设由原来的行政主导向市场主导转变,简化了流程,增强了产品的市场竞争力,可降低标准厂房建设成本 20% 以上,仅此一项,10 万 m^2 可降低成本 4000 万元左右。PBOS 模式建设园区可将容积率由不足 1.2 提升到 1.6~2.8,节约土地 50% 以上,实现土地集约使用。10 万 m^2 体量可以节约土地成本 1000 万元以上。

5. "安"——公开招投标保障合作双方决策安全、智慧园区服务系统保障企业生产经营安全

PBOS 模式当前重点解决园区建设资金和盘活政府园区存量资产,化解政府债务风险。在现有工作基础上,研究和促进从省级政府层面发起成立盘活政府存量园区资产的 PBOS 基金,通过金荣集团强大的招商能力和园区专业运营管理水平,以实现物业升值、盘活资产、化解政府债务,解决园区建设资金问题。通过市场化、合同化运营,为政府、园区、企业提供安全保障,建立利益联结机制,防范各类风险。

第四节 PBOS 模式的园区推广

截至 2020 年底,金荣集团已经在湖南长沙、常德、株洲、永州及广州、扬州等地运营了 25 个园区。由金荣集团投资建设的园区达 300 多万 m^2;由金荣集团提供运营服务的园区面积超 500 万 m^2。金荣集团运营了 8 个孵化器、5 个众创空间,其中,2 个为国家级孵化器,2 个为国家级众创空间。

PBOS 模式在全国推广的分布情况如图 7-1 和表 7-1 所示。

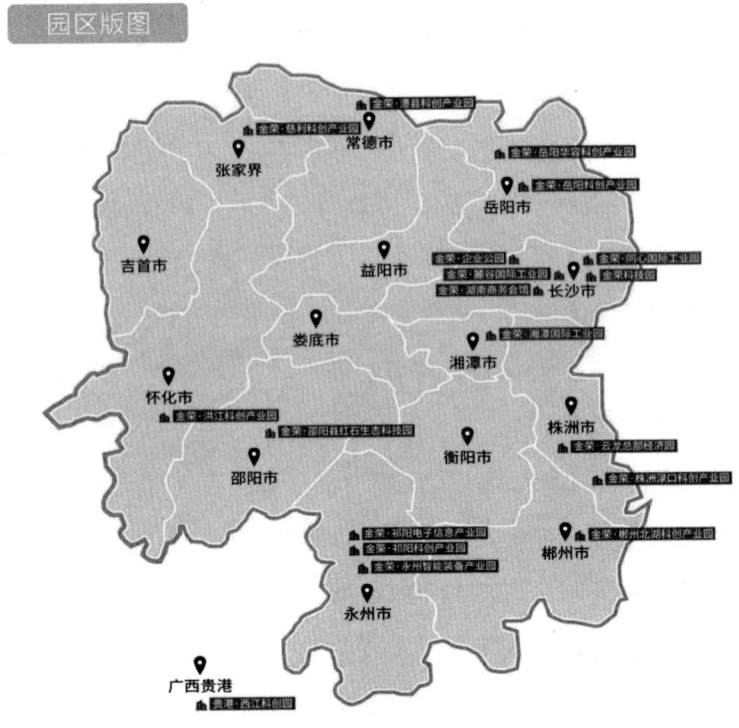

图 7-1 2020 年 PBOS 模式在全国推广的分布情况

表 7-1　　　　PBOS 模式建设运营园区情况表

园　区	PBOS 模式开始时间	主要产业	基本情况
金荣科技园	2001年9月		2002年5月，金荣科技园开园并注册了国内第一家民营企业科技孵化器——湖南新金荣科技孵化器有限公司，构建了专业开发运营团队，面向科技型中小企业实施科技企业集成服务产业化战略，围绕企业办公、研发、生产、生活等方面的需求，以"孵化—加速—产业"的功能结构为导向，以

第七章 PBOS模式的价值提供与推广

续表

园 区	PBOS模式开始时间	主要产业	基本情况
			科技孵化区、研发（中试）区、产业区、企业总部区和园区配套服务区等主要功能区为阵地，打造"基础服务、政策服务和专业服务"三大园区服务体系
金荣·麓谷国际工业园		医疗器材、生物医药、电子电器、软件开发、新材料	湖南省第一家由民营企业采用市场化建园、招商、运营服务的科技产业园。园区已引进医疗器材、生物医药、电子电器、软件开发、新材料等行业企业298家，就业人数12000人，2019年产值超过138亿元，实现税收11亿元，是全国高质量园区样板。园区孵化培育出华凯创意等5家上市企业，被工信部认定为国家小型微型企业创业创新示范基地
金荣·企业公园		电子商务、生物医药、新一代半导体	项目一期一批实现招商95%，一期二批实现招商80%，一期三批独栋实现100%招商。未来园区将聚集超过500家企业，年产值达50亿元，将有超万人在此工作生活
金荣·同心国际工业园	2013年8月		项目总工业用地420亩，建筑面积60万 m^2。园区建成后年产值高达40亿元，年上缴税收约2.5亿元，入驻企业近1000余家
金荣湘潭国际工业园	2019年11月	智能制造、电子信息、医疗器械	项目前期十五栋标准厂房，招商到15家来自粤港澳大湾区、长三角等地区的高新技术企业，园区一期已完成80%的招商，将于2021年春节前交付

PBOS模式推进园区市场化高质量发展

续表

园 区	PBOS模式开始时间	主要产业	基本情况
祁阳电子信息产业园	2017年6月	电子信息	3年时间，建设了约5000m^2的农电商服务中心，引入电商相关入驻企业69家，入驻电商服务机构32家。至2019年5月30日，孵化企业64家（在孵企业中有28家已申请专利，占在孵企业总数的43.75%）
金荣·祁阳科创产业园	2017年12月	电子信息、智能制造、服饰箱包、新能源、新材料	经过两年多的市场化建设运营，已初步形成轻纺制鞋、新能源新材料、先进装备制造等优势产业，2019年引进链条型企业65个，节约土地1500余亩，平均投资强度500万元/平方千米、产出效益30万元/平方千米
金荣·澧县科创产业园	2019年11月	轻工纺织、电子机械为主，食品医药为辅，建筑新材为特色	将聚集1000余家轻工纺织、电子机械、建筑新材等配套企业，形成千亿级产业聚集群。5个月时间内完成近10万m^2的招商。三年时间内将完成40万m^2标准厂房建设，实现200亿元以上工业产值；5年内完成70万m^2标准厂房建设，实现300亿元以上工业产值
金荣·株洲渌口科创产业园	2019年11月	新材料、装备制造、机械加工、电子信息	以新材料、装备制造、机械加工、电子信息为主要产业定位，打造为智能、科技、生态、高端的综合性智慧园区
金荣永州智能装备产业园	2020年2月		规划总建筑面积约23万m^2，第一阶段将引进生产企业100家，入驻孵化小微企业100家，实现就业人数8000人左右，实现年产值60亿元左右，成为推动永州市经济高质量发展的重点项目

第七章　PBOS 模式的价值提供与推广

续表

园区	PBOS 模式开始时间	主要产业	基本情况
金荣·红石生态科技园	2020 年 2 月	电子信息、皮具箱包、轻纺服饰、新型材料、农副产品加工	从 2020 年 2 月 27 日开工到 12 月 16 日开园，历时不到 10 个月，充分体现了金荣集团 PBOS 模式"多快好省安"的优势。下一步，红石生态科技园将建设科技创新平台，打造省级孵化器，激发创新活力，服务企业发展，在 3—5 年内，共同推动邵阳县工业总产值迈上 300 亿元的新台阶
金荣·慈利科创产业园	2020 年 3 月	绿色食品生产加工、中医药保健品研发为主，轻工纺织为特色，建筑材料、新材料等为辅	位于慈利工业集中区核心地带，地处县城东郊，澧水南岸，G353 国道张家塔检测站西侧。项目占地 258 亩，总建筑面积 23 万 m^2，总投资约 5 亿元。园区定位为承接粤港澳及长三角产业转移的重要基地
金荣·岳阳科创产业园	2020 年 4 月	装备制造、新材料、电子信息、生物医药	占地 190 亩，总建筑面积 23 万 m^2。围绕装备制造、新材料、电子信息、生物医药的产业定位，将打造成为集人才、技术、科技、政策、交通等优势资源于一体的国家级经开区 23 万 m^2 智能智造基地
金荣·华容科技创新创业园	2020 年 7 月	纺织服装、通用设备制造、食品加工、医药卫材、电热能源	规划用地约 94 亩，总建筑面积约 7.8 万 m^2，总投资 2.7 亿元，以纺织服装为主导产业，以通用设备制造为特色产业，以食品加工、医药卫材、电热能源为辅助产业，致力打造成湘北地区智能制造产业新高地

续表

园区	PBOS模式开始时间	主要产业	基本情况
郴州经开区	2020年8月	机械、有色金属加工、食品、医药	2020年8月4日,金荣集团与郴州北湖区政府、郴州经开区签订《PBOS模式产业发展战略合作框架协议》
洪江高新技术产业开发区	2020年8月	农副产品加工、新型建材、非金属矿物制品	2020年8月31日,金荣集团与洪江市人民政府签订《PBOS模式产业发展战略合作框架协议》
金荣·衡南科技创新产业园（暂拟）	2020年12月	电子、装备制造、文化、家居	2020年12月10日,金荣集团与衡南县人民政府签订了《PBOS模式产业发展战略合作框架协议》,以EPC+O+F的新模式合作建设运营产业园区,以电子信息（光通信）为主导、农产品精深加工为特色、建筑业物流业双总部经济齐头并进的产业发展格局,开启PBOS升级版的实践
贵港西江产业园	2020年3月		2020年3月9日,金荣集团与贵港市人民政府在线上签订《贵港市产业发展战略合作协议》和《贵港市产业园区产业定位规划服务协议》。贵港西江产业园占地500亩,总建筑面积60万m^2,拟分两期开发。一期占地面积296亩,建筑面积31万m^2,总投资9亿元,规划16栋独栋厂房,23栋标准厂房,以及4栋生产生活配套用房

1. 金荣科技园

金荣科技园是金荣集团以纯市场化运作的首个产业园。2001年9

月,金荣集团以 4800 万元整体收购长沙高新技术开发区火炬城 M1、M2 组团 5 万 m² 工业厂房,并投入 4000 万元进行装修改造。2002 年 5 月,金荣科技园开园并注册了国内第一家民营企业科技孵化器——湖南新金荣科技孵化器有限公司。以此为主体,金荣集团构建了专业开发运营团队,面向科技型中小企业实施科技企业集成服务产业化战略,围绕科技型中小企业在办公、研发、生产、生活等方面的需求,以"孵化—加速—产业"的功能结构和建设体系为导向,以科技孵化区、研发(中试)区、产业区、企业总部区和园区配套服务区等主要功能区为阵地,以园区企业服务中心为服务平台,致力于建设和完善"基础服务、政策服务和专业服务"三大园区服务体系。基础服务:主要是围绕物业管理、招商服务、商务服务、信息平台、物流系统、企业社区等开展;政务服务:主要是与政府的政策和职能进行对接,为园区企业提供在行政审批、产业政策、财税政策、人才政策、科技咨询、公共技术平台等方面的支持;专业服务:主要是利用市场资源,与第三方专业机构进行合作,为园区企业提供金融服务、财务顾问、管理咨询、人力资源、知识产权、法律服务等支持。

2. 金荣·麓谷国际工业园

金荣·麓谷国际工业园是湖南省第一家由民营企业采用市场化建园、招商、运营服务的科技产业园,湖南首家"独立产权式"企业发展基地。项目位于长沙国家高新技术开发区麓谷,总占地 180 亩,总建筑面积约 34 万 m²,总投资 10 亿元人民币。园区坚持"以人为本""以自然生态保护为中心"的开发原则,将防护绿地、公园、广场、居住区公共绿地作为整体进行开发布局,整个园区绿地相互连接成一个有机整体,园区绿地率达 35%,充分体现了园区开发与自然环境的和谐统一。园区具有为企业提供包括投资融资服务、企业战略管理咨询服务、财务管理服务、人力资源开发与管理服务、科技服务、物流服务、商务服务等内容的"全程服务"功能。园内还建有麓谷国际留学人员创业园、虚拟科技研发中心、博士后科研工作站、大学科研开发中心、网上技术市场等创业技术平台。园区已引进医疗器材、生物医药、电子电器、软件开发、新材料等行业企业298家，就业人数12000人，2019年产值超过138亿元，实现税收11亿元，是全国高质量园区样板。园区孵化培育出华凯创意等5家上市企业，被工信部认定为国家小型微型企业创业创新示范基地。

3. 金荣·企业公园

金荣·企业公园是湖南金荣企业集团斥资20亿元打造的全新科技产业园项目。项目位于望城国家经济开发区南部的核心经济开发区域，周边初步形成了以城市快速道、高速、高铁、地铁、城铁为主要交通动脉的交通网络，通达全国。项目总占地276亩，总建筑面积46万 m^2，规划总部独栋区、标准研发区、双拼独栋区、孵化办公区、标准厂房区及服务配套区六大业态板块，配套员工食堂、生活超市、商旅服务、物业服务、政策服务、信息服务、科技服务和投融资服务等一系列与企业生产经营及员工生活息息相关的后期保障服务和增值服务，围绕"电子商务、生物医药、新一代半导体"的产业定位为入驻的中小企业的成长和发展提供全方位高效、规范的服务。项目一期一批实现招商95%，一期二批实现招商80%，一期三批独栋实现100%招商。未来园区将聚集超过500家企业，年产值达50亿元，将有超万人在此工作生活。

4. 金荣·同心国际工业园

金荣·同心国际工业园是金荣集团斥资30亿元，于2013年8月开工建设的大型科技园区。项目总工业用地420亩，建筑面积60万 m^2。园区建成后年产值高达40亿元，年上缴税收约2.5亿元，入驻企业近

1000余家。金荣·同心国际工业园位于长沙高新科技开发区东西主干道枫林三路与新建成的66m宽南北向主干道汇智路交汇处，雄踞高新区麓谷科技新城的核心位置，独享五大产业园千亿产业集成资源，紧邻地铁2号线站，距城市三环线、地铁6号线均不到2公里。长沙高新技术开发区现已向西拓展110平方公里，金荣·同心国际工业园占据30平方公里，是拉动城市向西发展的重要园区。

5. 金荣湘潭国际工业园

2019年11月8日，金荣集团在湘潭高新区投资开发的百万方墅级产业园——金荣湘潭国际工业园全面启动。项目位于湘潭高新技术产业开发区河东大道和幸福路交汇处，规划总面积600亩，由多层标准厂房生产区、总部景观独栋办公区、创新企业高层孵化区、商务写字楼研发区、智能生活配套服务区及智慧园区运行管理服务中心"五区一中心"构成，将开启湘潭工业4.0时代，成为高端、智能、园林化产城融合智慧园区样板。项目重点引进智能制造、电子信息、医疗器械三大产业。目前，项目前期十五栋标准厂房已全部封顶，并招商到15家来自粤港澳大湾区、长三角等地区的高新技术企业，园区一期已完成80%的招商，将于2021年春节前交付。

6. 祁阳电子信息产业园

祁阳电子信息产业园是金荣集团与祁阳县政企合作的首个园区。2017年6月，金荣集团进入祁阳电子信息产业园，提供农电商、众创空间、孵化器、智慧园区和物业管理等服务。3年时间，建设了约5000m^2的农电商服务中心，引入电商相关入驻企业69家，入驻电商服务机构32家。举办各类电商培训班44期520多个班，参与人数达到13960人次。打造了农产品上行推广体系，人才培训体系，县、乡、村三级物流体系，乡村旅游示范体系，公共服务体系，生产标准化及溯源体系，成果展示支撑体系，品牌塑造体系；建设了覆盖县域 22 个乡镇（街道办）、560 个行政村（社区）的全域物流体系，下行快递包裹中的 90%到达县物流分拨中心后，在 48 小时之内完成包裹派送，日包裹配送达 3000 单。农电商工作获"全国电子商务进农村综合示范县"绩效评价第一名。至 2019 年 5 月 30 日，孵化企业 64 家（在孵企业中有 28 家已申请专利，占在孵企业总数的 43.75%）；建设了智慧园区、智慧餐厅等园区配套设施。

7. 金荣·祁阳科创产业园

2017 年 12 月 18 日，"政企合作，园企共建"EPC+O 模式建设运营的金荣·祁阳科创产业园奠基。园区总占地面积 535 亩，总建筑面积 65 万 m^2，建设有标准厂房、双创孵化大楼、企业独栋总部，配套酒店、食堂、超市、银行、人才公寓等完善的生活配套，定位为以电子信息、智能制造、服饰箱包、新能源、新材料为主要产业定位，融科技孵化、企业加速、总部办公、服务配套为一体的科技新城。项目旨在开拓高质量园区新局面，聚合社会多方资本、整合优势专业资源，发挥园区经济优势，打造湖南省县域创新创业示范基地、国家新型工业化县域示范基地，培育县域经济发展增长极。经过两年多的市场化建设运营，已初步形成轻纺制鞋、新能源新材料、先进装备制造等优势产业，2019 年引进链条型企业 65 个，节约土地 1500 余亩，平均投资强度 500 万元/平方千米、产出效益 30 万元/平方千米。

8. 金荣·澧县科创产业园

2019 年 11 月 13 日，金荣集团与澧县政府签订《产业发展战略合作框架协议》。金荣·澧县科创产业园项目按 PBOS 模式建设、招商和运营，三个月时间内已经完成了 6.5 万 m^2 的招商。金荣澧县·高新区科创产业园是由湖南新澧州投资发展有限公司投资开发建设的综合性、花园式厂房园区，是澧县高新区与金荣集团共同打造的 EPC+O 项目。园区由孵化楼、生活配套用房、企业独栋厂房、一字形厂房、H形厂房构成。园区定位为承接粤港澳及长三角产业转移配套基地，以轻工纺织、电子机械为主导产业，以食品医药为辅助产业，以建筑新材为特色产业，打造两主一辅一特新高地。园区占地面积345亩，一期规划建设占地128亩，建筑面积约14.8万m^2。项目整体建成后将聚集1000余家轻工纺织、电子机械、建筑新材等配套企业，形成千亿级产业聚集群。金荣澧县科创产业园项目按PBOS模式建设、招商和运营，5个月时间内完成近10万m^2的招商。金荣集团将加快推进项目建设，争取在三年时间内完成40万m^2标准厂房建设，实现200亿元以上工业产值；5年内完成70万m^2标准厂房建设，实现300亿元以上工业产值，为澧县工业经济贡献新的增长点，为澧县产业高质量发展提供新动能。

9. 金荣·株洲渌口科创产业园

2019年11月，金荣集团与株洲渌口区以EPC+O模式合作的金荣渌口科创产业园启动调研。金荣·株洲渌口科创产业园（标准厂房三期）总建筑面积约18万m^2，由企业独栋研发楼、单层厂房、一字形厂房、L形厂房、综合服务楼"五区三功能"构成，以新材料、装备制造、机械加工、电子信息为主要产业定位，将打造为智能、科技、生态、高端的综合性智慧园区。

10. 金荣永州智能装备产业园

2020年2月18日，金荣集团与永州经开区以EPC+O模式合作的金荣永州智能装备产业园在"2020年永州市产业项目集中开工签约仪式（第一次）"上签约。项目位于永州经开区长丰大道与潇湘大道交汇处，规划总建筑面积约23万m^2，第一阶段将引进生产企业100家，入驻孵化小微企业100家，实现就业人数8000人左右，实现年产值60亿元左右，成为推动永州市经济高质量发展的重点项目。

11. 金荣·红石生态科技园

2020年2月27日,金荣集团与邵阳县以EPC+O模式合作的邵阳县红石生态科技园开工奠基。金荣·红石生态科技园总建筑面积50万 m^2,由产业展示文化区、多层标准厂房生产区、独栋企业办公区、智能生活配套服务区及智慧园区运营管理服务区五个功能区构成,以电子信息、皮具箱包、轻纺服饰、新型材料、农副产品加工为主要产业定位,将打造为智能、科技、生态、高端的综合性智慧园区。2020年12月16日上午,金荣邵阳县红石生态科技园现场隆重举行了"邵阳县红石生态科技园开园暨邵商大会邵阳县集中签约仪式"。从2020年2月27日开工到12月16日开园,历时不到10个月,充分体现了金荣集团PBOS模式"多快好省安"的优势。下一步,红石生态科技园将建设科技创新平台,打造省级孵化器,激发创新活力,服务企业发展,在3—5年内,共同推动邵阳县工业总产值迈上300亿元的新台阶。

12. 贵港西江产业园

2020年3月9日,金荣集团与贵港市人民政府在线上签订《贵港市产业发展战略合作协议》和《贵港市产业园区产业定位规划服务协议》。贵港西江产业园占地500亩,总建筑面积60万 m^2,拟分两期开发。一期占地面积296亩,建筑面积31万 m^2,总投资9亿元,规划16栋独栋厂房,23栋标准厂房,以及4栋生产生活配套用房。

13. 金荣·慈利科创产业园

2020年3月27日,金荣集团与慈利县签订《慈利县产业发展战略合作协议》和《慈利县产业园产业定位规划服务协议》。金荣·慈利科创产业园位于慈利工业集中区核心地带,地处县城东郊,澧水南岸,G353国道张家塔检测站西侧。项目占地258亩,总建筑面积23万 m^2,总投资约5亿元。园区定位为承接粤港澳及长三角产业转移的重要基地,以绿色食品生产加工、中医药保健品研发为主导产业，以轻工纺织为特色产业，以建筑材料、新材料等为辅助产业，围绕一主一特多辅，打造独具慈利特色的科创产业新城。

14. 金荣·岳阳科创产业园

2020年4月30日，金荣集团与岳阳市经开区签订《产业发展战略合作框架协议》。金荣·岳阳科创产业园占地190亩，总建筑面积23万 m^2，由一字形厂房、工字形厂房、日字形厂房、综合服务大楼两功能四区域组成。围绕装备制造、新材料、电子信息、生物医药的产业定位，将打造成为集人才、技术、科技、政策、交通等优势资源于一体的国家级经开区23万 m^2 智能智造基地。

15. 金荣·华容科技创新创业园

2020年7月1日，金荣集团与华容县人民政府签订《PBOS模式产业发展战略合作框架协议》。金荣·华容科技创新创业园地处华容县城东郊三封寺镇新铺村，规划用地约94亩，总建筑面积约7.8万 m^2，总投资2.7亿元，以纺织服装为主导产业，以通用设备制造为特色产业，以食品加工、医药卫材、电热能源为辅助产业，致力打造成湘北地区智能制造产业新高地。

16. 金荣·衡南科技创新产业园（暂拟）

2020年12月10日，金荣集团与衡南县人民政府签订了《PBOS模式产业发展战略合作框架协议》，以EPC+O+F的新模式合作建设运营产业园区，以电子信息（光通信）为主导、农产品精深加工为特色、建筑业物流业双总部经济齐头并进的产业发展格局，开启PBOS升级版的实践。

第八章

PBOS 模式的未来展望

2020年3月3日,湖南省产业园区建设领导小组年度工作要点明确:支持引入社会资本开发运营园区,探索建立园区市场化运营产业基金,推广 EPC+O+V 等市场化运营模式。此后,PBOS 模式在全省得以迅速推广。2020年7月,在这一模式基础上,湖南省政府发布了《关于推进全省产业园区高质量发展的实施意见》,全面启动园区市场化改革的工程。金荣集团作为市场化改革与探索的"操盘手",其在园区建设运营实践中形成的 PBOS 模式,把"发挥市场在资源配置中的决定性作用"和"更好发挥政府作用"相结合,实现"无形的手"与"有形的手"之间的紧密"握手"。目前,全省多个市县前来考察调研,洽谈合作,整个湖南园区中已形成铺开之势。同时,越来越多的外省区市党委政府及产业园来金荣集团调研考察,寻求合作。展望未来,可以预见,PBOS 模式将成为园区建设运营的新模式,产业集聚新路径以及畅通"双循环"、促进市场化、推动高质量发展的一种有效方法。

第八章　PBOS 模式的未来展望

第一节　形成园区市场化运营新模式

产业园区是伴随着我国的改革开放而产生、成长与发展起来的，是我国社会主义市场经济建立、发展和完善的一个缩影。如今，产业园区已经成为我国经济发展的一个重要引擎、各类产业成长的重要平台、科技创新的重要场所，能够有力推动"构建以国内大循环为主体、国内国际双循环相互促进的新发展格局"。在当前经济形势下，如何面对"新常态"，适应"新产业"，实现突破创新、转型升级、高质量发展，是产业园区面临的重大任务。关键就在于走市场化发展道路，实现政府"有形的手"与市场"无形的手"紧密"握手"，两手用力为园区提供持续发展的强劲动力。

产业是园区的灵魂，产业定位直接决定着园区的成败。随着经济发展日渐成熟及竞争的日趋激烈，园区的产业定位只有更加精准化，才能为招商、制定政策等环节的工作打好基础。应在对各细分产业的外部发展环境和内部发展条件进行系统分析和整合对比的基础上，得到科学的产业发展组合，使园区产业定位更加精准，这样有利于打造产业生态圈，使园区内企业获得更加良好的生存和发展空间。要素条件配置是园区形成产业集聚的基础。近年来，税收、土地、财政支持等传统招商手段已经迎来宿命的终结。企业更多关注于是否有充足的劳动力和人才供给、资本是否活跃、社会服务与政府服务是否到位等软性要素的配备。特别是互联网、信息类等高新技术行业，企业最为关注的要素为高级人才、政府服务、同业集聚、政策和生活服务等项要素。国内目前主要是第二代园区和第三代园区占据大部分比重。但随着以高新技术企业为代表的

"新经济"的快速发展，第四代产业园区正在迅速崛起。原来各地在招商引资时，常用的政策手段是土地、税收和财政支持的"老三样"。随着国家政策收紧，原有的手段逐渐失灵。面向未来，在充分了解开发运营企业、入园企业、入园员工和服务机构等不同主体的需求基础上，根据产业定位和区域特点，针对不同主体分别制定个性化政策成为趋势。在产业园区发展中，地方政府在园区开发中的作用逐步减弱，专业化园区开发运营公司的规模、实力、品牌及专业化效应逐步显现，在园区开发中将占据越来越重要的地位。金荣集团根据近20年市场化建设运营产业园区经验，探索首创的PBOS模式提供了市场化改革新模式和高质量发展新动能。PBOS模式以"科学定位、合作共建、市场运作、共享发展"为主旨，通过市场化招商、市场化运营、社会化服务等方式，构建"一主一特多辅"的地方产业结构，开展产业链、产业集群招商，打造竞争优势明显的特色产业园区，提升园区资产价值，提高土地利用率，化解地方政府隐性债务，重构现代产业体系和现代化经济体系，推动区域经济高质量发展。

当前，不少园区面临着政府负债高、厂房空置高、发展质量低等问题，加上当前国际经济形势，面临着较大的压力。金荣集团PBOS模式，能有效解决政府办园区负债发展的问题。在国家严控地方政府债务风险的政策环境下，平台公司举债建设并运营园区的老路越来越窄，资金筹措困难，存量债务也无力化解。PBOS模式引入社会资本参与建园和运营，大大减轻了政府债务压力，为园区发展注入了新动力。园区开发效率大大提高，债务风险有效控制。一方面建得快，交付时间短。项目实施实行设计采购施工运营（EPC+O）一次招标，从建设到企业入驻生产，10万m^2园区仅需要10个月左右，比常规模式加快一倍。另一方面销得快，回款周期短。厂房由运营商负责招商营销，边建边销，边支付边回款。通过滚动开发可实现专项债券、"135"工程奖补、土地出让金等投入撬动更多投资，在不增加平台公司债务的同时，显著改善了产业基础设施，有利于抓住产业转移机遇，壮大园区经济。金荣集团PBOS模式，能有效解决入园企业轻资产无抵押融资问题。入园企业特别是小规模企业原以租赁厂房为主、可抵押资产少，现以成本价购置厂房形成优质固定资产，通过金荣集团担保，银行按评估价授信，企业所获贷款除支付厂房款外，还可用于生产经营。

金荣集团PBOS模式，能有效解决大型国有或民营集团参与园区管理和发展的问题。大型国有企业或民营企业具有资金成本、产业资源和运作经验优势，如何参与产业园区管理和发展，需要理顺合作关系。PBOS模式主动变革开发运营机制，引进民营资本投资建设运营"园中园"，从EPC+O总承包入手实施，明确各方权利义务，政府立足政策支持、环境优化、考核评估，不缺位，不越位，将具体规划、建设、招商、运营等事务充分交给市场，并以金荣集团为主平台开展市场化、专业化招商，较好地解决了原有空置厂房招商和新建厂房建设招商运营问题，有的标准厂房只用3个月时间全部预定，围绕主导产业引进上下游企业，快速形成产业集聚。

金荣集团PBOS模式，能有效解决园区市场化专业化管理水平不高的问题。不同于园区管委会和平台公司的行政式管理，由金荣集团专业提供园区市场化运营服务，围绕主导产业优化园区配套体系，通过对接外部资源和平台，与园区合作打造了科技创新、智慧园区、投融资服务三大专业化服务体系。截至2020年底，已创建五个省级以上企业技术中心、九家科技创新服务机构、一个企业博士工作站，建设科技企业孵化器、众创空间，孵化电商企业、文创企业；建设智慧园区，导入创投风投、银行金融、科技孵化、知识产权、商协会等平台资源，协助企业融资，有效降低入驻企业运营成本。

一些园区携手金荣集团，通过 PBOS 模式推进园区市场化改革，政府获得产业发展、税收增加、就业增加、基础设施完善等经济社会效益，运营商获取承包项目利润、投资收益、营销佣金、新增财税收入地方留成部分奖励等回报，入驻企业得到平价优质厂房资产、专业服务平台、产业配套等发展资源，各方在产业园区共生共长，共同促进园区产业生态形成和发展，共同享受园区发展成果。金荣集团 PBOS 模式创造了产业园区市场化改革的湖南模式。截至 2020 年底，金荣集团 PBOS 模式已经在湖南长沙、常德、株洲、永州及广州、扬州等地运营了 10 多个园区。金荣集团运营了 8 个孵化器、5 个众创空间，其中，2 个为国家级孵化器，2 个为国家级众创空间。金荣集团服务的中小科技企业达 3061 家。通过金荣集团孵出的企业 119 家，其中，主板上市企业 2 家，新三板上市企业 4 家，湖南股交所挂牌 3 家，拟上市企业 5 家，湖南股交所拟挂牌企业 2 家。湖南省产业园区建设领导小组发文在全省园区中推广 PBOS 模式，全省多个市县前来考察调研，洽谈合作，已形成在全省铺开之势。同时，越来越多的外省党政府考察团前来考察了解，邀请金荣集团去调研考察，希望达成合作，引进金荣集团 PBOS 模式。

第二节　拓宽产业集聚新路径

PBOS 模式根据实地产业调研结果，结合不同地区的产业资源、自然资源、技术资源、市场资源、人力资源，遵循一主导产业、一特色产业、若干辅助产业的原则来确定当地的产业定位，实现地区间产业的差异化、特色化发展。PBOS 模式产业定位的核心是围绕"产业链"做文章，首先根据不同的产业园区的不同情况确定一个特色产业，围绕这个特色产业分析产业链条，这一产业有多少道工艺、多少个零部件、多少个子产品，核心产品和工艺是什么。在产业培育和招商的过程中，首先培育和引进龙头企业、七寸企业，龙头企业带动性强，七寸企业掌握着核心技术、关键产品、重点工艺，无龙头企业的园区带动性不强，无七寸企业的园区创新能力不强，而且在核心产品和关键技术上会受制于人，应对市场的风险能力比较弱，一有风吹草动就会大起大落。根据龙头企业、七寸企业引起配套企业，生产配套产品。围绕产业链做文章，做好补链、延链、强链工作，在园区就容易形成集聚效应，围绕一个产业链的各个企业形成共生格局，同时，共享市场扩张和发展成果。这种模式跟当前构建"国内循环为主，国内国际双循环相互促进"发展格局是十分契合的。

2020年，湖南省委办公厅、省政府办公厅印发《关于进一步提升工业新兴优势产业链现代化水平的意见》，划出了20个产业链的发展重点，提出了进一步提高创新水平、推进集聚发展、强化要素保障、实施精准招商、优化营商环境5条推进措施，继续实施省委、省政府领导同志联系工业新兴优势产业链制度，实行"一条产业链、一名省领导、一套工作机制"，力争到2025年，全省工业新兴优势产业链产值突破2万亿元，占全省规模工业增加值比重的40%以上，工程机械、先进轨道交通装备（含磁浮）、航空航天（含北斗）等产业链，成为参与国际竞争的产业集群；自主可控计算机及信息安全（含IGBT）、生态绿色食品、生物医药、先进储能材料及动力电池、新型合金等产业链，成为国内具有重要影响力的产业集群。省工信厅分链条组织编制三年行动计划，梳理发布418家工业新兴优势产业链龙头企业，并加强监测调度分析；组织龙头企业开展泵车、电力机车、自主可控计算机整机等产品研究，形成产业链整机产品分析报告报工信部，有针对性地争取国家进一步支持；在全省征集新基建和工业新兴优势产业链等项目1270个。湖南省规模工业企业开复工率和员工到岗率持续保持在99%以上，基本实现全面复工。湖南已发布两批150家贷款需求重点企业名单，涉及投资953亿元，并组织部分企业与国开行湖南省分行专门对接。省工信厅相关负责人介绍，将组织政企银产融合作对接活动，搭建银企合作平台；按程序加快下达制造强省专项资金，重点支持一批投资过百亿元、突破卡脖子技术的重大项目，加快延链、强链、补链。

加快推进产业链发展是振兴实体经济的重大举措，PBOS模式将有效助力园区、地区、全省产业链的发展，通过摸清情况、科学定位，抓住关键点精准发力，不断完善、补充、延伸产业链条，推动经济高质量发展。

一是摸清实情绘好现状图。全面摸清产业链发展情况，科学、完整、清晰地绘好产业链发展"现状图"。摸清产业链上企业的发展情况，掌握企业技术、工艺和产品特色，梳理企业的上下游关系，真正把企业在产业链"现状图"中"链"起来。对标国际、国内产业龙头企业和产业发展前沿、对照产业链"全景图"客观评估分析产业发展程度和水平，对产业链进行科学定位，明确方向，抓住重点，因链施策，加快推进。

二是加强统筹谋划产业链。提高站位，加强统筹，强化横向沟通整合，形成一盘棋的发展格局，全面推进产业链发展。着眼于产业链发展，把产业链建设放在国内以至国际平台上谋篇布局，而不局限于本园区的企业。制定产业链发展规划，统筹产业链发展，在发展目标、工作推进、发展重点和产业布局等方面进行谋划。推进产业链垂直整合、横向集聚，在招商、布局、产出等方面应发挥积极作用，协调新引进项目按照产业链的园区空间分布分产业落地，构建良好产业链生态，实现良性互动、错位发展。

三是引领发展提高聚集度。把所牵头的产业链作为园区的主导产业、特色产业进行重点发展,形成规模聚集效应,打造龙头产业、特色产业。努力提高园区产业链的发展水平和产业规模,提高产业聚焦度、影响力。集中力量推动产业链发展,从产业规模、技术研究、发明专利和品牌建设等方面制定发展规划,明确发展目标,努力提高产业集中度,增强园区在产业链中的地位和份额。

四是聚焦关键找准发力点。聚焦产业链的关键技术、关键环节,找准产业链建设的突破口和发力点,"园区搭台、企业唱戏",提高人力、物力和资金使用效率,推动产业链整体发展。对标产业链"全景图"找差距和不足,找准产业链发展中存在的问题和薄弱环节,因链施策,防止出现效率低下、产业低端、重复建设等问题。骨干产业突出强链,成长产业突出延链,弱小产业突出补链,细分产业领域,确立主攻方向,加快引进、培育龙头企业,抢占技术和市场先机,激发产业活力,形成特色发展产业链。

五是注重成果突出高质量。充分发挥产业链分工协作、高效有序、资源节约、合作共赢的优势,助推经济高质量发展。在招商引资方面突出高质量"选资",根据产业链发展实际情况进行"招商选资",紧盯高端、关键、紧缺环节开展精准招商,着力引进大公司、大集团、大项目、先进技术、研发基地等有利于产业集聚、形成产业链、推进产业升级的领军型龙头企业,实现产业突破、升级,推动高端化,为产业链"强筋健骨"。在产业发展方面突出高质量"聚集",强化平台建设,加快推进创新研发平台、成果转化平台、公共服务平台等产业平台建设促进企业聚集,加强产业横向集聚和垂直整合,建立上下游企业有序协作关系形成牢固的产业链,加大关键链节和终端链节的集聚力度,推动产业实现集群发展。在发展成果方面突出高质量"产出",注重产业链产出,将产业链建设落实到经济发展成果这一最终落脚点上来;注重投产见效,加快招商项目签约落地,启动开工签约项目,在建项目尽快投产,投产项目做大做强。

第三节　构建科技创新新格局

科技创新是园区发展的根本动力,也是一个地方、一个国家发展的根本动力。习近平总书记考察湖南时,对湖南提出的"三个高地"新定位新要求,其中之一便是"打造具有核心竞争力的科技创新高地"。科技创新的主体是企业,企业创新环境的营造在国家、社会,最直接的落实是园区。

湖南省人民政府办公厅《关于加快推进产业园区改革和创新发展的实施意见》明确实施创新引领战略,吸引各类创新资源向园区集聚,每年引进一批重点创新型企业。支持园区建设一批企业技术中心,在有条件的园区优先布局工程(技术)研究中心、工程实验室、国家(部门)重点实验室、国家地方联合创新平台、制造业创新中心。鼓励园区加快发展众创空间、大学科技园、科技企业孵化器等创业服务平台,构建公共技术服务平台,设立科技创新发展基金、创业投资基金、产业投资基金,完善融资、咨询、培训、场所等创新服务,培育创新创业生态。支持以升促建,推动省级经济技术开发区、省级工业集中区转型省级高新技术产业开发区,有条件的省级高新技术产业开发区创建国家级高新技术产业开发区。力争近年国家级高新技术产业开发区达到10家,省级高新技术产业开发区达到40家。

PBOS模式构建园区科技创新新格局主要是三个方面：一是把企业共性的建设、产品和服务承担下来，让企业更专注于主导产品的生产、创新；二是直接为企业创新提供融资等各项服务，帮助解决企业创新遇到的一些难题；三是通过营造共生共享的产业生态，激发企业科技创新动力，加快产业链各企业更新、升级，以创新求生存、求发展。通过营造园区创新氛围，帮助企业解决创新难题，特别是通过龙头企业、七寸企业的持续创新，带动整体园区产业的更新换代，助力企业走得更远，园区发展更可持续。

第四节　打造区域发展新引擎

对一个地方来说，产业园区在稳增长、强创新、促转型等方面发挥了重要作用。特别是近年来，湖南省委、省政府高度重视园区发展，始终把园区作为振兴实体经济、推进供给侧结构性改革的主战场，以园区的转型升级促进全省加快高质量发展。截至2020年底，湖南省拥有各类省级及以上产业园区144家，基本实现了县市区发展平台的全覆盖。各类园区以占全省约0.51%的国土面积，产出了35.97%的GDP，69.7%的规模工业增加值，70.4%的高新技术产值，50.1%的实际利用外资，成为全省落实创新引领开放崛起战略的有力支撑和稳定区域经济增长的"顶梁柱"。

除了农业、服务业，第二产业主要聚集在产业园区，产业园区的生产总值占地方生产总值的比重相当大。从供给与需要的角度来看，供给侧主要是在产业园区。由此可见，推进供给侧结构性改革，主战场在园区。根据湖南省产业园区工作目标，2020年，全省园区技工贸总收入达

5.3万亿元,千亿园区达到14家,园区工业用地亩均税收达到13万元/亩,形成30个左右百亿级特色产业园区,为构建现代产业体系和现代化经济体系提供有力支撑。

PBOS 模式深耕产业园区建设运营,助力打破传统园区运营模式,化解园区发展难题,以产业园区的高质量发展,带动整体区域经济的高质量发展。

一是突出产业集聚,增强园区综合实力。园区是实体经济发展的重要平台,是工业发展的主战场。资料显示,2019年园区重大产业项目完成投资超1000亿元,占湖南全省产业项目投资总额的75%以上。园区完成工业固定资产投资6113亿元,占全省园区固定资产投资总额的62.5%。PBOS 模式致力于精准招商引资,致力于加快项目建设,为稳增长、调结构、惠民生提供强劲动能,也为培育壮大产业集群奠定坚实基础。得益于项目建设和招商引资的引领带动,产业集聚式发展日益成为产业园区主攻方向。产业的集聚发展,将吸引项目抱团式入驻,推动园区主导产业的进一步做大做强做优。从全省的情况看,144个产业园区已成为20条工业新兴优势产业链的重要承载平台,轨道交通、机械制造、中小航空发动机、硬质合金、石化合成等正在园区集聚发展,全省园区工业集中度达69.7%,主导产业集聚度达60.8%。得益于产业的集聚效应,全省已形成了工程机械、轨道交通装备、有色金属、生物医药、电子信息等15个千亿产业集群。

二是创新运营模式,激发园区内生动力。纵观园区发展史,一直以来园区都走在"先行先试"最前沿,创造了许多个第一、唯一。但在新发展形势下,过去那种"圈一片土地、布几个产业、发展一批企业"的传统产业园区发展模式,随着传统产能过剩、传统产业链基本布局完成等因素影响,已再无生存空间。改革势在必行,创新才有发展。一时间,各类园区纷纷向改革要动力、向创新要活力。一直以来，湖南省委、省政府高度重视产业园区体制机制创新工作。2017年新春上班第一天，省领导集体深入产业园区调研。省领导集体调研背后传递的信号不言而喻，就是在经济新常态下，通过系列改革创新之举，着力补齐园区发展短板，推动园区"二次创业"。为解决体制机制不活、运营管理不畅、产业层次不高等诸多问题，2017年，祁阳县引进园区专业运营商——湖南金荣集团，与祁阳经开区"政企合作、园企共建"，实现由"政府建园"向"市场建园"转变。祁阳科创产业园项目采用PBOS模式推进园区开发建设、产业招商和服务升级，招商引进企业以成本价格购买园区标准厂房，不仅极大促进了产业落地，也有效解决了政府园区建设资金问题，提升园区土地利用率。新举措、新模式的推出，有效激发了园区内生动力，助推了园区跨越式发展。

三是强化要素保障，提升园区承载能力。为项目落地提供土地、厂房、资金、人才等要素保障，一直是产业园区发展的重要基础。早在2014年，面对当时经济下行压力不断加大的风险，湖南全省产业园区开启创新创业"135"工程，即通过3年的努力在全省建设100个创新创业产业园区、建成3000万m^2标准厂房、引进5000家创新创业企业。标准厂房的提供，让企业快速拎包入驻，解决企业的后顾之忧。可以说，"135"工程是推进项目建设最重要的"先手棋"，也成为湖南拉动投资和招商引资的重要手段。近年来，为适应新形势，湖南继续强化在土地资源、人才引进、金融支持、用电成本等要素保障上的支持力度，增强"引凤"能力。《湖南省加快产业园区市场化建设运营的若干政策》就对强化要素保障专门出台系列硬核举措。其中，土地方面，指导和支持40多家园区开展调区扩区，结合国土空间规划和"三线一单"编制，开展省级及以上园区发展拓展边界划定，制订园区生态环境准入清单，建立工业用地弹性供应和园区周转用地制度。融资方面，依托园区实施"百园千企万户"金融创新和"百行进万企"专项行动，开展金融服务"两进两促"银园企对接活动。2019年全省园区融资总额达4752亿。全面推进产业园区高质量发展，要素保障是关键一环。解决了制约企业发展的土地、资金、技术、人才的供给等难题，才能实现园区高质量发展。金荣集团的PBOS创新模式，正是一种有利于形成要素产权有效激励机制和收益分配有效激励机制、有助于完善园区市场运行机制和法治监管机制的模式。实践已经证明，金荣集团的PBOS创新模式能够实现土地、资本、技术和劳动力等要素向园区有序流动和有效集聚，能够提高要素的配置效率和促进园区产业高质量发展。

四是优化园区服务，释放企业发展活力。当下，区域之间的竞争，越来越比拼营商环境这一"软实力"。同样，园区拥有专业化团队、资源整合优良等"软实力"，越来越比单纯地给优惠政策更被企业看重。一些在区位优势并不显著、人才资源并非丰富的园区，依靠优良的营商环境，成功吸引了大批沿海产业转移项目入驻。近年来，着力优化营商环境日益成为园区加快发展、招大引强的重要砝码。一些地方提出，"所有的部门都是服务部门，所有的岗位都是服务岗位，所有的公务员都是服务员"。近年来，湖南以"优化营商环境年"活动为抓手，着力深化园区"放管服"改革。先后出台《对接"北上广"优化大环境行动导则》《湖南省产业园区体制机制创新试点工作方案》。优良的营商环境也助力园区经济的稳步发展。资料显示，即便受疫情的冲击，2020年上半年，湖南全省园区也实现了技工贸总收入22048.70亿元，同比增长0.9%，比一季度回升5.4个百分点。进一步加快发展传统优势产业，精准补链、延链、强链，提升产业基础能力和产业链水平，将形成竞争新优势，助推园区产业高质量发展。

附件1：湖南省省级经开区、高新区、工业集中区的基本情况表

省级开发区（共123家，其中省级高新技术产业开发区30家、省级经济开发区46家，省级工业集中区47家）					
1. 省级经开区（46家）					
序号	单位名称	所在区县	成立日期	注册资本	经营范围
1	湖南长沙暮云经济开发区	长沙	天心区	2006.04	315.78	汽车零部件、农副食品、建材
2	长沙天心经济开发区		天心区	2002.01	443.98	电气机械、商贸服务、新能源
3	长沙金霞经济开发区		开福区	1994.03	2545.53	现代物流、医药、住宅工业
4	长沙雨花经济开发区		雨花区	2002.07	991.19	新能源汽车及零部件制造、机器人及智能装备制造、现代服务业
5	长沙临空产业集聚区		长沙县	2012.11	535.9	工程机械、汽车零部件、印刷
6	株洲经济开发区	株洲	石峰区	1994.03	475.93	轨道交通设备、电子信息、服装
7	湖南株洲渌口经济开发区		株洲县	1994.03	263.95	有色金属冶炼及加工、通用设备、电气机械
8	湖南茶陵经济开发区		茶陵县	1994.03	638.5	建筑建材、电子电器、纺织
9	湖南醴陵经济开发区		醴陵市	2003.06	445.31	陶瓷、交通装备、新材料

续表

序号	单位名称	所在区县		成立日期	注册资本	经营范围
10	湖南湘潭岳塘经济开发区	湘潭	岳塘区	2006.04	389.05	商贸物流、仓储、电子商务
11	湖南湘潭天易经济开发区		湘潭县	1994.03	957	食品、装备制造
12	湖南湘乡经济开发区		湘乡市	2002.01	728.3	机械装备、电子电器、皮革
13	湖南衡阳松木经济开发区	衡阳	石鼓区	2006.04	777.34	盐卤化工及精细化工、新材料、新能源
14	湖南衡东经济开发区		衡东县	1994.03	424.4	有色金属冶炼及加工、电气机械、化学原料及制品
15	湖南祁东经济开发区		祁东县	2000.01	240	农副食品、新材料、机械
16	湖南耒阳经济开发区		耒阳市	1992.12	731.68	机械、电子、新材料
17	湖南常宁水口山经济开发区		常宁市	1994.03	405.19	有色金属冶炼及加工、化学原料及制品、废弃资源利用
18	湖南邵阳经济开发区	邵阳	双清区	1996.08	1611.29	先进装备制造、农产品加工、商贸物流
19	湖南邵东经济开发区		邵东县	1994.03	357.07	五金工具、皮具箱包、打火机
20	湖南新邵经济开发区		新邵县	2006.04	536.71	特种绝缘纸、有色金属、再生资源利用
21	湖南洞口经济开发区		洞口县	1994.03	229.7	农副食品加工、非金属矿物制品、木材加工
22	湖南武冈经济开发区		武冈市	1994.03	268.25	农副产品加工、电气机械与器材、新型建材
23	湖南临湘工业园区	岳阳	临湘市	2006.04	435.47	建材、化工、有色冶金

续表

序号	单位名称	所在区县		成立日期	注册资本	经营范围
24	湖南临澧经济开发区	常德	临澧县	2006.01	619.17	化纤纺织、新型建材、装备制造
25	湖南石门经济开发区		石门县	2006.01	892.01	电力、热力、非金属矿制品、农副食品
26	湖南益阳长春经济开发区	益阳	资阳区	2006.04	583	电子信息、装备制造、农产品加工
27	湖南南县经济开发区		南县	1994.03	377.92	农副产品加工、食品、纺织
28	湖南桃江经济开发区		桃江县	1994.03	586.8	木材加工、通用设备、食品
29	湖南安化经济开发区		安化县	1994.03	171.71	农副产品加工、废弃资源利用、中医药
30	湖南郴州经济开发区	郴州	北湖区	1988.12	406.81	机械、有色金属加工、食品、医药
31	湖南宜章经济开发区		宜章县	1994.03	279.7	非金属矿物制品、电子设备、造纸及纸制品
32	湖南永兴经济开发区		永兴县	1992.03	353.38	稀贵金属加工、电子、机械设备
33	湖南嘉禾经济开发区		嘉禾县	1994.03	258.97	机械、铸造、五金
34	湖南临武工业园区		临武县	2006.08	342.89	有色金属冶炼、农副食品、电子
35	湖南汝城经济开发区		汝城县	1994.03	49.6	金属冶炼及加工、农副产品加工
36	湖南资兴经济开发区		资兴市	1994.03	1226.13	有色金属材料、食品、电子信息
37	湖南零陵工业园区		零陵区	2006.04	469.38	生物医学、电子、锰冶炼加工

续表

序号	单位名称	所在区县		成立日期	注册资本	经营范围
38	永州经济技术开发区	永州	冷水滩区	1994.03	1304.38	零部件制造、食品、医药、电子
39	湖南祁阳经济开发区		祁阳县	2006.04	182.83	轻纺制鞋、食品、医药、机械电子
40	湖南东安经济开发区		东安县	1996.05	331.64	金属冶炼加工、轻纺制鞋、农产品加工
41	湖南蓝山经济开发区		蓝山县	1994.03	400.36	纺织服装、皮革、电气机械与器材
42	湖南怀化经济开发区	怀化	鹤城区	2006.05	981	现代物流、生物医药、电子信息
43	湖南双峰经济开发区	娄底	双峰县	1992.03	636.95	专用设备、皮革制品、农副产品加工
44	湖南冷水江经济开发区		冷水江市	1992.03	738.4	黑色金属冶炼及加工、电力、热力、化工
45	湖南吉首经济开发区	湘西	吉首市	2001.03	837.28	农副食品加工、医药制造、纺织服饰
46	湖南永顺经济开发区		永顺县	2001.05	204.7	农产品加工、电子信息、医药

2. 省级工业集中区（47家）

序号	单位名称	所在区县		成立日期	注册资本	经营范围
1	望城工业集中区	长沙	望城区			
2	荷塘工业集中区	株洲	荷塘区	2012.12	324.82	轨道交通装备制造、生物医药、复合新材料
3	炎陵工业集中区		炎陵县	2012.11	386.97	有色金属冶炼及加工、纺织、农林产品加工
4	雨湖工业集中区	湘潭	雨湖区	2012.12	475.1	装备制造及再制造；新材料；现代物流

续表

序号	单位名称	所在区县		成立日期	注册资本	经营范围
5	衡山工业集中区	衡阳	雁峰区	2014.07	182.79	专用设备、医药、互联网
6	衡南工业集中区		衡南县	2012.11	454.22	电子、装备制造、文化、家居
7	大祥工业集中区	邵阳	大祥区	2012.12	88.1448	汽车配件、非金属矿物制品
8	邵阳县工业集中区		邵阳县	2012.12	332.34	农副食品、电气机械、皮革制品
9	绥宁工业集中区		绥宁县	2014.07	181.69	木竹制品、家具制造
10	新宁工业集中区		新宁县	2012.12	159.98	农副食品、木竹加工、机电设备
11	城步工业集中区		城步苗族自治县	2014.07	149.01	农副食品加工业、木竹加工和木、竹、藤、棕、草制品业
12	君山工业集中区	岳阳	君山区	2012.12	508.46	食品、农副产品加工
13	华容工业集中区		华容县	2012.11	925.01	纺织服装、食品、医药
14	安乡工业集中区	常德	安乡县	2012.11	593	农副产品加工、机械、家居建材
15	西洞庭工业集中区		鼎城区	2012.11	1064.1	农副食品加工、电器机械和器材制造、食品制造
16	慈利工业集中区	张家界	慈利县	2012.11	159.89	金属及非金属材料加工、机械电子
17	桑植工业集中区		桑植县	2012.11	234.11	农副产品加工、新型建材、生物医药

续表

序号	单位名称	所在区县		成立日期	注册资本	经营范围
18	龙岭工业集中区	益阳	赫山区	2012.12	396.9	食品加工、塑料制品、装备制造
19	大通湖工业集中区		南县	2012.09	176.4	食品加工、纺织、医药
20	桃江灰山港工业集中区		桃江县	2012.12	236	非金属矿物制品、有色金属冶炼和压延加工
21	苏仙工业集中区	郴州	苏仙区	2012.07	138.5	农林产品精深加工、电子信息、现代物流
22	永兴稀贵金属再生资源利用产业集中区		永兴县	2012.02	372	稀贵金属再生资源利用、废旧物资综合利用回收
23	宜章氟化学循环工业集中区		宜章县	2012.01	258.1	氟化学原料、化学制品制造
24	桂东工业集中区		桂东县	2012.12	187.33	纺织服装、木材加工、金属冶炼
25	安仁工业集中区		安仁县	2012.11	358.87	电子、服装、皮具
26	双牌工业集中区	郴州	双牌县	2012.12	118.51	农林产品加工、医药、化工
27	道县工业集中区		道县	2012.11	477.23	电子信息、轻纺制鞋、先进制造
28	江永工业集中区		江永县	2012.12	177.3	农副食品、有色金属冶炼及加工、新材料
29	新田工业集中区		新田县	2012.11	420.6	家具、机械、富硒农产品加工
30	中方工业集中区	怀化	中方县	2012.11	423	新型建材、农副产品深加工、机械与电子

第八章 PBOS模式的未来展望

续表

序号	单位名称	所在区县		成立日期	注册资本	经营范围
31	鹤城工业集中区	怀化	鹤城区	2012.12	209.8	通用设备制造、生物医药、电子科技
32	沅陵工业集中区		沅陵县	2012.12	300.09	新材料、电气机械、农副食品
33	辰溪工业集中区		辰溪县	2012.11	217.84	非金属矿制品、电子元器件
34	溆浦工业集中区		溆浦县	2012.12	324.7	化学纤维、农副食品、建材
35	会同工业集中区		会同县	2012.12	201.19	木材加工、有色金属冶炼及加工
36	麻阳工业集中区		麻阳苗族自治县	2012.12	213	建材、冶金、农副食品
37	新晃工业集中区		新晃侗族自治县	2012.11	400.73	农副食品、非金属矿物制品、电气机械
38	芷江工业集中区		芷江侗族自治县	2012.12	187.02	农副产品加工、橡胶制品、塑料、非金属矿物制品
39	靖州工业集中区		靖州苗族侗族自治县	2012.12	306.1	农副产品加工、新材料、木材加工
40	通道工业集中区		通道侗族自治县	2012.12	198	农副产品加工、木材加工
41	洪江区工业集中区		洪江区	2012.11	226.9	基础化工、精细化工、新型建材

续表

序号	单位名称	所在区县		成立日期	注册资本	经营范围
42	娄星工业集中区	娄底	娄星区	2012.11	425.8	废弃资源综合利用、通用设备制造
43	凤凰工业集中区	湘西	凤凰县	2012.12	373.25	旅游产品加工、农副产品加工
44	花垣工业集中区		花垣县	2012.11	726.77	有色金属冶炼及加工、黑色金属冶炼及加工
45	保靖工业集中区		保靖县	2012.11	278.75	矿产品、农副产品加工、电子信息
46	古丈工业集中区		古丈县	2012.12	185.345	建材、农产品加工、食品
47	龙山工业集中区		龙山县	2012.12	103.96	农产品加工、建材、中药材

3. 省级高新区（含筹建共30家）

序号	单位名称	所在区县		成立日期	注册资本	经营范围
1	长沙岳麓高新技术产业开发区	长沙	岳麓区	2012.11	573.51	检验检测、生物医药、电子信息
2	宁乡高新技术产业园区		宁乡市	2012.11	1603	新材料、装备制造、节能环保
3	浏阳高新技术产业开发区		浏阳市	2012.11	778.28	通用设备、汽车零部件
4	开福高新技术产业开发区		开福区			
5	望城高新技术产业开发区	长沙	望城区			
6	攸县高新技术产业开发区	株洲市	攸县	2012.11	573.54	生物医药、食品、轻工机械

第八章　PBOS 模式的未来展望

续表

序号	单位名称	所在区县		成立日期	注册资本	经营范围
7	韶山高新技术产业开发区	湘潭	韶山市	2012.04	450	先进装备、节能环保、医药、食品
8	湖南衡阳西渡高新技术产业园区	衡阳	衡阳县	1994.03	743.3	医药、智能机器、非金属矿物制品
9	衡山高新技术产业开发区		衡山县	1992.11	315.41	机械零部件、非金属矿物制品
10	隆回高新技术产业开发区	邵阳	隆回县	2012.11	275.87	农副食品、皮革制品、电子设备
11	岳阳临港高新技术产业开发区	岳阳	岳阳楼区	2012.04	1815.1	物流、先进装备、电子信息
12	湖南岳阳绿色化工高新技术产业开发区		云溪区	2003.07	298.3271	石化、化学原料及制品、医药
13	岳阳高新技术产业园区		岳阳县	2012.11	458	生物医药、机械、新材料
14	湘阴高新技术产业园区		湘阴县	2006.04	104.83	机械、食品、电子信息
15	平江高新技术产业园区		平江县	2002.02	227.75	食品、新材料、装备制造
16	湖南汨罗高新技术产业开发区		汨罗市	1994.03	919.13	再生资源、电子信息、机械
17	湖南汉寿高新技术产业园区	常德	汉寿县	2012.04	947.96	装备制造、生物医药、精细化工

续表

序号	单位名称	所在区县		成立日期	注册资本	经营范围
18	湖南澧县高新技术产业开发区		澧县	2006.07	743	医药制造、农副食品加工、非金属矿制品
19	桃源高新技术产业开发区	常德	桃源县	2012.11	890	有色金属冶炼及加工、电子信息、农副产品加工
20	津市高新技术产业开发区		津市市	2016.07	634.07	汽车零部件、纺织、生物医药
21	湖南张家界高新技术产业开发区	张家界	永定区	1992.06	319.4	生物医药、新型建材
22	湖南沅江高新技术产业园区	益阳	沅江市	2006.05	151.45	专用设备、运输设备
23	湖南桂阳高新技术产业开发区	郴州	桂阳县	2006.08	561.29	有色金属冶炼及加工、非金属矿物制品、食品
24	湖南宁远高新技术产业开发区	永州	宁远县	2006.04	105.79	电气机械、建材、金属冶炼及加工
25	湖南江华高新技术产业开发区		江华瑶族自治县	2006.05	592.19	有色金属、电子、新能源
26	洪江高新技术产业开发区	怀化	洪江市	2012.12	320.8	农副产品加工、新型建材、非金属矿物制品
27	新化高新技术产业开发区	娄底	新化县	1992.03	407.21	非金属矿物制品、化学原料、化学制品、农产品加工
28	娄底高新技术产业开发区		涟源市	1994.03	734.3	先进装备、新材料、生物医药

续表

序号	单位名称	所在区县	成立日期	注册资本	经营范围
29	湖南湘西高新技术产业开发区	湘西 吉首市	2006.04	1141.67	食品医药、新材料、电子信息
30	泸溪高新技术产业开发区	泸溪县	2012.11	314.3	铝加工、新金属材料加工、生物医药

附件2：2018年湖南省各产业园区发展情况表

园 区	工业增加值		工业企业效益		技术创新
	规模工业增加值总额（亿元）	规模工业增加值增长率（%）	规模工业主营业务收入（亿元）	规模工业主营业务收入增长率（%）	规模工业企业研发经费支出占主营业务收入比重（%）
常德经济技术开发区	590.94	7.8	948.44	7.3	1.1
长沙经济技术开发区	508.20	10.1	1746.13	-1.1	4.5
长沙高新技术产业开发区	333.71	6.2	1307.06	1.1	3.3
株洲高新技术产业开发区	320.79	11.2	1059.85	6.2	4.0
岳阳绿色化工高新区	306.42	10.1	1049.55	26.8	1.1
长沙雨花经济开发区	289.61	9.8	463.90	28.5	1.7
浏阳经济技术开发区	279.97	14.9	545.65	12.8	7.2
湖南湘乡经济开发区	189.86	8.9	715.75	18.4	0.8
湘潭高新技术产业开发区	186.23	8.0	586.57	-10.3	3.0
湘潭经济技术开发区	163.91	8.6	449.45	-1.3	3.6
湖南桂阳工业园区	162.45	8.4	517.38	7.9	0.9
宁乡经济技术开发区	154.40	12.4	495.44	15.8	2.2
湖南邵东经济开发区	152.84	13.0	634.45	21.0	1.4
益阳高新技术产业开发区	144.32	5.7	525.92	7.8	1.6
湖南醴陵经济开发区	139.45	5.6	405.51	12.1	2.6
郴州高新技术产业开发区	134.84	7.8	389.02	-2.1	1.9
娄底经济技术开发区	132.06	8.4	691.74	20.0	2.8
湖南湘潭天易经济开发区	129.62	12.1	419.63	14.4	3.4
望城经济技术开发区	115.30	14.4	220.14	0.1	8.5

第八章 PBOS模式的未来展望

续表

园 区	工业增加值		工业企业效益		技术创新
	规模工业增加值总额（亿元）	规模工业增加值增长率（%）	规模工业主营业务收入（亿元）	规模工业主营业务收入增长率（%）	规模工业企业研发经费支出占主营业务收入比重（%）
湖南永兴经济开发区	110.60	8.2	351.93	6.1	0.5
湖南资兴经济开发区	110.26	7.7	297.49	4.2	1.3
宁乡高新技术产业园区	107.97	14.1	394.49	30.4	3.5
汨罗高新技术产业开发区	101.81	8.5	545.88	13.5	1.1
衡阳高新技术产业开发区	91.77	13.1	413.68	2.8	4.0
岳阳经济技术开发区	91.29	7.5	429.69	9.4	2.0
岳阳高新技术产业园区	90.46	9.4	421.38	18.7	2.0
湖南临湘工业园	79.25	8.0	335.35	0.1	1.9
湖南郴州经济开发区	77.45	7.6	168.64	6.4	1.3
湖南祁阳经济开发区	75.96	8.1	196.76	6.0	2.9
永州经济技术开发区	73.96	7.0	246.40	-13.2	0.8
平江高新技术产业园区	72.43	9.3	338.17	11.8	1.3
邵阳经济开发区	67.49	7.7	223.07	0.1	1.4
湖南益阳长春经济开发区	64.32	9.2	270.99	11.9	1.8
浏阳高新技术产业开发区	61.14	9.2	277.24	16.1	2.7
湖南娄底高新区	58.37	8.0	231.28	20.2	2.5
湖南双峰经济开发区	57.56	10.7	212.75	19.6	1.8
韶山高新技术产业开发区	53.31	8.8	193.54	15.1	3.4
湖南常宁水口山经开区	52.28	7.7	208.37	-8.8	2.1
湖南沅江高新区	49.54	9.0	233.48	12.2	1.1
湖南零陵工业园区	48.75	8.5	108.12	12.0	2.7
常德高新技术产业开发区	47.4	8.6	206.21	18.3	3.0
湖南冷水江经济开发区	46.86	8.9	231.61	20.6	2.6

PBOS模式推进园区市场化高质量发展

续表

园区	工业增加值		工业企业效益		技术创新
	规模工业增加值总额（亿元）	规模工业增加值增长率（%）	规模工业主营业务收入（亿元）	规模工业主营业务收入增长率（%）	规模工业企业研发经费支出占主营业务收入比重（%）
湘阴高新技术产业开发区	46.77	8.2	165.19	20.9	4.4
湖南桃江经济开发区	45.79	5.6	193.92	14.7	1.4
津市高新技术产业开发区	44.88	7.7	213.62	12.6	1.3
湖南宜章经济开发区	43.36	7.9	114.51	7.7	1.6
湖南衡阳西渡高区	42.86	6.7	123.26	2.6	2.5
江华高新技术产业开发区	42.60	8.1	146.21	16.5	2.9
湖南石门经济开发区	41.22	7.6	177.82	9.8	2.2
桃源高新技术产业开发区	40.81	7.8	164.44	12.9	4.1
湖南嘉禾经济开发区	38.50	8.6	130.95	9.3	1.2
湖南汉寿高新区	37.45	7.4	183.06	13.8	3.2
湖南宁远工业园区	35.90	8.1	121.97	7.8	2.1
湖南新邵经济开发区	35.10	6.0	146.30	13.5	2.8
湖南蓝山经济开发区	34.13	8.0	133.97	16.6	1.2
湖南东安经济开发区	33.98	8.3	124.69	17.1	2.0
隆回高新技术产业开发区	33.97	7.5	123.71	16.5	2.6
湖南澧县经济开发区	31.67	5.7	147.64	-21.0	3.0
长沙金霞经济开发区	30.01	5.2	99.78	11.1	3.0
湖南衡阳松木经济开发区	28.50	12.4	88.65	21.6	3.6
湖南洞口经济开发区	27.74	6.3	120.68	8.5	3.0
怀化高新技术产业开发区	27.31	8.8	50.41	-2.7	5.4
新化高新技术产业开发区	25.86	9.3	98.68	12.7	2.5
湖南祁东经济开发区	25.30	6.7	85.48	4.9	3.8
岳阳临港高新区	25.27	8.4	86.07	1.7	0.3

续表

园 区	工业增加值		工业企业效益		技术创新
	规模工业增加值总额（亿元）	规模工业增加值增长率（%）	规模工业主营业务收入（亿元）	规模工业主营业务收入增长率（%）	规模工业企业研发经费支出占主营业务收入比重（%）
衡山高新技术产业开发区	25.06	4.3	81.68	1.1	3.7
湖南南县经济开发区	24.83	6.5	105.63	26.6	2.8
湖南临武工业园区	22.69	8.7	67.49	11.4	1.2
湖南耒阳经济开发区	18.07	7.3	65.21	2.1	3.4
湖南湘西经济开发区	17.76	28.2	41.30	14.8	1.3
湖南茶陵经济开发区	15.84	8.5	47.78	6.9	2.5
湖南安化经济开发区	15.34	8.1	58.39	11.9	1.9
长沙天心经济开发区	14.93	-4.0	50.32	-33.3	5.8
湖南长沙暮云经济开发区	14.56	5.0	49.63	16.0	3.9
湖南衡东经济开发区	14.43	5.7	50.80	22.2	7.6
湖南临澧经济开发区	13.98	5.2	63.96	-24.4	5.0
湖南武冈经济开发区	10.05	3.5	43.93	6.6	3.9
湖南株洲渌口经济开发区	9.86	9.0	33.27	23.2	6.8
泸溪高新技术产业开发区	7.57	-18.4	296.05	-9.7	2.7
湖南汝城经济开发区	7.31	8.0	18.98	9.6	0.8
湖南怀化经济开发区	5.81	9.4	11.79	9.1	4.9
株洲经济开发区	5.79	9.8	20.01	-5.6	1.6
张家界高新区	4.82	11.0	15.81	0.3	2.0
湖南吉首经济开发区	2.38	-23.9	51.03	-23.8	0.6
湖南永顺经济开发区	1.93	-23.9	74.26	-19.8	0.7
湖南湘潭岳塘经济开发区	1.44	1.2	4.99	-33.4	2.6
岳麓高新技术产业开发区	0.52	26.0	1.61	-17.3	3.2

附件 3：国家级产业园区目录

一、国家级经济技术开发区名录（219 个）

北京 1 个：北京经济技术开发区

天津 6 个：天津经济技术开发区、西青经济技术开发区、武清经济技术开发区、天津子牙经济技术开发区、北辰经济技术开发区、东丽经济技术开发区

河北 6 个：秦皇岛经济技术开发区、廊坊经济技术开发区、沧州临港经济技术开发区、石家庄经济技术开发区、唐山曹妃甸经济技术开发区、邯郸经济技术开发区

山西 4 个：太原经济技术开发区、大同经济技术开发区、晋中经济技术开发区、晋城经济技术开发区

内蒙古 3 个：呼和浩特经济技术开发区、巴彦淖尔经济技术开发区、呼伦贝尔经济技术开发区

辽宁 9 个：大连经济技术开发区、营口经济技术开发区、沈阳经济技术开发区、大连长兴岛经济技术开发区、锦州经济技术开发区、盘锦辽滨沿海经济技术开发区、沈阳辉山经济技术开发区、铁岭经济技术开发区、旅顺经济技术开发区

吉林 5 个：长春经济技术开发区、吉林经济技术开发区、四平红嘴经济技术开发区、长春汽车经济技术开发区、松原经济技术开发区

黑龙江 8 个：哈尔滨经济技术开发区、宾西经济技术开发区、海林经济技术开发区、哈尔滨利民经济技术开发区、大庆经济技术开发区、绥化经济技术开发区、牡丹江经济技术开发区、双鸭山经济技术开发区

第八章　PBOS 模式的未来展望

上海 6 个：闵行经济技术开发区、虹桥经济技术开发区、上海漕河泾新兴技术开发区、上海金桥出口加工区、上海化学工业经济技术开发区、松江经济技术开发区

江苏 26 个：南通经济技术开发区、连云港经济技术开发区、昆山经济技术开发区、苏州工业园区、南京经济技术开发区、扬州经济技术开发区、徐州经济技术开发区、镇江经济技术开发区、吴江经济技术开发区、江宁经济技术开发区、常熟经济技术开发区、淮安经济技术开发区、盐城经济技术开发区、锡山经济技术开发区、太仓港经济技术开发区、张家港经济技术开发区、海安经济技术开发区、靖江经济技术开发区、吴中经济技术开发区、宿迁经济技术开发区、海门经济技术开发区、如皋经济技术开发区、宜兴经济技术开发区、浒墅关经济技术开发区、沭阳经济技术开发区、相城经济技术开发区

浙江 21 个：宁波经济技术开发区、温州经济技术开发区、宁波大榭开发区、杭州经济技术开发区、萧山经济技术开发区、嘉兴经济技术开发区、湖州经济技术开发区、绍兴袍江经济技术开发区、金华经济技术开发区、长兴经济技术开发区、宁波石化经济技术开发区、嘉善经济技术开发区、衢州经济技术开发区、义乌经济技术开发区、杭州余杭经济技术开发区、绍兴柯桥经济技术开发区、富阳经济技术开发区、平湖经济技术开发区、杭州湾上虞经济技术开发区、宁波杭州湾经济技术开发区、丽水经济技术开发区

安徽 12 个：芜湖经济技术开发区、合肥经济技术开发区、马鞍山经济技术开发区、安庆经济技术开发区、铜陵经济技术开发区、滁州经济技术开发区、池州经济技术开发区、六安经济技术开发区、淮南经济技术开发区、宁国经济技术开发区、桐城经济技术开发区、宣城经济技术开发区

福建10个：福州经济技术开发区、厦门海沧台商投资区、福清融侨经济技术开发区、东山经济技术开发区、漳州招商局经济技术开发区、泉州经济技术开发区、漳州台商投资区、泉州台商投资区、龙岩经济技术开发区、东侨经济技术开发区

江西10个：南昌经济技术开发区、九江经济技术开发区、赣州经济技术开发区、井冈山经济技术开发区、上饶经济技术开发区、萍乡经济技术开发区、南昌小蓝经济技术开发区、宜春经济技术开发区、龙南经济技术开发区、瑞金经济技术开发区

山东15个：青岛经济技术开发区、烟台经济技术开发区、威海经济技术开发区、东营经济技术开发区、日照经济技术开发区、潍坊滨海经济技术开发区、邹平经济技术开发区、临沂经济技术开发区、招远经济技术开发区、德州经济技术开发区、明水经济技术开发区、胶州经济技术开发区、聊城经济技术开发区、滨州经济技术开发区、威海临港经济技术开发区

河南9个：郑州经济技术开发区、漯河经济技术开发区、鹤壁经济技术开发区、开封经济技术开发区、许昌经济技术开发区、洛阳经济技术开发区、新乡经济技术开发区、红旗渠经济技术开发区、濮阳经济技术开发区

湖北7个：武汉经济技术开发区、黄石经济技术开发区、襄阳经济技术开发区、武汉临空港经济技术开发区、荆州经济技术开发区、鄂州葛店经济技术开发区、十堰经济技术开发区

湖南8个：长沙经济技术开发区、岳阳经济技术开发区、常德经济技术开发区、宁乡经济技术开发区、湘潭经济技术开发区、浏阳经济技术开发区、娄底经济技术开发区、望城经济技术开发区

广东6个：湛江经济技术开发区、广州经济技术开发区、广州南沙

经济技术开发区、惠州大亚湾经济技术开发区、增城经济技术开发区、珠海经济技术开发区

广西4个：南宁经济技术开发区、钦州港经济技术开发区、中国—马来西亚钦州产业园区、广西—东盟经济技术开发区

海南1个：海南洋浦经济开发区

重庆3个：重庆经济技术开发区、万州经济技术开发区、长寿经济技术开发区

四川8个：成都经济技术开发区、广安经济技术开发区、德阳经济技术开发区、遂宁经济技术开发区、绵阳经济技术开发区、广元经济技术开发区、宜宾临港经济技术开发区、内江经济技术开发区

贵州2个：贵阳经济技术开发区、遵义经济技术开发区

云南5个：昆明经济技术开发区、曲靖经济技术开发区、蒙自经济技术开发区、嵩明杨林经济技术开发区、大理经济技术开发区

西藏1个：拉萨经济技术开发区

陕西5个：西安经济技术开发区、陕西航空经济技术开发区、陕西航天经济技术开发区、汉中经济技术开发区、榆林经济技术开发区

甘肃5个：兰州经济技术开发区、金昌经济技术开发区、天水经济技术开发区、酒泉经济技术开发区、张掖经济技术开发区

青海2个：西宁经济技术开发区、格尔木昆仑经济技术开发区

宁夏2个：银川经济技术开发区、石嘴山经济技术开发区

新疆9个：乌鲁木齐经济技术开发区、石河子经济技术开发区、库尔勒经济技术开发区、奎屯经济技术开发区、阿拉尔经济技术开发区、五家渠经济技术开发区、准东经济技术开发区、甘泉堡经济技术开发区、库车经济技术开发区

二、边境经济合作区名录（17个）

内蒙古2个：满洲里边境经济合作区、二连浩特边境经济合作区

辽宁1个：丹东边境经济合作区

吉林2个：珲春边境经济合作区、和龙边境经济合作区

黑龙江2个：黑河边境经济合作区、绥芬河边境经济合作区

广西2个：凭祥边境经济合作区、东兴边境经济合作区

云南4个：畹町边境经济合作区、河口边境经济合作区、瑞丽边境经济合作区、临沧边境经济合作区

新疆4个：伊宁边境经济合作区、博乐边境经济合作区、塔城边境经济合作区、吉木乃边境经济合作区

三、国家高新技术产业开发区名录（168家）

北京1个：中关村科技园区

天津1个：天津滨海高新技术产业开发区

河北5个：石家庄高新技术产业开发区、保定高新技术产业开发区、唐山高新技术产业开发区、燕郊高新技术产业开发区、承德高新技术产业开发区

山西2个：太原高新技术产业开发区、长治高新技术产业开发区

内蒙古3个：包头稀土高新技术产业开发区、呼和浩特金山高新技术产业开发区、鄂尔多斯高新技术产业开发区

辽宁8个：沈阳高新技术产业开发区、大连高新技术产业园区、鞍山高新技术产业开发区、营口高新技术产业开发区、辽阳高新技术产业开发区、本溪高新技术产业开发区、阜新高新技术产业开发区、锦州高新技术产业开发区

吉林 5 个：长春高新技术产业开发区、延吉高新技术产业开发区、吉林高新技术产业开发区、长春净月高新技术产业开发区、通化医药高新技术产业开发区

黑龙江 3 个：哈尔滨高新技术产业开发区、大庆高新技术产业开发区、齐齐哈尔高新技术产业开发区

上海 2 个：上海张江高新技术产业开发区、上海紫竹高新技术产业开发区

江苏 17 个：南京高新技术产业开发区、苏州高新技术产业开发区、无锡高新技术产业开发区、常州高新技术产业开发区、泰州医药高新技术产业开发区、昆山高新技术产业开发区、江阴高新技术产业开发区、徐州高新技术产业开发区、武进高新技术产业开发区、南通高新技术产业开发区、镇江高新技术产业开发区、连云港高新技术产业开发区、盐城高新技术产业开发区、常熟高新技术产业开发区、扬州高新技术产业开发区、淮安高新技术产业开发区、宿迁高新技术产业开发区

浙江 7 个：杭州高新技术产业开发区、宁波高新技术产业开发区、绍兴高新技术产业开发区、温州高新技术产业开发区、衢州高新技术产业开发区、萧山临江高新技术产业开发区、嘉兴秀洲高新技术产业开发区

安徽 7 个：湖州莫干山高新技术产业开发区、合肥高新技术产业开发区、芜湖高新技术产业开发区、蚌埠高新技术产业开发区、马鞍山慈湖高新技术产业开发区、铜陵狮子山高新技术产业开发区、淮南高新技术产业开发区

福建 7 个：福州高新技术产业开发区、厦门火炬高技术产业开发区、泉州高新技术产业开发区、莆田高新技术产业开发区、漳州高新技术产业开发区、三明高新技术产业开发区、龙岩高新技术产业开发区

江西9个：南昌高新技术产业开发区、新余高新技术产业开发区、景德镇高新技术产业开发区、鹰潭高新技术产业开发区、抚州高新技术产业开发区、赣州高新技术产业开发区、吉安高新技术产业开发区、九江共青城高新技术产业开发区、宜春丰城高新技术产业开发区

山东13个：济南高新技术产业开发区、威海火炬高技术产业开发区、青岛高新技术产业开发区、潍坊高新技术产业开发区、淄博高新技术产业开发区、济宁高新技术产业开发区、烟台高新技术产业开发区、临沂高新技术产业开发区、泰安高新技术产业开发区、枣庄高新技术产业开发区、莱芜高新技术产业开发区、德州高新技术产业开发区、黄河三角洲农业高新技术产业示范区

河南7个：郑州高新技术产业开发区、洛阳高新技术产业开发区、安阳高新技术产业开发区、南阳高新技术产业开发区、新乡高新技术产业开发区、平顶山高新技术产业开发区、焦作高新技术产业开发区

湖北12个：武汉东湖新技术开发区、襄阳高新技术产业开发区、宜昌高新技术产业开发区、孝感高新技术产业开发区、荆门高新技术产业开发区、随州高新技术产业开发区、仙桃高新技术产业开发区、咸宁高新技术产业开发区、黄冈高新技术产业开发区、荆州高新技术产业开发区、黄石大冶湖高新技术产业开发区、潜江高新技术产业开发区

湖南8个：长沙高新技术产业开发区、株洲高新技术产业开发区、湘潭高新技术产业开发区、益阳高新技术产业开发区、衡阳高新技术产业开发区、郴州高新技术产业开发区、常德高新技术产业开发区、怀化高新技术产业开发区

广东14个：广州高新技术产业开发区、深圳市高新技术产业园区、中山火炬高技术产业开发区、佛山高新技术产业开发区、惠州仲恺高新技术产业开发区、珠海高新技术产业开发区、东莞松山湖高新技术产业

开发区、肇庆高新技术产业开发区、江门高新技术产业开发区、源城高新技术产业开发区、清远高新技术产业开发区、汕头高新技术产业开发区、湛江高新技术产业开发区、茂名高新技术产业开发区

广西4个：南宁高新技术产业开发区、桂林高新技术产业开发区、柳州高新技术产业开发区、北海高新技术产业开发区

海南1个：海口高新技术产业开发区

重庆4个：重庆高新技术产业开发区、璧山高新技术产业开发区、荣昌高新技术产业开发区、永川高新技术产业开发区

成都8个：成都高新技术产业开发区、绵阳高新技术产业开发区、自贡高新技术产业开发区、乐山高新技术产业开发区、泸州高新技术产业开发区、攀枝花钒钛高新技术产业开发区、德阳高新技术产业开发区、内江高新技术产业开发区

贵州2个：贵阳高新技术产业开发区、安顺高新技术产业开发区

云南3个：昆明高新技术产业开发区、玉溪高新技术产业开发区、楚雄高新技术产业开发区

陕西7个：西安高新技术产业开发区、宝鸡高新技术产业开发区、杨凌农业高新技术产业示范区、渭南高新技术产业开发区、榆林高新技术产业开发区、咸阳高新技术产业开发区、安康高新技术产业开发区

甘肃2个：兰州高新技术产业开发区、白银高新技术产业开发区

宁夏2个：银川高新技术产业开发区、石嘴山高新技术产业开发区

青海1个：青海高新技术产业开发区

新疆3个：乌鲁木齐高新技术产业开发区、昌吉高新技术产业开发区、新疆生产建设兵团石河子高新技术产业开发区

此外，苏州工业园享受国家高新区同等政策。

附件4：国家产业园区最新政策

1. 国务院关于促进国家高新技术产业开发区高质量发展的若干意见（国发〔2020〕7号）

各省、自治区、直辖市人民政府，国务院各部委、各直属机构：

　　国家高新技术产业开发区（以下简称国家高新区）经过30多年发展，已经成为我国实施创新驱动发展战略的重要载体，在转变发展方式、优化产业结构、增强国际竞争力等方面发挥了重要作用，走出了一条具有中国特色的高新技术产业化道路。为进一步促进国家高新区高质量发展，发挥好示范引领和辐射带动作用，现提出以下意见。

一、总体要求

（一）指导思想

以习近平新时代中国特色社会主义思想为指导，贯彻落实党的十九大和十九届二中、三中、四中全会精神，牢固树立新发展理念，继续坚持"发展高科技、实现产业化"方向，以深化体制机制改革和营造良好创新创业生态为抓手，以培育发展具有国际竞争力的企业和产业为重点，以科技创新为核心着力提升自主创新能力，围绕产业链部署创新链，围绕创新链布局产业链，培育发展新动能，提升产业发展现代化水平，将国家高新区建设成为创新驱动发展示范区和高质量发展先行区。

（二）基本原则

坚持创新驱动，引领发展。以创新驱动发展为根本路径，优化创新生态，集聚创新资源，提升自主创新能力，引领高质量发展。

坚持高新定位，打造高地。牢牢把握"高"和"新"发展定位，抢占未来科技和产业发展制高点，构建开放创新、高端产业集聚、宜创宜业宜居的增长极。

坚持深化改革，激发活力。以转型升级为目标，完善竞争机制，加强制度创新，营造公开、公正、透明和有利于促进优胜劣汰的发展环境，充分释放各类创新主体活力。

坚持合理布局，示范带动。加强顶层设计，优化整体布局，强化示范带动作用，推动区域协调可持续发展。

坚持突出特色，分类指导。根据地区资源禀赋与发展水平，探索各具特色的高质量发展模式，建立分类评价机制，实行动态管理。

(三) 发展目标

到2025年，国家高新区布局更加优化，自主创新能力明显增强，体制机制持续创新，创新创业环境明显改善，高新技术产业体系基本形成，建立高新技术成果产出、转化和产业化机制，攻克一批支撑产业和区域发展的关键核心技术，形成一批自主可控、国际领先的产品，涌现一批具有国际竞争力的创新型企业和产业集群，建成若干具有世界影响力的高科技园区和一批创新型特色园区。到2035年，建成一大批具有全球影响力的高科技园区，主要产业进入全球价值链中高端，实现园区治理体系和治理能力现代化。

二、着力提升自主创新能力

(四) 大力集聚高端创新资源。国家高新区要面向国家战略和产业发展需求，通过支持设立分支机构、联合共建等方式，积极引入境内外高等学校、科研院所等创新资源。支持国家高新区以骨干企业为主体，联合高等学校、科研院所建设市场化运行的高水平实验设施、创新基地。积极培育新型研发机构等产业技术创新组织。对符合条件纳入国家重点实验室、国家技术创新中心的,给予优先支持。

(五)吸引培育一流创新人才。支持国家高新区面向全球招才引智。支持园区内骨干企业等与高等学校共建共管现代产业学院,培养高端人才。在国家高新区内企业工作的境外高端人才,经市级以上人民政府科技行政部门(外国人来华工作管理部门)批准,申请工作许可的年龄可放宽至65岁。国家高新区内企业邀请的外籍高层次管理和专业技术人才,可按规定申办多年多次的相应签证;在园区内企业工作的外国人才,可按规定申办5年以内的居留许可。对在国内重点高等学校获得本科以上学历的优秀留学生以及国际知名高校毕业的外国学生,在国家高新区从事创新创业活动的,提供办理居留许可便利。

(六)加强关键核心技术创新和成果转移转化。国家高新区要加大基础和应用研究投入,加强关键共性技术、前沿引领技术、现代工程技术、颠覆性技术联合攻关和产业化应用,推动技术创新、标准化、知识产权和产业化深度融合。支持国家高新区内相关单位承担国家和地方科技计划项目,支持重大创新成果在园区落地转化并实现产品化、产业化。支持在国家高新区内建设科技成果中试工程化服务平台,并探索风险分担机制。探索职务科技成果所有权改革。加强专业化技术转移机构和技术成果交易平台建设,培育科技咨询师、技术经纪人等专业人才。

三、进一步激发企业创新发展活力

(七)支持高新技术企业发展壮大。引导国家高新区内企业进一步加大研发投入,建立健全研发和知识产权管理体系,加强商标品牌建设,提升创新能力。建立健全政策协调联动机制,落实好研发费用加计扣除、高新技术企业所得税减免、小微企业普惠性税收减免等政策。持续扩大高新技术企业数量，培育一批具有国际竞争力的创新型企业。进一步发挥高新区的发展潜力，培育一批独角兽企业。

（八）积极培育科技型中小企业。支持科技人员携带科技成果在国家高新区内创新创业，通过众创、众包、众扶、众筹等途径，孵化和培育科技型创业团队和初创企业。扩大首购、订购等非招标方式的应用，加大对科技型中小企业重大创新技术、产品和服务采购力度。将科技型中小企业培育孵化情况列入国家高新区高质量发展评价指标体系。

（九）加强对科技创新创业的服务支持。强化科技资源开放和共享，鼓励园区内各类主体加强开放式创新，围绕优势专业领域建设专业化众创空间和科技企业孵化器。发展研究开发、技术转移、检验检测认证、创业孵化、知识产权、科技咨询等科技服务机构，提升专业化服务能力。继续支持国家高新区打造科技资源支撑型、高端人才引领型等创新创业特色载体，完善园区创新创业基础设施。

四、推进产业迈向中高端

（十）大力培育发展新兴产业。加强战略前沿领域部署，实施一批引领型重大项目和新技术应用示范工程，构建多元化应用场景，发展新技术、新产品、新业态、新模式。推动数字经济、平台经济、智能经济和分享经济持续壮大发展，引领新旧动能转换。引导企业广泛应用新技术、新工艺、新材料、新设备，推进互联网、大数据、人工智能同实体经济深度融合，促进产业向智能化、高端化、绿色化发展。探索实行包容审慎的新兴产业市场准入和行业监管模式。

（十一）做大做强特色主导产业。国家高新区要立足区域资源禀赋和本地基础条件，发挥比较优势，因地制宜、因园施策，聚焦特色主导产业，加强区域内创新资源配置和产业发展统筹，优先布局相关重大产业项目，推动形成集聚效应和品牌优势，做大做强特色主导产业，避免趋同化。发挥主导产业战略引领作用，带动关联产业协同发展，形成各具特色的产业生态。支持以领军企业为龙头，以产业链关键产品、创新链关键技术为核心，推动建立专利导航产业发展工作机制，集成大中小企业、研发和服务机构等，加强资源高效配置，培育若干世界级创新型产业集群。

五、加大开放创新力度

（十二）推动区域协同发展。支持国家高新区发挥区域创新的重要节点作用，更好地服务于京津冀协同发展、长江经济带发展、粤港澳大湾区建设、长三角一体化发展、黄河流域生态保护和高质量发展等国家重大区域发展战略实施。鼓励东部国家高新区按照市场导向原则，加强与中西部国家高新区对口合作和交流。探索异地孵化、飞地经济、伙伴园区等多种合作机制。

（十三）打造区域创新增长极。鼓励以国家高新区为主体整合或托管区位相邻、产业互补的省级高新区或各类工业园区等，打造更多集中连片、协同互补、联合发展的创新共同体。支持符合条件的地区依托国家高新区按相关规定程序申请设立综合保税区。支持国家高新区跨区域配置创新要素，提升周边区域市场主体活力，深化区域经济和科技一体化发展。鼓励有条件的地方整合国家高新区资源，打造国家自主创新示范区，在更高层次探索创新驱动发展新路径。

（十四）融入全球创新体系。面向未来发展和国际市场竞争，在符合国际规则和通行惯例的前提下，支持国家高新区通过共建海外创新中心、海外创业基地和国际合作园区等方式，加强与国际创新产业高地联

第八章　PBOS 模式的未来展望

动发展,加快引进集聚国际高端创新资源,深度融合国际产业链、供应链、价值链。服务园区内企业"走出去",参与国际标准和规则制定,拓展新兴市场。鼓励国家高新区开展多种形式的国际园区合作,支持国家高新区与"一带一路"沿线国家开展人才交流、技术交流和跨境协作。

六、营造高质量发展环境

(十五)深化管理体制机制改革。建立授权事项清单制度,赋予国家高新区相应的科技创新、产业促进、人才引进、市场准入、项目审批、财政金融等省级和市级经济管理权限。建立国家高新区与省级有关部门直通车制度。优化内部管理架构,实行扁平化管理,整合归并内设机构,实行大部门制,合理配置内设机构职能。鼓励有条件的国家高新区探索岗位管理制度,实行聘用制,并建立完善符合实际的分配激励和考核机制。支持国家高新区探索新型治理模式。

(十六)优化营商环境。进一步深化"放管服"改革,加快国家高新区投资项目审批改革,实行企业投资项目承诺制、容缺受理制,减少不必要的行政干预和审批备案事项。进一步深化商事制度改革,放宽市场准入,简化审批程序,加快推进企业简易注销登记改革。在国家高新区复制推广自由贸易试验区、国家自主创新示范区等相关改革试点政策,加强创新政策先行先试。

(十七)加强金融服务。鼓励商业银行在国家高新区设立科技支行。支持金融机构在国家高新区开展知识产权投融资服务,支持开展知识产权质押融资,开发完善知识产权保险,落实首台(套)重大技术装备保险等相关政策。大力发展市场化股权投资基金。引导创业投资、私募股权、并购基金等社会资本支持高成长企业发展。鼓励金融机构创新投贷联动模式,积极探索开展多样化的科技金融服务。创新国有资本创投管理机制,允许园区内符合条件的国有创投企业建立跟投机制。支持国家高新区内高成长企业利用科创板等多层次资本市场挂牌上市。支持符合条件的国家高新区开发建设主体上市融资。

(十八)优化土地资源配置。强化国家高新区建设用地开发利用强度、投资强度、人均用地指标整体控制,提高平均容积率,促进园区紧凑发展。符合条件的国家高新区可以申请扩大区域范围和面积。省级人民政府在安排土地利用年度计划时,应统筹考虑国家高新区用地需求,优先安排创新创业平台建设用地。鼓励支持国家高新区加快消化批而未供土地,处置闲置土地。鼓励地方人民政府在国家高新区推行支持新产业、新业态发展用地政策,依法依规利用集体经营性建设用地,建设创新创业等产业载体。

(十九)建设绿色生态园区。支持国家高新区创建国家生态工业示范园区,严格控制高污染、高耗能、高排放企业入驻。加大国家高新区绿色发展的指标权重。加快产城融合发展,鼓励各类社会主体在国家高新区投资建设信息化等基础设施,加强与市政建设接轨,完善科研、教育、医疗、文化等公共服务设施,推进安全、绿色、智慧科技园区建设。

七、加强分类指导和组织管理

(二十)加强组织领导。坚持党对国家高新区工作的统一领导。国务院科技行政部门要会同有关部门,做好国家高新区规划引导、布局优化和政策支持等相关工作。省级人民政府要将国家高新区作为实施创新驱动发展战略的重要载体,加强对省内国家高新区规划建设、产业发展和创新资源配置的统筹。所在地市级人民政府要切实承担国家高新区建设的主体责任,加强国家高新区领导班子配备和干部队伍建设,并给予国家高新区充分的财政、土地等政策保障。加强分类指导，坚持高质量发展标准，根据不同地区、不同阶段、不同发展基础和创新资源等情况，对符合条件、有优势、有特色的省级高新区加快"以升促建"。

（二十一）强化动态管理。制定国家高新区高质量发展评价指标体系，突出研发经费投入、成果转移转化、创新创业质量、科技型企业培育发展、经济运行效率、产业竞争能力、单位产出能耗等内容。加强国家高新区数据统计、运行监测和绩效评价。建立国家高新区动态管理机制，对评价考核结果好的国家高新区予以通报表扬，统筹各类资金、政策等加大支持力度；对评价考核结果较差的通过约谈、通报等方式予以警告；对整改不力的予以撤销，退出国家高新区序列。

2. 湖南省人民政府关于推进全省产业园区高质量发展的实施意见（湘政发〔2020〕13号）

各市州、县市区人民政府，省政府各厅委、各直属机构：

为全面贯彻落实《国务院关于推进国家级经济技术开发区创新提升打造改革开放新高地的意见》（国发〔2019〕11号），深入实施创新引领开放崛起战略，加快推进全省产业园区（指经国务院或省人民政府批准，有明确地域界限，以制造业和生产性服务业为主的国家级和省级经济技术开发区、高新技术产业开发区、海关特殊监管区以及省级工业集中区。以下简称园区）转型升级高质量发展，制定如下实施意见。

一、把握发展要求。 以习近平新时代中国特色社会主义思想为指导，全面贯彻党的十九大和十九届二中、三中、四中全会精神，落实新发展理念，以市场化改革为方向，加快建立更加精简高效的管理体制、更加灵活实用的开发运营机制、更加激励干事创业的干部人事制度、更加系统集成的政策支持体系，努力实现园区在贯彻新发展理念上率先、在供给侧结构性改革上率先、在振兴实体经济上率先，奋力走在全省高水平开放、高质量发展前列。

二、优化机构职能。 允许园区按照机构编制管理相关规定，调整内设机构、职能、人员等，推进机构设置和职能配置优化协同高效。各地人民政府可根据园区发展需要，按规定统筹使用各类编制资源。

三、鼓励市场化运营。 充分发挥市场在资源配置中的决定性作用，激发各类市场主体活力。按照政企分开、政资分开的原则，加快推进园区平台公司转型，建立现代企业管理制度。推进有条件的园区建设运营主体进行资产重组、股权结构调整优化，引入社会资本，开发运营特色产业园等园区,并在准入、投融资、服务便利化等方面给予支持。支持园区按市场化原则开展招商、企业入驻服务等,园区应将招商成果、服务成效等纳入考核激励范围。

四、配强园区队伍。坚持党管干部原则,坚持新时期好干部标准,坚持事业为上,突出政治标准、专业素养、担当作为,注重优秀年轻干部的培养选拔,健全完善科学精准的园区干部选拔任用制度。除由地方领导班子成员兼任及上级党委或组织部门任命的外,鼓励对园区其余人员实行档案封存、岗位聘任、末位淘汰的竞争性选人用人机制。对紧缺的专业性特别强的岗位人选,可以通过竞争性方式选配或向社会公开招聘。

五、健全绩效激励机制。创新园区选人用人机制,经批准可实行聘任制、绩效考核制等,允许实行兼职兼薪、年薪制、协议工资制等多种分配方式。事业单位实行以岗定薪、多劳多得、优绩优酬的工资收入分配方法。事业单位的绩效工资由园区在核定的绩效工资总量内自主确定分配办法。园区工资总额核定(事业单位绩效工资总量核定)与招商引资、项目建设、产业发展、税收增长等绩效挂钩。各园区薪酬方案报同级党委政府备案后实施。

六、强化经济功能定位。推动园区聚焦产业发展、科技创新、改革开放、"双招双引"、服务企业等主责主业。积极稳妥剥离园区社会事务管理职能,按照属地原则交由当地政府承担或由上一级政府派驻机构承担。原则上园区不再代管乡镇(街道),确有需要的,按管理权限从严审批。

七、开展亩均效益评价。发布园区产业用地投入产出强度指导标准。探索建立省级及以上园区"亩均论英雄"机制,实行有别于行政区的园区评价办法,建立以质量和效益为核心,以工业企业及规模以上服务业企业的亩均税收、单位工业增加值能耗降低率、主要污染物排放削减率等为主要指标的亩均效益评价体系。依据评价结果，实施分档激励和重要资源要素差别化配置，进一步强化约束和倒逼机制，实行优胜劣汰、动态管理。

八、支持区域合作共建。 鼓励园区开展跨区域合作，发展"飞地经济"，共同建设项目孵化、人才培养、市场拓展等服务平台和产业园区，为承接产业转移项目创造条件。共建地区人民政府要加大对共建园区基础设施建设的支持力度。共建园区项目用地按照"飞地经济"周转用地管理。在保障"飞入地"污染物排放总量和能源消耗总量控制目标的前提下，对合作项目允许"飞出地"和"飞入地"之间按照排污权交易相关规定调剂使用相关总量指标。

九、提升产业创新能力。 鼓励园区复制推广自贸试验区、自主创新示范区等试点经验，率先将国家科技创新政策落实到位，成效明显的可加大政策先行先试力度，打造成为科技创新集聚区。在服务业开放、科技成果转化、科技金融发展等方面加强制度创新。对新兴产业实行包容审慎监管。推进园区建设运行机制灵活高效的新型研发机构，实施科技成果转化项目技术交易后补助。支持符合条件的园区打造特色创新创业载体，推动中小企业创新创业升级。园区内科研院所转化职务发明成果收益给予参与研发的科技人员的现金奖励，符合税收政策相关规定的，可减按50%计入科技人员工资、薪金所得缴纳个人所得税。鼓励科研院所、高等院校科研人员到园区兼职。园区引进海外顶尖人才团队，符合相关人才引进政策的，按标准给予奖补。鼓励采取设立创业投资基金、天使投资基金、科技孵化资金和知识产权作价入股等方式，搭建科技人才与产业对接平台。省级以上大学科技园享受与当地孵化器同等政策待遇。积极推进园区内企业创建数字产业创新中心、智能工厂、智能车间等。

十、培育壮大园区主导产业。加强上下游产业布局规划，推动园区形成共生互补的产业生态体系。加快构建"产业集群—产业基地—产业社区"三级产业空间布局体系，支持园区围绕主导产业创建国家和省先进制造业集群，鼓励各地人民政府制订本地区特色产业链建设方案。开展产业集群区域品牌试点示范，列入范围的产业集群及龙头企业，优先推荐申报国家和省级专项资金，优先纳入各类政府性基金项目库，优先布局国家和省级研发中心、工程中心、技术创新中心、检测中心和重点实验室等公共服务平台。加快引进先进制造业企业、专业化"小巨人"企业、关键零部件和中间品制造企业，支持企业建设新兴产业发展联盟和产业技术创新战略联盟。加强与相关投资基金合作，充分发挥产业基金、银行信贷、证券市场、保险资金以及融资担保基金等作用，拓展园区发展产业集群的投融资渠道。

十一、提升开放型经济质量。加大投资贸易便利化等重点领域改革力度。园区着力提高引资质量，重点引进公司总部、研发、财务、采购、销售、物流、结算等功能性机构。各地人民政府可依法、合规在外商投资项目前期准备等方面给予支持。支持园区内企业开展上市、业务重组等。支持符合条件的园区申请建设外贸转型升级基地和外贸公共服务平台，推进关税保证保险改革，鼓励具备资质的保险公司为园区内企业提供关税保证保险服务。鼓励在科技人才集聚、产业体系较为完备的园区建设一批国际合作园区，鼓励港澳地区及各类资本参与国际合作园区运营。支持金融机构按照风险可控、商业可持续原则，做好国际合作园区的金融服务。有实力的园区可以"一带一路"沿线为重点，建设境外产业合作园，发展境外营销渠道、海外仓。

十二、合理预留发展空间。加强园区发展与新一轮国土空间规划的衔接，统筹生产、生活、生态空间，合理预留园区拓展用地，科学划定功能边界。新增建设用地原则上向园区核准范围或规划发展方向区集中配置。允许国家级园区在不变动核准范围的前提下，在规划确定的工业和仓储物流用地范围内有序安排产业项目落地和进行工业用地结构平衡。探索实行规划刚性约束与弹性调整并举机制，允许园区根据产业布局需要合理留白，为重大项目落地预留空间。

十三、促进产城融合发展。 推进园区和城镇基础设施、产业发展、市场体系、基本公共服务和生态环保一体化建设。鼓励有条件的园区集中建设教育、医疗、文化、娱乐、商业、生态等生活配套设施，向城市综合功能区转型。支持在符合条件的国家级园区优先布局儿童、康复、养老等资源稀缺型医疗机构。鼓励各类社会资本以独资、合资、参股、特许经营等方式投资园区公共基础设施、市政公用事业、交通运输、资源环境、能源等项目建设和运营。完善园区产业配套和服务体系，深化产教融合，提升产业协同创新发展能力。

十四、强化资源集约利用。 积极落实产业用地政策，支持园区内企业利用现有存量土地发展医疗、教育、科研等项目。原划拨土地改造开发后用途符合《划拨用地目录》的，仍可继续按划拨方式使用。对符合协议出让条件的，可依法采取协议方式办理用地手续。鼓励各地人民政府通过创新产业用地分类、鼓励土地混合使用、提高产业用地土地利用效率、实行用地弹性出让、长期租赁、先租后让、租让结合供地等，满足园区的产业项目用地需求。加强园区存量用地二次开发，促进低效闲置土地的处置利用。鼓励新入园企业和土地使用权权属企业合作，允许对具备土地独立分宗条件的工业物业产权进行分割，用以引进优质项目。除各级人民政府已分层设立建设用地使用权的地下空间外，现有项目开发地下空间作为自用的，其地下空间新增建筑面积可以补缴土地价款的方式办理用地手续。完善园区周转用地管理制度,支持园区在核准范围内提前征收或收购一定数量储备土地,用于重点产业项目建设。支持符合条件的园区开展电力市场化交易,按规定开展非居民用天然气价格市场化改革,加强天然气输配价格监管,减少或取消直接供气区域内园区省级管网输配服务加价。

十五、坚持绿色发展。强化"三线一单"管控要求,发布园区生态环境准入清单,严格执行区域限批制度。鼓励园区循环化改造和绿色生态园区创建。加快完善园区环保基础设施,积极推行园区环保管家制度,鼓励开展污染第三方治理。鼓励园区采用综合能源方式,推广使用清洁能源、低碳能源。推进节水型企业、节水型园区建设,加大高耗水工业企业节水技术改造力度。

十六、鼓励财政金融创新。鼓励市县完善园区财政管理体制,提高园区收入分享比例。有条件的国家级园区可开展资本项目收入结汇支付便利化、基础设施领域不动产投资信托基金等试点。支持园区设立天使投资基金、并购基金、绿色环保基金等私募投资基金。鼓励银行业金融机构成立主要面向园区和科技企业的科技支行,完善"产业基金+银行信贷""风险补偿+银行信贷"等多种银园合作新模式。省金融发展等专项资金加大对科技企业贷款和创业投资风险的补偿力度,适时启动科技知识价值信用贷款改革试点。支持园区企业扩大直接融资。

十七、优化营商环境。深化"放管服"改革,发布全省园区放权赋权指导目录。国家级园区率先开展商事制度改革创新试点,全面实行"证照分离""照后减证",下放或者委托省管权限范围内的企业投资项目备案、科技计划项目管理等事项。深化投资项目审批全流程改革,推行容缺审批、告知承诺制等管理方式。深入推进"一件事一次办"改革和工程建设项目审批制度改革,项目在立项用地规划许可阶段、工程建设许可阶段、施工许可阶段、竣工验收阶段等环节全面推行并联审批。实施工程建设项目联合审图和联合验收。

各地各园区要强化主体责任,加强组织领导,健全工作机制,形成落实合力,确保各项措施落到实处。省内已有政策与本实施意见不一致的,按照本实施意见执行。涉及机构编制的事项,按照机构编制管理权限和程序办理。

本实施意见自发布之日起施行。

附:主要任务责任分工方案

主要任务责任分工方案

主要任务	具体内容	责任单位
优化机构职能	1. 允许园区按照机构编制管理相关规定,调整内设机构、职能、人员等,推进机构设置和职能配置优化协同高效。各地人民政府可根据园区发展需要,按规定统筹使用各类编制资源	省委编办、各市州人民政府
鼓励市场化运营	2. 充分发挥市场在资源配置中的决定性作用,激发各类市场主体活力。按照政企分开、政资分开的原则,加快推进园区平台公司转型,建立现代企业管理制度。支持有条件的园区建设运营主体进行资产重组、股权结构调整优化,引入社会资本,开发运营特色产业园等园区,并在准入、投融资、服务便利化等方面给予支持	省发展改革委、省科技厅、省商务厅、省财政厅、省工业和信息化厅
	3. 支持园区按市场化原则开展招商、企业入驻服务等,园区应将招商成果、服务成效等纳入考核激励范围	省商务厅、省发展改革委、省统计局、省财政厅、省人力资源社会保障厅

第八章　PBOS模式的未来展望

续表

主要任务	具体内容	责任单位
配强园区队伍	4. 坚持党管干部原则，坚持新时期好干部标准，坚持事业为上，突出政治标准、专业素养、担当作为，注重优秀年轻干部的培养选拔，健全完善科学精准的园区干部选拔任用制度。除由地方领导班子成员兼任及上级党委或组织部门任命的外，鼓励对园区其余人员实行档案封存、岗位聘任、末位淘汰的竞争性选人用人机制。对紧缺的专业性特别强的岗位人选，可以通过竞争性方式选配或向社会公开招聘	省委组织部、省委编办
健全完善绩效激励机制	5. 创新园区选人用人机制，经批准可实行聘任制、绩效考核制等，允许实行兼职兼薪、年薪制、协议工资制等多种分配方式。事业单位实行以岗定薪、多劳多得、优绩优酬的工资收入分配方法	省委组织部、省人力资源社会保障厅
	6. 事业单位的绩效工资由园区在核定的绩效工资总量内自主确定分配办法。园区工资总额核定（事业单位绩效工资总量核定）与招商引资、项目建设、产业发展、税收增长等绩效挂钩。各园区薪酬方案报同级党委政府备案后实施	省人力资源社会保障厅、省财政厅
强化经济功能定位	7. 推动园区聚焦产业发展、科技创新、改革开放、"双招双引"、服务企业等主责主业。积极稳妥剥离园区社会事务管理职能，按照属地原则交由当地政府承担或由上一级政府派驻机构承担	省发展改革委、省科技厅、省商务厅、各市州人民政府
	8. 原则上园区不再代管乡镇（街道），确有需要的，按管理权限从严审批	各市州人民政府
开展亩均效益评价	9. 发布园区产业用地投入产出强度指导标准	省发展改革委、省工业和信息化厅、省自然资源厅

PBOS模式推进园区市场化高质量发展

续表

主要任务	具体内容	责任单位
	10. 探索建立省级及以上园区"亩均论英雄"机制,实行有别于行政区的园区评价办法,建立以质量和效益为核心,以工业企业及规模以上服务业企业的亩均税收、单位工业增加值能耗降低率、主要污染物排放削减率等为主要指标的亩均效益评价体系。依据评价结果,实施分档激励和重要资源要素差别化配置,进一步强化约束和倒逼机制,实行优胜劣汰、动态管理	省发展改革委、省科技厅、省自然资源厅、省生态环境厅、省财政厅、省商务厅、省统计局
支持区域合作共建	11. 鼓励园区开展跨区域合作,发展"飞地经济",共同建设项目孵化、人才培养、市场拓展等服务平台和产业园区,为承接产业转移项目创造条件	省发展改革委、省科技厅、省商务厅
	12. 共建地区人民政府要加大对共建园区基础设施建设的支持力度	各市州人民政府
	13. 共建园区项目用地按照"飞地经济"周转用地管理	省自然资源厅
	14. 在保障"飞入地"污染物排放总量和能源消耗总量控制目标的前提下,对合作项目允许"飞出地"和"飞入地"之间按照排污权交易相关规定调剂使用相关总量指标	省生态环境厅、省发展改革委
提升产业创新能力	15. 鼓励园区复制推广自贸试验区、自主创新示范区等试点经验,率先将国家科技创新政策落实到位,成效明显的可加大政策先行先试力度,打造成为科技创新集聚区。在服务业开放、科技成果转化、科技金融发展等方面加强制度创新	省科技厅、省商务厅、省发展改革委
	16. 对新兴产业实行包容审慎监管	省市场监管局
	17. 推进园区建设运行机制灵活高效的新型研发机构,实施科技成果转化项目技术交易后补助	省科技厅
	18. 支持符合条件的园区打造特色创新创业载体,推动中小企业创新创业升级	省发展改革委、省科技厅、省工业和信息化厅

第八章 PBOS 模式的未来展望

续表

主要任务	具体内容	责任单位
提升产业创新能力	19. 园区内科研院所转化职务发明成果收益给予参与研发的科技人员的现金奖励，符合税收政策相关规定的，可减按50%计入科技人员工资、薪金所得缴纳个人所得税	省财政厅、省税务局
	20. 鼓励科研院所、高等院校科研人员到园区兼职	省委组织部
	21. 园区引进海外顶尖人才团队，符合相关人才引进政策的，按标准给予奖补	省人力资源社会保障厅、省财政厅
	22. 鼓励采取设立创业投资基金、天使投资基金、科技孵化资金和知识产权作价入股等方式，搭建科技人才与产业对接平台。省级以上大学科技园享受与当地孵化器同等政策待遇	省科技厅、省财政厅、省市场监管局
	23. 积极推进园区内企业创建数字产业创新中心、智能工厂、智能车间等	省工业和信息化厅
培育壮大园区主导产业	24. 加强上下游产业布局规划，推动园区形成共生互补的产业生态体系	省发展改革委、省科技厅、省商务厅
	25. 加快构建"产业集群—产业基地—产业社区"三级产业空间布局体系，支持园区围绕主导产业创建国家和省先进制造业集群，鼓励各地人民政府制订本地区特色产业链建设方案	省发展改革委、省工业和信息化厅
	26. 开展产业集群区域品牌试点示范，列入范围的产业集群及龙头企业，优先推荐申报国家和省级专项资金，优先纳入各类政府性基金项目库，优先布局国家和省级研发中心、工程中心、技术创新中心、检测中心和重点实验室等公共服务平台	省工业和信息化厅、省财政厅、省市场监管局
	27. 加快引进先进制造业企业、专业化"小巨人"企业、关键零部件和中间品制造企业，支持企业建设新兴产业发展联盟和产业技术创新战略联盟	省发展改革委、省工业和信息化厅

续表

主要任务	具体内容	责任单位
	28. 加强与相关投资基金合作，充分发挥产业基金、银行信贷、证券市场、保险资金以及融资担保基金等作用，拓展园区发展产业集群的投融资渠道	省发展改革委、省工业和信息化厅、省财政厅、湖南银保监局、湖南证监局
提升开放型经济质量	29. 加大投资贸易便利化等重点领域改革力度。园区着力提高引资质量，重点引进公司总部、研发、财务、采购、销售、物流、结算等功能性机构。各地人民政府可依法、合规在外商投资项目前期准备等方面给予支持。支持园区内企业开展上市、业务重组等	省商务厅、湖南证监局
	30. 支持符合条件的园区申请建设外贸转型升级基地和外贸公共服务平台，推进关税保证保险改革，鼓励具备资质的保险公司为园区内企业提供关税保证保险服务	省商务厅、湖南银保监局
提升开放型经济质量	31. 鼓励在科技人才集聚、产业体系较为完备的园区建设一批国际合作园区，鼓励港澳地区及各类资本参与国际合作园区运营	省商务厅、省发展改革委
	32. 支持金融机构按照风险可控、商业可持续原则，做好国际合作园区的金融服务	省财政厅、省金融办
	33. 有实力的园区可以"一带一路"沿线为重点，建设境外产业合作园，发展境外营销渠道、海外仓	省商务厅、省发展改革委
	34. 加强园区发展与新一轮国土空间规划的衔接，统筹生产、生活、生态空间，合理预留园区拓展用地，科学划定功能边界	省发展改革委、省自然资源厅、省生态环境厅
	35. 新增建设用地原则上向园区核准范围或规划发展方向区集中配置	省自然资源厅

第八章 PBOS模式的未来展望

续表

主要任务	具体内容	责任单位
合理预留发展空间	36. 允许国家级园区在不变动核准范围的前提下，在规划确定的工业和仓储物流用地范围内有序安排产业项目落地和进行工业用地结构平衡	省自然资源厅、省发展改革委
	37. 探索实行规划刚性约束与弹性调整并举机制，允许园区根据产业布局需要合理留白，为重大项目落地预留空间	省自然资源厅
促进产城融合发展	38. 推进园区和城镇基础设施、产业发展、市场体系、基本公共服务和生态环保一体化建设。鼓励有条件的园区集中建设教育、医疗、文化、娱乐、商业、生态等生活配套设施，向城市综合功能区转型	各市州人民政府
	39. 支持在符合条件的国家级园区优先布局儿童、康复、养老等资源稀缺型医疗机构	省发展改革委、省自然资源厅、省卫生健康委
	40. 鼓励各类社会资本以独资、合资、参股、特许经营等方式投资园区公共基础设施、市政公用事业、交通运输、资源环境、能源等项目建设和运营	各市州人民政府
	41. 完善园区产业配套和服务体系，深化产教融合，提升产业协同创新发展能力	省发展改革委、省教育厅、省人力资源社会保障厅

281

主要任务	具体内容	责任单位
强化资源集约利用	42. 积极落实产业用地政策，支持园区内企业利用现有存量土地发展医疗、教育、科研等项目。原划拨土地改造开发后用途符合《划拨用地目录》的，仍可继续按划拨方式使用。对符合协议出让条件的，可依法采取协议方式办理用地手续。鼓励各地人民政府通过创新产业用地分类、鼓励土地混合使用、提高产业用地土地利用效率、实行用地弹性出让、长期租赁、先租后让、租让结合供地等，满足园区的产业项目用地需求。加强园区存量用地二次开发，促进低效闲置土地的处置利用。鼓励新入园企业和土地使用权权属企业合作，允许对具备土地独立分宗条件的工业物业产权进行分割，用以引进优质项目。除各级人民政府已分层设立建设用地使用权的地下空间外，现有项目开发地下空间作为自用的，其地下空间新增建筑面积可以补缴土地价款的方式办理用地手续。完善园区周转用地管理制度，支持园区在核准范围内提前征收或收购一定数量储备土地，用于重点产业项目建设	省自然资源厅
	43. 支持符合条件的园区开展电力市场化交易，按规定开展非居民用天然气价格市场化改革，加强天然气输配价格监管，减少或取消直接供气区域内园区省级管网输配服务加价	省发展改革委、省能源局
坚持绿色发展	44. 强化"三线一单"管控要求，发布园区生态环境准入清单，严格执行区域限批制度	省生态环境厅、省发展改革委
	45. 鼓励园区循环化改造和绿色生态园区创建	省发展改革委、省生态环境厅、省工业和信息化厅

续表

主要任务	具体内容	责任单位
坚持绿色发展	46. 加快完善园区环保基础设施，积极推行园区环保管家制度，鼓励开展污染第三方治理	省生态环境厅、省发展改革委
	47. 鼓励园区采用综合能源方式，推广使用清洁能源、低碳能源	省工业和信息化厅
	48. 推进节水型企业、节水型园区建设，加大高耗水工业企业节水技术改造力度	省水利厅、省发展改革委
鼓励财政金融创新	49. 鼓励市县完善园区财政管理体制，提高园区收入分享比例	省财政厅，各市州人民政府
	50. 有条件的国家级园区可开展资本项目收入结汇支付便利化、基础设施领域不动产投资信托基金等试点	湖南证监局、外汇局湖南省分局、人民银行长沙中心支行、省发展改革委
	51. 支持园区设立天使投资基金、并购基金、绿色环保基金等私募投资基金	省财政厅、省地方金融监管局
鼓励财政金融创新	52. 鼓励银行业金融机构成立主要面向园区和科技企业的科技支行，完善"产业基金+银行信贷""风险补偿+银行信贷"等多种银园合作新模式。省金融发展等专项资金加大对科技企业贷款和创业投资风险的补偿力度，适时启动科技知识价值信用贷款改革试点。支持园区企业扩大直接融资	省科技厅、省财政厅、省地方金融监管局、省税务局、湖南银保监局、湖南证监局

续表

主要任务	具体内容	责任单位
优化营商环境	53. 深化"放管服"改革，发布全省园区放权赋权指导目录	省政务局、相关省直部门
	54. 国家级园区率先开展商事制度改革创新试点，全面实行"证照分离""照后减证"，下放或者委托省管权限范围内的企业投资项目备案、科技计划项目管理等事项	省市场监管局、省政务局、省发展改革委、省科技厅等
	55. 深化投资项目审批全流程改革，推行容缺审批、告知承诺制等管理方式。深入推进"一件事一次办"改革和工程建设项目审批制度改革，项目在立项用地规划许可阶段、工程建设许可阶段、施工许可阶段、竣工验收阶段等环节全面推行并联审批。实施工程建设项目联合审图和联合验收	省政务局、省住房城乡建设厅、省发展改革委

注：以上任务均需各市州人民政府和园区管委会参与。

3. 2020年湖南省产业园区工作要点（湘园区〔2020〕1号）

为贯彻落实中央、省委经济工作会议精神和政府工作报告部署，深入落实创新引领开放崛起战略，更好地发挥产业园区改革创新主阵地作用，推进建立更加灵活的体制机制，培育更具竞争力的特色产业集群，促进园区经济高质量发展，制定本工作要点。

一、总体要求

以习近平新时代中国特色社会主义思想为指导，以新发展理念为引领，以高质量发展为目标，以推进市场化改革为主线，以推进亩均产出提高、特色产业集群培育提速、绿色集约发展水平提升为重点，推动实现园区经济质量变革、效率变革、动力变革。

二、主要目标

2020年，力争全省园区技工贸总收入达5.3万亿元，千亿园区达到14家，园区工业用地亩均税收达到13万元/亩，形成30个左右百亿级特色产业园区，为构建现代产业体系和现代化经济体系提供有力支撑。

三、重点任务

（一）全面启动市场化改革，激发转型发展活力

1. 制定出台支持园区高质量发展的若干政策。（省发展改革委、省科技厅、省商务厅按职责分工负责，各工作均需各市州人民政府、各园区管委会参与，以下不再重复）

2. 组织召开全省产业园区市场化改革和高质量发展现场会，支持引入社会资本开发运营园区，探索建立园区市场化运营产业基金，推广EPC+O+V等市场化运营模式。（省发展改革委、省科技厅、省财政厅、省自然资源厅、省商务厅等按职责分工负责）

（二）推动完善规划体系，进一步优化园区布局

1. 组织编制全省产业园区发展"十四五"规划、国土空间规划及相关领域专项规划。（省发展改革委、省科技厅、省工业和信息化厅、省商务厅、省自然资源厅、省生态环境厅等按职责分工负责）

2. 推进园区优化整合，建立健全淘汰退出机制，在综合评估的基础上劣汰扶强，及时撤销、调整、合并一批无发展前景的园区或区块，由各市州提出本地区园区整合方案，经省园区办审核，报省政府审定同意后实施。（省发展改革委、省自然资源厅、省生态环境厅、省统计局按职责分工负责）

3. 结合第三次土地调查和新一轮国土空间规划，编制全省园区产业地图，发布全省国家级和省级产业园区名录，明确园区面积、四至范围和主导产业。（省发展改革委、省自然资源厅、省科技厅、省生态环境厅、省工业和信息化厅、省商务厅、省统计局按职责分工负责）

（三）培育优势特色产业集群，推进构建现代产业体系

1. 继续做大做强国家级园区，加快"五个100"重点项目建设，推进打造工程机械、轨道交通装备、航空航天三大世界级产业集群，支持自主可控计算机及信息安全、生态绿色食品、生物医药、先进储能材料及动力电池、新型轻合金等打造成为国内具有重要影响力的产业集群，实现经济总量、发展质量双提升。推动岳阳、娄底创建国家级高新区。（省发展改革委、省科技厅、省工业和信息化厅、省商务厅按职责分工负责）

2. 制订全省先进制造业集群培育方案，制订先进制造业集群管理办法，推动建立一批集群推进机构。推进园区开展产业链合作共建，支持长沙工程机械和株洲轨道交通装备在国家先进制造业集群竞赛中取得良好成绩，储备一批有潜力的制造业集群参加新一轮竞赛。各市州结合实际情况制定本地区特色产业链建设方案。（省工业和信息化厅、省发展改革委按职责分工负责）

3. 总结推广特色产业园建设经验，新增布局5家左右省级特色产业园。推进非高新类园区向高新区转型。（省发展改革委、省科技厅、省工业和信息化厅、省财政厅、省商务厅按职责分工负责）

4. 支持园区大力引进"三类500强"企业、新兴优势产业链龙头企业以及外向型实体企业。聚焦园区优势产业和特色产业，大力开展产业链招商。大力引进企业区域总部以及采购中心、结算中心、研发中心等功能性总部。创新招商方式，大力开展市场化、专业化、数字化招商。扩大园区外贸综合服务覆盖面，打造一批产业集聚度高、产品竞争力强的外贸转型升级基地，提高园区产业外向度。（省商务厅负责）

5. 推进先进制造业与互联网深度融合，实施企业管理能力提升工程，大力发展网络化协同制造等新生产模式，推动企业运用互联网开展在线增值服务，实现从制造向"制造+服务"转型升级。（省工业和信息化厅、省科技厅、省发展改革委按职责分工负责）

（四）强化生态环境约束，促进园区绿色发展

1. 制定"三线一单"生态环境分区管控意见，发布园区生态环境准入清单，建立生态环境审批惩戒制度，实现全省"三线一单"一张图。（省生态环境厅、省发展改革委、省自然资源厅按职责分工负责）

2. 开展园区环境治理专项行动，完成省级及以上产业园区突出环境问题整治，2020年底前实现省级以上产业园区工业污水集中处理、达标

排放、在线监测全覆盖。（省生态环境厅、省发展改革委等按职责分工负责）

3. 继续推动对园区规划、调区扩区批复已满 5 年或园区规划环评审查已满 5 年的园区开展环境影响跟踪评价工作，客观发现园区发展过程中存在的环境问题。制定全省园区环境信用评价管理办法，探索建立园区环境信用评价试点。（省生态环境厅、省发展改革委等按职责分工负责）

4. 推进园区循环化改造，加快完善园区集中供热、污水集中处理等管网和垃圾收储运体系，推进环保治理、喷涂、印染、电镀等设施集中布局和共享，促进资源循环链接和综合利用，2020 年底前 75% 的国家级园区和 50% 的省级园区实施循环化改造，推进创建 5 家左右绿色园区。（省发展改革委、省生态环境厅、省住房城乡建设厅、省工业和信息化厅按职责分工负责）

（五）深化亩均效益改革，提升园区经济发展质量

1. 完善亩均效益评价制度，适时发布产业园区及制造业新增项目投入产出标准指南。建立企业、产业、园区三级高质量评价体系，定期发布优质企业名录、有竞争力产业集群名单、先进园区名单，引导资源要素聚焦关键环节和薄弱领域。（省发展改革委、省工业和信息化厅、省统计局按职责分工负责）

2. 建立园区周转用地管理数据库，按照开发有序、供应及时、用地规范的原则，明确各园区周转用地规模、地块分布等。建立低效用地退出机制，利用全省低效用地数据库，制定每宗低效用地再开发方案，提高土地利用效率。（省自然资源厅负责）

3. 推广产业园区"标准地"制度，推进建立全省园区标准地交易信息平台。探索"标准地+承诺制"制度，促进工业项目早投产、早开工、

早竣工，实现土地集约节约利用。(省自然资源厅、省发展改革委按职责分工负责)

（六）推进园区创新创业，强化高质量发展内生动力

1. 推进"135"工程升级版，落实园区新建标准厂房财政奖补政策，鼓励省内金融机构参与"135"工程建设。继续做好2020年园区专项债券项目申报和资金分配工作。严控园区债务风险，指导园区稳妥有效化解政府债务。研究建立园区主体税种省级分成增量部分返还政策。继续开展贫困地区产业园区入驻企业标准厂房租赁补贴工作。(省财政厅、省发展改革委、省地方金融监管局按职责分工负责)

2. 推动智慧园区建设，实施园区智能化、自动化、数字化改造，引进一批优质企业落户，建设一批智能制造试点示范企业，搭建一批工业互联网平台，引导中小企业"上云上平台"。(省工业和信息化厅、省发展改革委按职责分工负责)

3. 研究制定产业创新服务综合体管理办法、潇湘科技要素大市场分市场（工作站）工作指引，支持园区整合已有的各类公共服务、科技创新服务平台，建设一批产业创新服务综合体、潇湘科技要素大市场分市场（工作站）。支持园区建设知识产权综合服务分中心，完善知识产权公共服务体系。推动在香港、广东、上海、北京设立科技企业孵化器。(省科技厅、省发展改革委、省工业和信息化厅、省市场监管局按职责分工负责)

（七）着力优化营商环境，提升政务服务水平

1. 全面推进园区区域评估，2020年6月30日前完成144家园区节能评价、压覆重要矿产资源评估、地质灾害危险性评估、环境影响评价、航道通航条件影响评价、水资源论证、水土保持、洪水影响评价、建设项目安全预评价、地震安全性评价、重大工程气候可行性论证、文物保

护和考古许可等12项评估事项,形成统一成果报省政府审定并向社会公开发布。推动各级审批部门互认评估结论,加快建立事前辅导服务、事中进度跟踪、事后评价反馈等监管工作机制,加强信用评价在区域评估领域的嵌入应用。(省发展改革委、省住房城乡建设厅等相关部门按职责分工负责)

2. 深化"放管服"改革,探索省级层面制定出台向园区放权赋权的指导性目录,按照"统一审批流程、统一信息数据平台、统一审批管理体系、统一监管方式"的要求,进一步深化园区工程建设项目审批全流程改革,在园区推行承诺制、先建后验等改革,复制推广自贸试验区改革试点经验。(省委编办、省政务局、省住房城乡建设厅、省发展改革委、省科技厅、省商务厅按职责分工负责)

3. 总结推广首批体制机制创新试点经验,并在市场化运营、市场化招商、创新创业等方面启动新一批试点示范。(省发展改革委、省科技厅、省商务厅等按职责分工负责)

4. 依托产业园区,鼓励和支持省内银行业金融机构通过与园区风险补偿基金、融资担保、产业基金等加强合作对接,建立小微企业融资情况监测评价制度,创新银园、银企多种信贷支持模式,支持全省产业园区加快发展。鼓励和支持园区企业上市融资,支持符合条件的园区建设主体申请首次公开发行股票并上市。(省税务局、省地方金融监管局、省财政厅、省科技厅、省工业和信息化厅、人民银行长沙中心支行、湖南证监局按职责分工负责)

4. 湖南省加快产业园区市场化建设运营的若干政策（湘发改地区〔2020〕495号）

为深入贯彻落实党中央、国务院加快产业园区改革创新的战略部署，推动园区市场化建设运营，进一步降低政府债务风险、加大招商引资力度、提高土地利用效益、强化产业建设能力，促进全省园区高质量发展，特制定如下政策。

一、支持市场主体参与

园区市场化建设运营，是指由独立法人或专业机构为园区发展提供设计、建设、招商、运营等一体化、专业化、市场化服务的行为。国有企业、民营企业、外资企业、混合所有制企业以及相关专业机构等多元市场主体（以下简称园区运营机构），均可参与园区市场化建设运营。（省发展改革委、省科技厅、省工业和信息化厅、省商务厅按职责分工负责）

二、强化要素保障

园区市场化建设运营项目优先纳入市县供地计划，各地可根据实际用地需求报批新增用地或使用周转用地，凡符合土地利用总体规划和城乡规划，符合产业政策和建设用地标准，不占永久基本农田和生态保护红线的，不受计划指标限制；工业用地采用招拍挂方式出让（先租后让），出让底价和成交价格可按照不低于所在地土地等别对应的工业用地最低价执行；研发用地采用招拍挂方式出让（先租后让），在确定出让底价时可以基准地价评估法为主、市场比较法为辅；支持工业用地带方案出让和标准地出让等多种方式；利用空余或闲置工业厂房、仓储用房等存量工业用地资源进行改造，不改变用途，仍兴办工业项目的，可以实行协议出让，不再增缴土地价款；存量工业用地经批准提高容积率和增加地下空间，且不改变土地用途的，不再增收土地价款。（省自然资源厅负责）鼓励直接或通过售电公司参与市场化交易，优先执行市场化交易合同，享受市场化降价红利。鼓励在政策许可范围内发展冷、热、电三联供等综合能源，降低用能成本。（省发展改革委、省能源局按职责分工负责）鼓励与上游供气企业协商议价开展直供试点，由城燃企业代输，或供需一方自建或合建输气管道保障供气，各级政府对重点用气企业给予适当补助。（省发展改革委、省能源局按职责分工负责）

三、加强资产管理

实行工业标准厂房产权分割和预售许可模式，工业生产及非生产性用房可参照商品房相关政策办理不动产权转移登记，满足一定条件的可以申请预售许可证进行预售；标准厂房类工业用地、通用类研发用地除配套设施以外的物业，按照经批准的设计图纸，在公共部位明确、满足房屋独立使用的条件下，可按自然层、部位等进行出租、出售，并依法办理产权。经依法批准，符合转让条件的节余工业用地可以分割转让。（省自然资源厅负责）在不改变土地使用性质和确保国有资产保值增值的前提下，通过综合评估，允许园区运营机构采用资产重组、租赁经营、合资合作、二次开发、项目嫁接等方式盘活土地、厂房等存量资源，对盘活存量资源带来的新增收益，允许园区运营机构和园区按照《中华人民共和国公司法》、《中华人民共和国合伙企业法》、《中央行政事业单位国有资产配置管理办法》（财资〔2018〕98号）等有关法律法规和政策规定进行分享。（省自然资源厅、省财政厅按职责分工负责）

四、扩大融资渠道

支持符合条件的重点项目采用"专项债券+配套融资"的组合方式保障资金需求；支持符合条件的园区开发建设主体申请发行企业债券融资，申请首次公开发行股票并上市；支持有条件的园区探索资产证券化途径，开展基础设施领域不动产投资信托基金试点；对于符合条件的市场化运营项目，省产业发展引导基金可按市场化原则参与投资，支持政府性融资担保公司积极提供融资担保，稳步推进省、县两级财政信贷风险补偿机制，适度扩大试点范围；鼓励金融机构制定专项融资方案，对产业园区市场化运营项目以供应链、产业链、信用链为基础进行整体授信，提供中长期、大额度的优惠利率贷款。探索政府、园区、政策性银行和社会资本共同出资设立园区市场化运营专项基金，在合法合规的前提下实行"投贷结合""债贷投结合"等多种融资模式。（省财政厅、湖南证监局、省工业和信息化厅、省发展改革委、省地方金融监管局、湖南银保监局，人民银行长沙中心支行、国开行湖南省分行、农发行湖南省分行按职责分工负责）

五、加大财政支持

优先支持符合条件的市场化运营项目申报国家、省预算内基建投资专项资金和国家、省有关补助资金。按政策落实省"135工程"升级版奖补政策。支持市场化招商引资企业租赁"135工程"标准厂房，对新租赁标准厂房面积在 $5000m^2$ 以上、租期三年以上的投产企业，根据当年实缴租金情况给予一次性奖补。按市县上划省级增值税、企业所得税当年增量的40%对市县给予奖励，奖励资金由市县统筹安排用于产业项目建设和园区发展。（省财政厅、省发展改革委、省商务厅按职责分工负

责）

六、提升人才政策

支持科研院所、龙头企业或第三方运营机构牵头，整合全国高端智库资源，组建产业融合发展智库联盟。支持第三方运营机构组建引智联盟。对引进的高端人才，纳入芙蓉人才行动计划支持范围，优先推荐申报国家级人才计划，按规定享受住房补贴、配偶及子女安置、科研经费扶持等政策。对引进的高端运营团队按照一事一议给予奖励或资助，团队高管和核心技术人员享受相关人才优惠政策。（省委组织部、省科技厅、省人力资源社会保障厅、省教育厅、省财政厅、省工业和信息化厅按职责分工负责）

七、创新招商模式

鼓励园区引进、培育、组建专业化招商公司，支持通过购买服务等方式，推行第三方招商。支持在粤港澳大湾区、长三角、京津冀等发达地区搭建面向全省园区的市场化招商平台、产业转移综合服务机构或科技创新前移平台，鼓励龙头企业或第三方机构参与建设运营。根据在湘落地企业数、项目产值或成果转化情况，以后补助方式，按照属地原则，对上述平台运营单位给予资金支持与奖励。鼓励地方出台招商工作考评细则，建立招商贡献奖、工作绩效—薪酬挂钩制等激励机制，探索对招商特殊人才实行特岗特薪、特职特聘。鼓励有关协会和咨询、银行、保险、基金、会计师事务所、律师事务所等机构利用客户资源、信息网络优势，参与招商引资工作。对成功引进优质产业项目的社会专业机构和个人，可按照有关规定给予相应奖励。鼓励园区培育和引进一批市场化科技中介服务机构，支持服务机构建设集技术转移、投融资、价值与风

险评估、供需对接、知识产权等的"一站式"科技服务平台。（省商务厅、省科技厅、省工业和信息化厅按职责分工负责）

八、优化审批服务

对园区市场化运营项目全面实行全科帮办代办。位于已开展区域评估范围内的市场化运营项目，可按照相关规定实施告知承诺制和简化有关审批手续。对结构形式简单的工业厂房建设工程规划许可、建筑工程施工许可等多个审批事项实行并联审批、联合勘验、联合审图和联合验收。（省住房城乡建设厅、省生态环境厅、省自然资源厅、省政务局按职责分工负责）

5. 湖南省进一步加强招商引资工作的若干政策措施（湘政办发〔2020〕38号）

为提高招商引资质量和水平，打造内陆地区改革开放的高地，在构建以国内大循环为主体、国内国际双循环相互促进的新发展格局中展现新作为，根据《国务院关于进一步做好利用外资工作的意见》（国发〔2019〕23号）、《国务院办公厅关于进一步做好稳外贸稳外资工作的意见》（国办发〔2020〕28号）精神，制定如下政策措施。

一、支持总部经济

鼓励世界500强、中国500强、民营500强和行业领军企业来湘设立企业（集团）总部、中国区总部、区域总部和研发、物流、采购、销售、结算、财务、信息处理等功能性总部。鼓励跨国公司来湘设立投资性公司（跨国公司来湘设立投资性公司的，申请前一年其母公司资产总额不低于2亿美元）。对世界500强来湘新设立中国区总部，且注册资本在2000万元以上的，最高奖励其在湘企业1000万元；来湘新设立企业（集团）总部的，按"一事一议"方式对其在湘企业给予支持。对中国500强、民营500强来湘新设立企业（集团）总部，且实际到位资金在1亿元以上的，最高奖励其在湘企业1000万元。对行业领军企业来湘新设立企业（集团）总部、世界500强来湘新设立区域总部，且注册资本在2000万元以上的，最高奖励其在湘企业500万元。对世界500强、中国500强、民营500强、行业领军企业来湘新设立功能性总部的，最高奖励其在湘企业300万元。降低适用支持科技创新进口税收政策的外资研发中心专职研究与实验发展人员数量要求，对外商投资企业在湘设立研发中心,由省级商务部门会同财政、税务、海关按规定核定资格后,即可享受科技创新进口税收政策。

二、支持招大引强

对实际到位资金(不含外方股东贷款,下同)超过 3000 万美元的外资项目(不含房地产业、金融类项目,下同)和实际到位资金超过 2 亿元的内资先进制造业项目,按其当年实际到位资金 1% 的比例给予奖励,最高奖励 1000 万元。对世界 500 强、全球行业前 50 强龙头企业新设实际到位外资金额超过 1 亿美元的项目,中国 500 强、民营 500 强、国内行业前 10 强龙头企业新设实际到位内资金额超过 10 亿元的先进制造业项目,按"一事一议"方式给予支持。对县市区或园区引进世界 500 强、中国 500 强、民营 500 强企业首次落户湖南的,每个项目分别奖励 300 万元、200 万元、100 万元。

三、吸引企业抱团转移

对两年内吸引 5 家以上企业抱团产业转移来湘,且投资总额在 5 亿元以上,到位资金达到投资总额的 30% 以上或投产率达到 50% 以上的产业园区(含市场化开发的园中园)给予奖励,最高奖励不超过 500 万元。支持转移来湘的实体企业租赁"135"工程标准厂房,对新租赁标准厂房面积 $5000m^2$ 以上、租期三年以上的投产企业,根据当年实缴租金情况给予一次性奖补。鼓励采用"PBOS"的模式推进园区开发建设、产业招商和服务升级。

四、支持引进外贸实体企业

对新引进年进出口实绩 5000 万美元以上且有较大产业带动能力的外贸实体企业,一次性奖励 200 万元;对新引进年进出口实绩 5 亿美元以上且有较大产业带动能力的外贸实体企业，按"一事一议"方式给予支持。对来湘投资实体企业租赁标准厂房、引进重大招商引资项目等予以激励。

五、鼓励外商直接投资

加大对市州、县市区利用外商直接投资的绩效评估，对实际利用外商直接投资 1000 万美元以上的市州、100 万美元以上的县市区进行奖励。

六、促进项目履约落地

建立省级重大招商项目和省级重点签约项目协调推进机制。加强对项目履约和资金到位情况的跟踪调度，对年度排名前四位的市州分别奖励 300 万元、200 万元、100 万元、100 万元。

七、保障重大项目用地

对符合全省产业发展规划的优势、特色产业项目给予用地支持。对世界 500 强、中国 500 强、民营 500 强、行业领军企业来湘设立企业（集团）总部自建办公物业用地，实际投资金额超过 2 亿元（或外资 3000 万美元）的重大投资项目，结合新增建设用地计划指标和增减挂钩节余指标统筹保障合理用地需求。对全省确定的优先发展产业且为用地集约型工业项目的，在确定土地出让底价时给予优惠支持。

八、加大项目开发储备力度

将招商引资项目开发纳入全省开放型经济工作评估范围。建立全省招商引资重大项目库，实行滚动开发、动态管理。鼓励采取市场化运作模式开发、包装、发布招商项目。根据项目签约和落地情况对项目开发主体进行奖励。

九、鼓励创新招商方式

聚焦20条工业新兴优势产业链和特色区块链产业生态，开展精准招商。鼓励开展网上招商，推进省、市、县三级共建共享"湖南招商云平台"。引入第三方机构提供产业链招商咨询服务，建立目标客户库，绘制招商线路图，编制招商分析报告。鼓励开展委托招商、代理招商、中介招商、以商招商等招商方式，在境内外设立市场化专业招商机构。

十、优化投资环境

依法保护外来投资企业知识产权，依法稳妥处理好企业投诉，有效维护投资者权益。对内资外资企业一视同仁，支持其依法平等参与政府采购和市场竞争。引入第三方机构，开展投资环境综合评价，对排名靠前的市州、县市区和园区进行通报表扬和重点宣传。鼓励市州、县市区和园区依托地方资源优势，依据产业规划，制定具有创新性、可操作性的招商引资优惠政策。

除"一事一议"事项外，本政策措施各项奖励条款省级兑现资金均从省发展开放型经济与流通产业发展专项中列支。单个项目同时符合多个奖励条款的，可以叠加享受奖励，奖励金额累计不超过2000万元（"一事一议"项目除外）。奖励到市州、县市区和园区的资金须专项用于招商引资工作。本政策措施自发布之日起施行。

附件5：专家学者的分析与媒体的报道

近年来，越来越多的专家学者关注 PBOS 模式、分析 PBOS 模式。这里，引用湖南省两位具有代表性的经济学家和园区运营专家的分析。

1. 从市场化改革的视角看 PBOS 模式

以罗社辉为代表的长期从事园区管理的专家学者，从市场化改革的方向与未来角度，对 PBOS 模式进行了分析。其主要观点有以下几个方面。

一、园区土地运营

园区土地运营有两个层次，第一个层次是一级开发卖地。第一个是工业性用地，工业性用地可能要亏本优惠供地，这样就会要有税收来弥补；第二个是经营性用地，一级开发卖地一般经营性用地和要占到1/3左右，基本上是平衡的。但是经营性用地特别是房地产用地是一锤子买卖，工业用地可以长期的培育税收，这其实是当前和长远的关系问题。第二个层次是经营房地产。第一个是二级开发及标准厂房、工业园区、住宅楼，实际上是深度开发，第二个是深度开发卖房，第三个是卖服务，为企业提供一体化、市场化、专业化的服务。

二、园区发展四大支柱

总的来说，园区四大支柱：产业是根本，招商是关键，运营是支撑，环境是保障。金荣集团 PBOS 模式更细化，做成一体化，从设计一直到建设施工、采购、运营、招商一条龙，从源头上解决市场导向的问题。现在有些区县做标准厂房，不是以市场为导向，建成以后卖不掉。运营很重要，如果没有运营，资金链断裂就转不动了。不怕长期举债，只怕资金链断裂，那么就要把握一个临界点。环境是保障方面，基础设施的环境是起码的环境，包括七通一平、六通一平、三通一平等；其次就是政府的软环境；再次是综合配套的环境，园区不能是孤立的。现在的园区不能只是一个生产的园区，还要有生活、商业、教育、文化、体育的需要，所以园区依托一些配套的功能，大的园区定位为建设生态科技产业新城，以产业为主导，产城融合。

三、PBOS 模式分析

PBOS 模式推进市场化改革目前取得初步成果，证明是行之有效的。

关于园区的定位

第一是从战略上来进行谋划，分析区域经济发展的基础，资源禀赋与比较优势和发展的特色，明确主导产业和主攻方向，战略上要有高度，战略谋划得准，谋划得好，见效就快，发展就好。第二是做产业规划，在战略谋划的基础上，把产业的规划做好。对一个县来讲，做一组主导产业范围比较大，做一个是最好的，这样主攻方向就明确了，战略上明确主导产业链，明确发展路线图，把产业链谋划好。PBOS 模式的实践，首先突出了定位规划，PBOS 的 P 是定位是前提，明确发展的方向；B 是建设基础，是运作的载体；O 是运营，是核心，这个模式的核心是一体化、市场化的服务，要把服务放在一个很高的层次上。S 共享就是保障、是可持续发展的基础，这里要和园区、政府有一个利益的博弈和平衡的问题。要有战略思维，要和当地的资源禀赋、比较优势有效结合起来；

还要做好产业链谋划，主要是"两库两图"，项目库、企业库，现状图、远景图，今后要发展什么样的项目，将来要引进什么样的企业，进行深入分析，围绕产业链思考哪些应当具有强项，哪些应当去补充，哪些应当去延伸拓展，找到产业链的各个环节。

产业生态培育

产业生态需要有适宜的土壤、适宜的温度、适宜的养分。只要能够降低产业的成本，提供专业化的服务，就能对企业有一定的吸引力。产业生态中有一个很重要的问题，是要提供全方位、全过程、全要素的服务。物业管理综合配套，包括智慧园区、停车配套，生产性服务，物流仓储人才、财务、审计。比如，小企业最困难的时候是在初创阶段，最大的问题是缺钱。经营企业在投研的服务上，金荣集团也做了大量的工作。PBOS 模式的服务对象更多的是初创型的企业、成长型的企业，更多的客户就是中小企业，以个性化服务中小企业为主体，是全过程，从初创期就进孵化楼。在成长期是价值链的成长，要和企业成长匹配，企业成长的痛点是什么，就围绕痛点来突破，成熟期的企业一般不是服务的对象。而全要素包括资金、人才、设备，包括围绕企业全方位、全过程、全要素的服务。

招商引资

招商三要素。第一个要素是区域经济的经济要素，园区有什么资源优势，有什么比较优势，这是基础。不能离开园区的基础谈招商。每个基础优势都不一样，所以一定要分析本地的比较优势是什么。比如，在长沙的高新区发展移动互联网产业园，在多年前就提出来了。基于两个比较优势，第一，湖南有人才。第二，北大广深的房价很高。当时只有不到100家企业。只有五六年的时间，现在是上万家过千亿。第二个要素是投资商的整合能力，投资者要到园区来，要整合园区的资源。怎么样激发投资者的投资欲望和投资的动力,是招商引资的一个核心环节。内在的实际上就是一个资源的整合和效益最大化的过程,就是一个内部资源和外部资源怎么有效匹配的问题。第三个要素是合作共赢。园区招商最终有一个利益的平衡机制,最终有一个品牌。作为园区来讲,运营机构要算大账,算长远的账,作为投资商来讲,考虑园区的承受能力。招商三部曲。第一是价值认同。第二是共同的理念,要深入地对接沟通,最终形成一个共同的目标。怎么样找到结合点和平衡点,要通过深入的沟通,深入的对接才能实现。第三是形成双赢的协议,形成利益的共同体。有利益的平衡是要有共同使命、共同语言、共同的利益,才能够走在一起。招商是一个很重要的斗智斗勇的智慧工作,要了解企业,也了解自己的优势和外地的企业需求,这样才能够有效地匹配。

推进园区发展的四个力量

第一是市场的力量。市场对资源配置起决定性作用,无论是园区建设还是园区运营,市场都起决定性作用;园区运营要面向市场、研究市场、把握市场,有时候园区建设运营"有心栽花花不开,无心插柳柳成荫",往往是因为市场的原因。成熟的市场经济,政府是收益人,完全的市场经济是不需要干预的,但政府引导和市场结合的市场经济能克服市场本身的弊端。所以,园区运营既要做市场的守护者也要做引导者、参与者、支持者、合伙人。第二是资本的力量。发挥资本的杠杆作用,经营企业的企业,可以利用资本的力量去推动。在推进过程中,还可以通过经营企业找到利益的最大化。比如,5年前湘江新区投了十几亿元,撬动了达100多亿元的社会资本,引进了十几家基金公司,投了四五亿元的项目。第三是速度的力量。市场经济没有速度也不行,但速度是有效益的,是有质量的、安全的速度;作为经营层面来讲,就是要迅速、积极地扩张。建设招商产业的发展,实际上速度就是效益,在大力地推广市场化改革的时候,速度更有价值。比如,三个月立项,标志性的是招商中心开放,开始招商三个月,一边招商一边建设,六个月要完成八成招商。建设需要速度,招商也要速度,产业发展需要速度,把速度提上来了,见效就快;见效快,信心就足,给政府信心,给企业信心,给社会信心。第四个力量是知识的力量。能力有多大,我们的舞台就有多大,要建设一个学习型、创新型、高效型的企业,外抓园区的拓展,内抓素质的提升。

2. 从要素的视角看 PBOS 创新模式

以湖南大学经济研究中心李松龄教授为代表的专家学者从生产要素的视角对 PBOS 创新模式进行了理论分析。

其观点主要认为,土地、资本、技术和劳动力等要素向园区有序流动和有效集聚,能够促进园区产业高质量发展。所有者或使用者市场化配置要素的积极性和创造力,有利于推动要素向园区有序流动和有效集聚。要素产权有效激励机制、收益分配有效激励机制、完善的市场运行机制和健全的法治监管机制,能够激发和规范所有者或使用者市场化配置要素的行为。所以,一切有利于建设和完善要素市场化配置体制机制的因素,都有推动要素向园区有序流动和有效集聚,促进园区产业高质量发展的积极作用。金荣集团的 PBOS 创新模式,正是一种有利于形成要素产权有效激励机制和收益分配有效激励机制、有助于完善园区市场运行机制和法治监管机制的模式。实践已经证明,金荣集团的 PBOS 创新模式能够实现土地、资本、技术和劳动力等要素向园区有序流动和有效集聚,能够提高要素的配置效率和促进园区产业高质量发展。

一是 PBOS 创新模式的产权有效激励与收益分配有效激励。土地、资本、技术和劳动力等要素的权益得以维护和保障的制度安排，有利于形成产权有效激励机制。其中，维护和保障土地要素权益的制度安排，尤为重要。土地要素的所有者是国家或集体，土地要素的使用者是园区企业，土地权益能否合理界定，直接影响国家和园区企业的利益。地价过高，土地所有者的权益虽然能够保障，但园区企业的资本和技术等要素权益，则会因为过高的地价而受到损害，不利于资本和技术等要素向园区的有序流动和有效集聚。地价过低，尽管园区企业的资本和技术等要素的权益有保障，但土地所有者的权益会受到损害，政府为园区提供土地要素的积极性会受到压抑。PBOS 创新模式提出的政府以合理地价为园区提供土地，以企业自建、合资共建和园企共建三种方式建设厂房，以建设成本价向企业销售厂房，使企业获得厂房物业的市场运营方式，既能够维护土地所有者和使用者的权益（因为地价合理），也能通过合约的形式维护建房者的权益，从而能够激发房地产要素市场化配置的活力，形成产权有效激励机制。

土地要素资本化为股份，由土地所有者（国家或集体）持有；技术要素资本化为股份，由科技工作者持有；劳动力资本化为股份，由劳动者持有，与资本所有者持有的资本股份一道，形成风险共担、利益共享的制度安排，有利于维护各方的权益和提高他们市场化配置要素的积极性。园区企业将它的资本同土地要素、技术要素和劳动力要素有机结合，生产商品的价值和剩余价值。国家、企业、劳动者和技术人员作为要素所有者，以各自持有的股份共同参与剩余价值的利润分红，土地所有权的权益、资本所有权的权益、劳动力所有权的权益和技术所有权的权益，都能得到保障。这是一种保障全要素权益的制度安排，能够激发全要素所有者市场化配置要素的积极性、主动性和创造性，形成全要素产权有效激励机制。PBOS创新模式应在房地产产权有效激励机制的基础上，创新制度安排，构建全要素产权有效激励机制，激励全要素向园区有序流动和有效集聚，推动园区产业发展质量变革、效率变革、动力变革。

　　劳动力要素生产必要价值、绝对剩余价值和相对剩余价值。资本与土地如果完全占有绝对剩余价值和相对剩余价值转化的利润，劳动者的积极性就难以充分发挥。资本与土地如果不占有绝对剩余价值和相对剩余价值，还有没有其他形式的剩余价值转化的利润归则二者占有。技术要素同资本和土地有机结合为新的生产方法，能够大幅度增加财富，降低商品个别价值，形成社会价值高于个别价值的超额剩余价值。可以说，超额剩余价值是技术要素、土地和资本的共同贡献，转化的利润应当由三者共同分享。如果通过制度创新，构建一种劳动贡献的收入归劳动者所得、土地贡献的收入归土地所有者所得、资本贡献的收入归资本所有者所得、技术贡献的收入归科技工作者所得的制度安排，则能充分激发出全体要素所有者市场化配置要素的积极性和创造力，形成收益分配有效激励机制。合理地价能够界定土地收益和其他要素权益的边界，保障其他要素所有者的权益；以合约为基础的企业自建、合资共建和园企共建的制度安排，也能保障建房者的权益，二者有利于形成收益分配的有效激励机制。为了形成更加完善的收益分配有效激励机制，PBOS创新模式应在坚持政府提供合理地价和三种方式建房的同时，通过制度创新，构建全要素资本化为股份的制度安排。

　　二是PBOS创新模式的市场运行机制与法治监管机制。完善的市场运行机制指的是要素自由流动、价格灵活反应、竞争公平有序的市场机制。如果园区市场开放有序，不存在障碍要素自由流动的体制机制，价格能够灵活反映区内要素的稀缺性和配置效率，那么园区市场运行机制就是完善的。在灵活反应的价格引导下，要素从富余且配置效率低的区域，有序流动到稀缺且配置效率高的园区，实现要素的有效集聚。这是完善的园区市场运行机制能够推动要素有效集聚，促使园区产业高质量发展的道理。不过，要素自由流动、价格灵活反应和竞争公平有序的市场环境，取决于信息公开透明充分的程度。信息公开透明充分程度高的市场环境，市场运行机制的完善程度就越高；否则就越低。PBOS创新模式以它特有的产业化定位、市场化运营、社会化服务方式，为社会提供公开透明充分的信息，畅通要素流动渠道，从而能够提高园区有效集聚要素的能力和水平。

PBOS创新模式通过实地产业调研，提炼产业资源信息、技术资源信息、市场资源信息和人力资源信息；依据一主导产业、一特色产业、若干辅助产业的原则，为园区定位产业差异化、特色化的发展模式；依靠金荣集团建设的湖南—粤港澳产业转移综合服务中心和长三角产业转移综合服务中心及其服务平台，通过产业链招商、行业商协会招商、产业集群招商等市场化招商和运营形式，畅通各种信息渠道，实现资本、技术等要素向园区有序流动和有效集聚。同时，PBOS创新模式以它完善的社会化服务体系，导入创投风投、银行金融、供应链金融等，为资本要素和金融要素的自由流动提供全方位的信息渠道。可以说，PBOS创新模式确实是一种以信息公开透明充分为着力点，提升市场运作核心竞争力，不断完善园区市场运行机制的好模式。

合法维护要素产权及其收益，是产权激励和利益激励能够有效发挥作用的基础；依法消除不利于市场运行的各种因素，能够促进要素自由流动和公平竞争。也就是说，只有不断完善园区的法治监管机制，才能增强园区集聚要素和提升要素利用效率的能力。PBOS创新模式十分重视园区法治环境建设，积极协助地方政府制定更具针对性的产业培育和扶持政策，促进产业落地园区；积极引入智慧园区管理、知识产权等平台资源和社会服务，为园区提供工商注册、用工、知识产权保护等方面的法律保障。在此基础上，PBOS创新模式还需要结合中共中央、国务院《关于构建更加完善的要素市场化配置体制机制的意见》，协助政府为园区土地、资本、技术要素的市场化配置、劳动力要素的有序流动和数据要素市场的培育等方面，提出更有针对性的政策法规，维护要素的产权及收益，完善市场运行机制，推动要素有序流动和有效集聚，促进园区产业高质量发展。

三是PBOS创新模式具有实践价值。PBOS创新模式因为有利于形成园区的产权有效激励机制和收益分配有效激励机制，因为能够不断完善园区的市场运行机制和健全园区法治监管机制，因而可以通过要素的市场化配置，实现土地、资本、技术等要素向园区有效集聚，提高园区的产业发展质量和速度。首先是PBOS创新模式的政府提供合理地价，企业自建、合资共建和园企共建厂房，以及企业出资购房的机制设计，能够形成有效的产权激励和利益激励。既能够加快资金周转速度、减轻政府债务负担、提高供地积极性，又能够激发企业节约使用土地、提高土地利用效率的主动性，还能确保项目可持续开发、加快产业落地速度。其次是PBOS创新模式的"八大服务体系""十六大服务平台"、湖南—粤港澳和长三角两大产业转移综合服务中心的建设，大大畅通了要素信息渠道，提高了信息公开透明充分的程度，为建设和完善要素自由流动、价格灵活反应、竞争公平有序的市场运行机制，发挥了非常重要的作用；也为政府资源共享、企业资源共享、社会资源共享、大数据资源共享等提供了优质服务平台。最后是PBOS创新模式具有核心竞争力的市场化招商、市场化运营和社会化服务的市场运作方式，能够极大地激活土地、资本、技术和劳动力等要素所有者和使用者的创造力和市场活力，能够提高要素的配置效率和园区产业发展质量变革、效率变革、动力变革的水平。

PBOS 创新模式在祁阳科创产业园区的实践充分表明，该模式对园区产业高质量发展具有积极作用。在短短两年多的时间里，因为推行 PBOS 创新模式，祁阳科创产业园区规模工业总产值由 180 亿元提升到 350 多亿元，税收由 3.5 亿元提升到 7.6 亿元，规模工业企业由 79 家增加到 169 家，建成了 24 万 m^2 标准厂房，完成了 37 万 m^2 标准厂房的招商，培育了 5 个主导产业。可以说，金荣集团 PBOS 创新模式对祁阳科创产业园区的高质量发展发挥了非常重要和不可替代的作用。

3. 媒体对 PBOS 模式的报道

随着 PBOS 模式在园区运营的推广，越来越多的媒体走进园区，采访报道 PBOS 模式，具有代表性的是 2020 年 6 月 15 日，《中国改革报》以"湖南：市场化改革创出园区发展新路子"为题进行了专题报道。引起了社会的广泛好评。现原文转载如下：

湖南：市场化改革创出园区发展新路径

湖南省部分园区先行先试积极推进市场化改革，有效破解发展瓶颈，积累了经验，提供了示范。今年湖南将全面启动园区市场化改革，推动园区经济高质量发展。

地处中国中部、长江中游的湖南，在我国地理坐标中"东""西"兼顾，是我国东西部的接合部，是"沿海的内地、内地的沿海"。

得天独厚的区位优势，极大提升了湖南在全国经济版图中的区位价值。2011 年，湖南郴州、衡阳、永州三市联合打造的"湘南承接产业转移示范区"上升为国家战略。2013年11月,习近平总书记在湖南考察时,要求湖南发挥东部沿海地区和中西部地区"过渡带"、长江开放经济带和沿海开放经济带"接合部"的区位优势,提高经济整体素质和竞争力,加快形成发展新格局。

今日的湖南,正凭借"过渡带""接合部"的优势,在创新引领开放崛起战略引领下,逐步打造中西部地区承接产业转移高地,下活了陆海内外联动、东西双向开放的大棋。数据显示,近年来湖南全省累计承接产业转移项目超过1.6万个,投资总额约1.7万亿元,每年带动城镇新增就业70万人以上;2019年对外贸易突破4300亿元大关,创历史新高,41.2%的增速位列全国第一。

作为承接产业转移的主战场,湖南园区2019年实现技工贸收入增长9.3%,达4.8万亿元。但与此同时,园区产业同质化严重、产业链集聚度不高、园区运营效率低、债务风险日益加剧等传统政府包揽模式下的园区运行机制与发展需求矛盾日益凸显,严重制约了园区发展后劲。

如何破解发展瓶颈制约?"近年来,湖南省部分园区先行先试积极推进市场化改革,有效破解了发展瓶颈,为全省园区市场化改革、促进园区高质量发展积累了经验、提供了示范。"湖南省产业园区建设领导小组办公室相关人员介绍说,今年印发的湖南省产业园区工作要点已明确把全面启动园区市场化改革列为重点任务予以推进,全面推进园区经济高质量发展。

试水蹚路

湘江向来不乏激情。这条曾经见证过近现代中国史的先驱之河,一直执着地涌动着对社会发展的思辨、对自然生态的敬畏和对美好未来的期待。因此,在这里,现实的深刻变革便不停脚步地"试水蹚路"。

早在2011年,刚刚赴任永州江华县委书记的罗建华,面对"外行招商、盲目招商、园区运营效率低下"的现状，不断思索和探寻园区高效承接和高质量发展之道。他们创新园区体制机制，通过"政企合作、园企共建"，借助第三方专业园区运营商的项目资源、人脉渠道、市场敏锐性和运营经验联合开发"园中园"。政府从繁杂的非专业事务中"抽身"，专注做好"引导员"和"服务员"，负责为项目提供政策制定、项目监管、配套基建完善、资源与服务保障等。运营公司利用自身专业的产业发展团队，通过系统的产业选择、价值链定位、园区增值服务需求研究、顾问式招商营销等手段，结合江华当地的经济和地理特点，按照"一园一特"对园区产业进行精准定位和规划；再通过产业链招商、先招商后建园实现产业聚集导入后，运营公司带资入场负责整个园区的投资建设，采取代建、成本价出售或租赁等形式，对拟入驻企业进行定制化厂房及生活配套物业建设，并提供企业入园后一站式资质办理、招工、培训、项目申报、金融支持、股权投资等一系列企业培育孵化、运营管理服务，实现运营公司与企业共同成长，成功探寻出一条园区产业生态集成高质量发展之路。

同属永州的祁阳县，也于2017年采取"政企合作、园企共建"，将厂房建设、产业招商、园区运营等适于市场化、专业化运作的具体事务整体委托给湖南金荣集团。他们通过先规划后招商、边开发边招商，借助金荣集团管理运营的"湖南粤港澳产业转移综合服务中心"平台优势，围绕产业定位开展产业链招商，"基本实现在项目开工建设前完成20%以上预招商，园区建成完成80%以上招商"。创造性采取设计、采购、施工、运营（"EPC+O"）一体化招标，实现政府初始投入2亿元滚动开发撬动总额15亿元的65万 m^2 标准厂房和设施建设，并实现从项目建设到企业入驻生产，10万 m^2 园区仅需要10个月左右时间，比常规模式加快一倍。围绕主导产业建设关键产业技术平台和产业联盟，建立专业孵化器，构建"创业苗圃—孵化器—加速器"科技创业孵化链条；打造"人才、政策、市场、金融"等全方位服务体系，共建后勤保障与生活娱乐生态服务机制，合作引进创投风投、银行金融、科技孵化、知识产权、商协会等平台资源，建设"懂产业的好园区"，加速企业成长。

作为中南地区最大的小商品集散地，邵东则充分发挥泰国湖南商会的资源优势，合作共建邵阳东盟科技产业园，对有意向入驻的企业要求必须是规模以上企业、达到最低税收标准、能实现产业配套并划行归口生产经营。在专业服务方面，分行业、分产业组建公共实验室，与相关职能研究院、高等院校联手进行新产品、新科技的引进。同时，对园区的物业管理、物流运输，特别是人力资源，如招工、职业技术培训等进行一揽子包干服务。在销售服务方面，充分发挥商会销售渠道广和销售网点多的优势，与企业联手进行印度市场和东南亚市场的开发。

长沙高新区则以其下属国有全资公司长沙软件园有限公司作为运营商，聚焦软件产业、移动互联网、军民融合、智能制造等核心产业，通过产业园区及周边配套开发、园区运营管理和产业投资三大业务板块，对入园企业提供"众创空间—孵化器—加速器—产业园区"的全周期服务与培育。

破茧蝶变

园区市场化运营改革能否成功，关键看招商引资的成效和项目的存活率、成长性。

近年来，江华县通过"园企共建"先后引进企业80余家，培育孵化新三板上市企业6家，构建形成了以九恒集团、贵德集团、五矿稀土等企业为代表的新材料主导产业集群和以丰辉电机、龙德晟机电、长锦成电器等企业为代表的电机电器特色产业链，打造出"马达之城，小家电之乡"新名片，未来3年内电机产业产值有望突破200亿元。

祁阳县则取得园区"三年翻番"的骄人成绩：从2016年到2019年，祁阳经开区规模工业总产值由180亿元增至300亿元，税收由3.5亿元增至7.6亿元，规模工业企业由79家增至157家，在全省和全市产业园区综合评价中分别由2016年度的第53位、第3位上升至2018年度的第22位、第1位。产业集聚加速，目前已初步形成轻纺制鞋、新能源新材料、先进装备制造等优势产业，2019年引进链条型企业65个，节约土地1500余亩，平均投资强度500万元/平方千米、产出效益30万元/平方千米。东骏纺织、俊邦纺织、大联纺织等龙头纺织企业，未来3年可形成产值过100亿元产业链。高新技术产业主营业务收入占比高达75%，2019年园区成功转型为高新区。与此同时，实现地方政府债务不升反降。数据显示，3年来该园区平台公司累计减少隐性债务1.99亿元、减少关注类债务2.44亿元，成功走出了一条化债转型高质量发展之路。

作为政府平台公司的长沙软件园有限公司，近年来则通过市场化运营成功建成长沙芯城科技园一期、二期、军民融合产业园三个专业园区，总建筑面积74万m^2，仅长沙芯城科技园一期入驻企业就达400余家，其中上市公司2家，2019年实现园区产值51.5亿元、税收3亿元，实现每平方米税收1400元。

"正在建设中的邵阳东盟科技产业园，预计2—3年后可培育成熟为一个特色园区。"该园相关负责人告诉中国改革报、改革网记者。

"通过园区市场化改革，政府获得产业发展、税收增加、就业增加、基础设施完善等经济社会效益，运营商获取承包项目利润、投资收益、营销佣金、新增财税收入地方留成部分奖励等回报，入驻企业得到平价优质厂房资产、专业服务平台、产业配套等发展资源。"谈及园区市场化改革，祁阳县县长陈小平如是总结。

潮涌湘江，敢为人先的湖南人，在园区市场化改革推动经济高质量发展的道路上，不断探索前行，迸发出具有时代光彩的"湖湘精神"，走出了具有湖湘特色的园区改革发展之路。

（中国改革报、改革网记者　邢成敏　程虹）